華大史學論壇

【第八辑】

吴　琦 / 主编

长江出版传媒

湖北人民出版社

图书在版编目（CIP）数据

华大史学论坛. 第八辑 / 吴琦主编. — 武汉 : 湖北人民出版社, 2022.12
ISBN 978-7-216-10551-4

Ⅰ. ①华… Ⅱ. ①吴… Ⅲ. ①史学－文集 Ⅳ. ①K0-53

中国版本图书馆CIP数据核字(2022)第216396号

责任编辑：刘婉玲
封面设计：张　弦
　　　　　董　昀
责任校对：范承勇
责任印制：杨　锁

出版发行:湖北人民出版社　　　　　　　　**地址**:武汉市雄楚大道268号
印刷:武汉市籍缘印刷厂　　　　　　　　　**邮编**:430070
开本:787毫米×1092毫米　1/16　　　　　**印张**:14
字数:293千字　　　　　　　　　　　　　**插页**:2
版次:2022年12月第1版　　　　　　　　　**印次**:2022年12月第1次印刷
书号:ISBN　978-7-216-10551-4　　　　　**定价**:56.00元

本社网址：http://www.hbpp.com.cn
本社旗舰店：http://hbrmcbs.tmall.com
读者服务部电话：027-87679657
投诉举报电话：027-87679757
（图书如出现印装质量问题，由本社负责调换）

目　　录

中国古代史研究

中国近现代史研究

世界史研究

《汉书·艺文志》"海中星占"小考

向 尚

摘 要：此前学者讨论《汉书·艺文志》天文类所记"海中星占"，多由唐代交州测影所记"海中南望"，认为指的是在海上观星。前代学者或因生处中西交通之世，认为海中星占与海上航行有关；或因得见日藏稀见天文文献中的只言片语，认为海中是海中仙人之意，所以海中星占即为海中仙人所传；或是以海中训为海内，表示中国，认为海中星占即海内中国星占。本文则仔细考察前人的旧说，逐一反思讨论，指出其立论、论证的错讹。又对《艺文志》的结构进行分析，发掘《天文志》所记前人未注意到的关键史料，推断"海中"与"海内"意思存在差别，所谓海中乃是指涉海内加上四夷的一个概念，"海中星占"则是以此范围为对象的星占占候。

关键词：海中占；四海；海内；海中；《汉书·艺文志》

在《汉书·艺文志·数术略》记载的天文书籍中，有一类是以海中为名的，列次如下：

> 《海中星占验》十二卷。《海中五星经杂事》二十二卷。《海中五星顺逆》二十八卷。《海中二十八宿国分》二十八卷。《海中二十八宿臣分》二十八卷。《海中日月彗虹杂占》十八卷。[①]

其中"海中"的含义，前代学者多有异说，大略可以分为四类。第一，认为海中即海上，海上占星异于大陆，可见大陆不可见之星，海中星占文献即载此类群星。第二，认为海中即海上，海洋航行需要星占知识，海中星占文献与海洋航行有关。第三，认为海中与海中三山、仙人有关，海中星占文献乃是燕齐方士所作，且为了神异其事，号称其书得之海中仙人。第四，认为海中即海内，海中星占文献即是通行在中国地域的星占学说。

以上诸说大抵因某一处文献记载而立论，故成此一文献的"囚徒"，且对于其他文献中存在的反证，未加论及。对于诸种异说，也无法处理。故本文必对以上诸说一一引证、摧破后，排除诸种反证，才立己说。

---

① 班固：《汉书》卷30《艺文志》，北京：中华书局，1962年，第1764页。

一、海上观星说

已知最早对"海中星占"类文献加以讨论的，乃是南宋人王应麟①：

《海中星占验》十二卷《后汉·天文志》注引《海中占》，《隋志》有《海中星占》《星图海中占》各一卷，即张衡所谓"海人之占"也，《唐·天文志》开元十二年诏太史交州测景，以八月自海中南望老人星殊高，老人星下众星粲然，其明大者甚众，图所不载，莫辨其名。②

王应麟在这里是叙《汉志》以后，海中星占类文献流传的谱系，《后汉书·天文志》之注出自南朝梁人刘昭，此注中所引《海中占》之说，乃是最早可见的《海中占》文字。在此之后《隋书·经籍志》也记录了两种有海中之名的星占文献：

《海中星占》一卷。梁有《论星》一卷。《星图海中占》一卷。③

王应麟由是梳理出"海中星占"文献的流传谱系，即《汉志》海中星占验——刘昭注文所引《海中占》——《隋志》所载海中星占。然后王应麟又判断这些海中为名的星占书籍，就是张衡《灵宪》提到的"海人之占"。

然而这个判断其实存在问题，刘昭注中引述过张衡《灵宪》相关内容：

众星列布，其以神著，有五列焉，是谓三十五星。一居中央，谓之北斗。动变定占，实司王命。四布于方，为二十八宿……中外之官，常明者百有二十四，可名者三百二十，为星二千五百，而海人之占未存焉。微星之数，盖万一千五百二十。庶物蠢动，咸得系命。④

这里先论中外星官，然后说"海人之占未存焉"。在张衡看来，海人之占恰恰是未被保存的。张衡乃东汉人，精擅天文，安帝、顺帝时曾为太史令。⑤其人于《汉志》所载中秘藏天文书如《海中星占验》，必有所寓目。张衡言海人之占未存，则"海人之占"非"海中星占"明也。至于王应麟，既然一面列出海中星占流传有序的谱系，就不应该指认海中星占即是"未存"的"海人之占"。

在完成海人之占的指认后，王应麟又引述了《旧唐书·天文志》的记载，如下：

测影使者大相元太云："交州望极，才出地二十余度。以八月自海中南望老人星殊高。老人星下，环星灿然，其明大者甚众，图所不载，莫辨其名。大率去南极二十度以上，其星皆见。乃古浑天家以为常没地中，伏而不见之所也。"⑥

---

① 本文所引乃王应麟《汉艺文志考证》内容，王应麟在《玉海》之中所持观点与此略同，不俱引。

② 王先谦：《汉书补注》卷30《艺文志》，上海：上海古籍出版社，2008年，第3042页。

③ 魏征等：《隋书》卷34《经籍三》，北京：中华书局，1973年，第1020页。

④ 司马彪：《后汉书》志第10《天文志》，北京：中华书局，1965年，第3217页。

⑤ 范晔：《后汉书》卷59《张衡列传》，北京：中华书局，1965年，第1897—1898页。

⑥ 刘昫等：《旧唐书》卷35《天文上》，北京：中华书局，1975年，第1303—1304页。

王应麟因为此处提及"海中"望星，故而引述之。然而测影使者明言，海中南望所见老人星下群星，乃是"图所不载，莫辨其名"的。"图所不载"，则可知汉唐流传下诸星图皆不记其名，这些星图中或有《隋志》提及的《星图海中占》，由是可知，此交州海中南望见环星灿然的"海中"，与汉至唐流传的海中星占文献其实并无关系。且海中能望见莫辨其名的群星，并非是因为在大海之中，而是因为所处纬度较低而已，在纬度低的陆地上也能望见这些星。若在南半球，自然更可以望见莫辨其名的群星。至于将"海人之占"与《唐志》"海中南望"事相互关联解释，其实也并不始于王应麟。章如愚《山堂考索》别集卷十七《历门》中即有此说。不过章如愚并没有进一步关联到《汉志》与《隋志》中的海中星占文献，大概章如愚也意识到，若《汉志》《隋志》昭然可见此类书，张衡绝不会说"未存"，唐代人也不会"图所不载，莫辨其名"。

总而言之，王应麟并没有清楚解释海中星占的含义，仅杂取材料而已。不过其用《旧唐书·天文志》内容，则可知王应麟偏向于认为"海上"乃是一个与大陆不同的地域，在海上占星具有特异性，而海中星占文献正记录相关内容。

在王应麟之后，说《汉志》海中星占者，也多引证"海人之占"或《唐志》材料。比如明人方以智在《物理小识》中即言：

南极诸星图　昔满剌加国处赤道下，南北二极此地皆可测……从闽广南行六千里即其地，犹是中国阃阈，非可云六合之外存而不论也……其海石、金鱼、飞鸟、小斗、附白诸曜于南极甚近……智按：《唐志》有"行海中，见南极老人星下大星无数"，朱子亦尝引此矣[1]。今隘者且疑海石、飞鸟、金鱼、附白为怪，何其不达耶？智又按：《汉书·艺文志》载《海中星占》一卷，得无即此等星耶？当时或姑置之而不传，以疑未决耳。[2]

方以智居明末之世，已接触西方天文学知识，他在此所言，如"满剌加""今隘者"其实与明末星图、星球制作有关，当时绘制《赤道南北两总星图》与星球，加入了南极附近诸星，汤若望即言"虽各省未见，从海道至满剌加国悉见之"。[3]不过这些新加入诸星，当时即有怀疑者，如崇祯十年时，蒋所乐等人控告李天经所造星球，以为其中南极附近小斗等星乃李臆造。[4]

方以智此条，则为质疑南极附近诸星言论而发。然而方的策略乃是追溯传统，他不仅引述了《唐志》的海中望星[5]，更进一步推至《汉志》中的"海中星占"，这

① 朱子所引当指《通鉴纲目》相关内容，然朱子亦不过转述《通鉴》记载而已。
② 方以智：《物理小识》，上海：商务印书馆，1937年，第31—32页。
③ 参李亮：《皇帝的星图　崇祯改历与〈赤道南北两总星图〉的绘制》，《科学文化评论》2019年第1期。满剌加地处低纬度，故能见南极诸星。《唐志》"海中南望"云云，其实道理类似。
④ 李天经言："如蛇、鸟、小斗诸星，自是陪臣等浮舟赤道以南，实测不爽，值上传制造星球，随用补南极见界之缺……所乐等遂妒忌横生，先为此言以图抑阻。"参徐光启、李天经：《治历缘起》，《中国科技典籍选刊》，长沙：湖南科学技术出版社，2017年，第781—782页。
⑤ 唐时所见南极老人星下群星，与明时星图所载南极诸星应当相同，方以智此处的追溯是有道理的。

是欲以"自古以来"证明南极诸星为真。然而汉世即有记载，何必等至唐代才惊觉南极环星灿然？何必等到明代，再由西洋人传入南极诸星之名呢？所以方以智只能含混地说《汉志》海中星占是"姑置之而不传"[①]。

方以智的这个观点也影响了与他过从甚密的朋友、弟子，如屈大均在《广东新语》卷一"南越之星"条，游艺在《天经或问》卷三"经星伏见"条，都论说了类似观点，此不具引。与方以智观点类似的还有清人徐文靖，见于《管城硕记》：

> 今西洋南极星图有火马、金鱼、海石、十字架之类，即《灵宪》所云"海人之占"，《唐志》所云"莫辨其名"者也。[②]

不同的是，徐文靖并没有追溯到《汉志》，而是溯及"未存"的"海人之占"。就文本逻辑来说，徐文靖的追溯实际上比方以智有道理。不过从方到徐这一批观点，都是因受到西方天文学传入的冲击，而形成的反应，他们是想在传统天文学的背景中，安顿西洋天文学的新知识。

至于清人沈钦韩虽然也认为海中占星异于陆地，不过另辟蹊径提出了解释：

> 海中混茫，比平地难验，著海中者，言其术精算法，亦有《海岛算经》。[③]

沈以为海中占星非常困难，因其困难，所以说明海中占星算法高超云云，还印证《海岛算经》。沈说纯想当然耳，海上若无风暴之类，观星实与无光污染的平地无异。至于《海岛算经》时代在《汉志》之后，因其第一问为海岛而名之，其他诸问有言山松、方邑、深谷者，实不专主海上验算，与海中关系并不大。至于王先谦，其在《汉书补注》中，引述各家观点后，赞同王应麟与沈钦韩之说。

以上所列，大抵均以为海上占星异于大陆，其产生时代是海上航行虽有但不普遍的前现代。

二、航海与海上仙人说

到了近代航海发达之世，兴起了一种新的对"海中星占"的解释。

已知最早以航海解释"海中星占"的乃是劳榦：

> 燕齐人向来长于航海的……秦始皇时求神仙的燕齐方士，许多去海外不归，如果对航海的事无相当经验，决不会去。在《汉书·艺文志》方技书中有《海中星占验》十二卷……虽未曾著名作者籍里，亦可知非燕齐人莫属。[④]

---

① 实际上从"海中星占"到隋唐之时的"海中占"，此书颇有流传，不存在"置之而不传"。

② 徐文靖：《管城硕记》，北京：中华书局，1998年，第550页。

③ 王先谦：《汉书补注》卷30《艺文志》，上海：上海古籍出版社，2008年，第3042页。

④ 劳榦：《两汉户籍与地理之关系》，《历史语言研究所集刊》第5本第2分，上海：商务印书馆，1935年，第203页。十几年后，劳榦《论汉代之陆运与水运》仍主此说，不过附录中陈槃提示王先谦《补注》搜集诸说与劳说不同，劳榦仍坚持己说。参劳榦：《论汉代之陆运与水运》，《历史语言研究所集刊》第16本，上海：商务印书馆，1948年，第91页。

劳榦发现了燕齐方士的航海活动与"海中星占"的关系，差不多同时马培棠也阐述了类似的观点①。顾实则以为"海中星占"乃是海通之征。②吕子方则认为《汉志》天文类中所记"汉"开头的文献，正是与"海中"类相对而言，一指大陆，一指海上。

比较难得的是，吕子方首次条举了《开元占经》中所引的《海中占》，并加以分析。以为"海中所记载的水旱灾害发生前的现象，同一般大陆派占星家说的各有不同，甚至截然相反"③。

当代学者中，亦有主此说者，比如李零与王子今。李零以为：

> 这六种和航海有关。航海要靠观星。海中观星，视觉效果胜于陆地。《海中星占验》，是乘船航海，在海上占星。④

李零之说承接民国以来学者之遗绪。且以为海中观星，视觉效果胜于陆地，与清人沈钦韩"比平地难验"之说真若冤家相对。李零言"视觉效果"，或指海中无群山遮挡，星汉灿烂出没沧海之中。然而就此点而言，与平原上观星恐并无区别。

至于王子今则有专文讨论，引诸说甚多。王以为"海上星占"里存有海上观星记录，且属于航海经验的一种总结⑤。王说其实是一种调和的说法。

以上列叙的，多以为"海中星占"与航海相关。但是只要稍加辨明，就可知此说不可从。海中航行最重要的是确定航行方向，而天文观测的确可以帮助确定方向⑥，王子今在其文章中即引述《淮南子》与《萍洲可谈》所记依靠观星确定方位的例子。但这依靠的是有限数的星体，如北极星、日、月等，且这些至多只是一类观星确定方向的"知识"，而非包含众多星体的完整星占体系，也不可能由此衍生出诸多著作。且此种以天文确定方向的方法在陆地上亦可使用，不必专属海中之名。而《汉志》海中星占文献，涉及五星、分野、日月彗虹等，与《汉志》所记汉星占文献略同，恐皆以星占验吉凶祸福诸事，而非确定航海方向。

除确定方向外，其实海上航行还需要的是了解潮汐、风向、晴雨等，但是这类占候，多非依靠占星。如《海道经》中所记，有占天、占云、占风、占日等，其中并无占星，且均极简略。

前文提及了"海中星占"在南北朝、隋、唐时期的流传谱系，在《隋志》之后，

---

① 马培棠：《华史征倭略》，《禹贡》第3卷第4期，禹贡学会，1935年，第17页。

② 顾亦引《唐志》海中望星事，以为海中文献与海上测星有关。顾实：《汉书艺文志讲疏》，上海：上海古籍出版社，2009年，第212—213页。

③ 吕子方：《汉代海上占星术》，《中国科学技术史论文集（下）》，成都：四川科学技术出版社，1984年，第220、224页。然而观吕的讨论，其实有剪裁史料之嫌疑，通观《开元占经》中所引《海中占》，其实与其他《黄帝占》诸书，共享同一套意义系统，并不存在着明显的海洋与大陆之别。

④ 李零：《兰台万卷》，北京：生活·读书·新知三联书店，2011年，第177页。

⑤ 王子今：《汉代"海中星占"书论议》，《史学集刊》2015年第5期。

⑥ 王子今引述了众多天文观测与海上导航相关的事例，参王子今：《汉代"海中星占书"论议》，《史学集刊》2015年第5期。

《开元占经》与《乙巳占》等中都有大量引用《海中占》，而在这些《海中占》里是找不到一丝一毫与航海相关的星占内容。①由此也可证明，海中星占类文献，实际与海上航行无关。

与海上航行相近却又不同的一种"海中星占"解释，是以为海中星占的"海中"与蓬莱三山、海上仙人有关。持此说者即完成了《海中占》辑佚的高桥（前原）绫乃。高桥一一考察了《海中占》的文本性质，以为其由燕齐方士在中国内部书写。称为海中，是方士托名于海中三山的仙人。②高桥做出如此判断，所依赖的一则关键材料，来自《天地瑞祥志》：

> 及汉景武之际，好事鬼神，尤崇巫觋之说，既为当时可尚，妖妄因此浸多。哀平已来，加之图谶，檀说吉凶。是以司马谈父子，继著《天官书》。光禄大夫刘向，广《鸿范》，作《皇极论》。蓬莱士得海浮之文，著《海中占》。大史令郗萌、荆州牧刘表、董仲舒、班固、司马彪、魏郡太守京房，大史令陈卓、晋给事中韩杨等，并修天地灾异之占。各美雄才，互为干戈。③

《天地瑞祥志》一书乃唐人萨守真所著，国内历代目录未有著录，但在日本流传有序。此段中追溯天地灾异之占的流传，所叙人物次序似非依据时间先后，如董仲舒乃在刘表后。在此段中提到"蓬莱士得海浮之文，著《海中占》"，似乎指明了《海中占》来自蓬莱海上。且萨守真为唐人，则此种说法，或即唐代流传的说法之一。余欣也因高桥的研究及《天地瑞祥志》所记，赞同海上蓬莱说。④

然而仔细考察此种说法，似有不能成立处。在《开元占经》中《地占》所引《海中占》：

> 《海中占》曰："主好听谗言，废置大臣，女子为政，刑法诛杀不以道理，则地坼。"⑤

此处所占，并非天文类占验，考之《汉志》所记"海中"类文献，有《海中日月彗虹杂占》，虽为杂占，但属于天文类杂占。故此地占类的《海中占》是不能安顿在《汉志》"海中"文献中的。而在《隋志》中却记录了数种以海中仙人为名的书籍：

---

① 《海中占》的辑佚工作，日本学者高桥（前原）绫乃已经完成，参前原あやの：《〈海中占〉の辑佚》，《关西大学东西学术研究所纪要》第46卷，2013年，第73—124页。高桥辑录日本流传《天文要录》等书中所引《海中占》，用力甚深。然而对于某些文献未加择选，如录《海中占》"天鸡星动"，选用的是明代《墨卿谈乘》，而非最早出处《唐六典》，实在可惜。

② 前原あやの：《〈海中占〉关连文献に关する基础的考察》，《关西大学中国文学会纪要》第34卷，2013年，第73—93页。

③ 萨守真：《天地瑞祥志》，《中国科学技术典籍通汇》天文卷第4分册，郑州：大象出版社，1997年，第315页。

④ 余欣：《符应图书的知识谱系——敦煌文献与日本写本的综合考察》，荣新江、朱玉麒主编：《丝绸之路新探索：考古、文献与学术史》，南京：凤凰出版社，2019年。

⑤ 瞿昙悉达：《开元占经》，北京：九州出版社，2012年，第36页。

《海中仙人占灾祥书》三卷①
《海中仙人占灾祥书》三卷②
《海中仙人占体瞁及杂吉凶书》三卷
《海中仙人占吉凶要略》二卷③

此四种占书，所占甚广，有杂占的特征，可以包含地占。窃疑唐时将"海中星占"类书籍与"海中仙人占"类书籍统而合为《海中占》。此种做法类似于将诸种黄帝相关占法，统名为《黄帝占》。至于萨守真所言《海中占》源流，乃指"海中仙人"相关占法的源流，这恰好与"蓬莱士得海浮之文"相合。

三、海中即海内说

方以智对于"海中星占"其实还有更进一步的解释，见于《通雅》一书：

> 今天法一度当地二百五十里，未见之星如海石、火鸟、金鱼、小斗曰满剌加星者，满剌加国始见也。《天官书》曰：甲乙四海之外，日月不占。晋注曰：甲乙主海外，以远不关中夏事，故不占也。④智按：《汉·艺文志》有《海中占》，岂汉时亦有言海外星者，中国置之甲乙科而不问邪？⑤

方以智注意到了前人未曾注意的《天官书》记载，以为其中"甲乙四海之外，日月不占"的"海外"，所指即"海中"。然而方似乎并不能处理《天官书》的"不占"与《汉志》中的"海中占"之间存在的矛盾。于是又用一种含混的推测，以为这类书置之而不问。其实方以智对《天官书》这段文字的理解，存在大误，此一点详后。

而顾炎武也注意到了"甲乙海外，日月不占"之说：

> 海中者，中国也。故《天文志》曰："甲乙海外，日月不占。"盖天象所临者广，而二十八宿专主中国，故曰海中二十八宿。⑥

《汉志》此段文字其实转录自《天官书》。顾炎武并没有对海中即中国给出明确解释，似乎是因为已知二十八宿为中国所用，又言海中二十八宿，所以认为海中即中国。

张舜徽则对顾炎武之说做了进一步阐说：

> 按：顾说是也。昔人言海中，犹今日言海内耳。天象实临全宇，而中土诸书所言，惟在禹域。故上列五书，皆冠之以海中二字。不解此旨者，多以为从

---

① 魏征等：《隋书》卷34《经籍三》，北京：中华书局，1973年，第1031页。
② 魏征等：《隋书》卷34《经籍三》，北京：中华书局，1973年，第1035页。
③ 魏征等：《隋书》卷34《经籍三》，北京：中华书局，1973年，第1038页。
④ 此处晋灼注非原文，晋灼原注为"海外远，甲乙日时不以占候"，参见司马迁：《史记》卷27《天官书》，北京：中华书局，2013年，第1589页。
⑤ 方以智：《通雅》，北京：中国书店，1990年，第157页。
⑥ 黄汝成：《日知录集释》卷30"海中五星二十八宿"条，上海：上海古籍出版社，2014年，第664页。

大海仰观天象，至谓海中占验书不少，乃汉以前海通之征，谬矣。①
张先生以海内训海中，清晰明了。张以为海中星占类书籍是因为其所言区域为海内，
故称海中。邱靖嘉则延续此一系说法，以为海中星占"意在强调其星占学说独行于
中国，为中国所用，而海外不得占也"②。邱的文章专为分析天文分野所作，已经注
意到了中国古代存在二十八宿分野止系中国，不包括四夷及周边国家的现象。于是
很容易接受顾炎武这一系的海中即中国、海中即海内的说法。

顾炎武、张舜徽先生这一系的说法，截断众流，与俗说相异，解释力甚强。然
而依然存在疑点。如张舜徽先生言"昔人言海中，犹今日言海内耳"，这是以为汉世
说的"海中"就和现在的"海内"一个意思。然而王子今逐一考核《汉书》里"海
中"的用例，认为没有言"海内"者，全都是说在海上。③再者，张舜徽先生言"犹
今日言海内耳"，其实汉代时"海内"就已经很流行，《史》《汉》中用例甚多。既然
海中的意思和海内相同，那么为什么不直接用流行的"海内"概念，以"海内星占
验"为名，反而用"海中"之名呢？

四、《汉书·艺文志》所记"海中星占"的结构

要理解《汉书·艺文志·数术略》天文类中的"海中星占"书，当有两种路径：
一则从《汉书》本身的文本语境出发，参考当时人用例，去理解"海中"的含义；
二则考察汉以后海中星占书的流传，讨论现在可见的《海中占》佚文性质，进而反
推"海中星占"书的含义。

首先得分析《汉书·艺文志》天文类记载各书的结构。天文类所收各书列次
如下：

> 《泰壹杂子星》二十八卷。《五残杂变星》二十一卷。④《黄帝杂子气》三
> 十二篇。《常从日月星气》二十一卷。《皇公杂子星》二十二卷。《淮南杂子
> 星》十九卷。《泰壹杂子云雨》三十四卷。《国章观霓云雨》三十四卷。《泰
> 阶六符》一卷。
>
> 《金度玉衡汉五星客流出入》八篇。《汉五星彗客行事占验》八卷。《汉

---

① 张舜徽：《汉书艺文志通释》，武汉：湖北教育出版社，1990年，第260—261页。
② 邱靖嘉以为顾炎武即言海中为海内，恐误，此说乃张舜徽发明。参邱靖嘉：《"普天之下"：传统天文分野说中的世界图景与政治涵义》，《中国史研究》2017年第3期。
③ 王子今：《汉代"海中星占"书论议》，《史学集刊》2015年第5期。
④ 此处五残，旧说多以五残星解释。但在《天官书》《天文志》所记诸星中，此星在天空秩序中并非显赫之星，以此为名成书，颇可疑。且推天文类上下义例，五残所记或可为人名、家名一类。考之《山海经·西山经》"西王母……是司天之厉及五残"，此为明清以来通行文本，于意未安。《太平御览》卷八百七十五中引此段作"西王母是司天之五残"。静嘉堂所藏宋本《太平御览》中文本也如此。则宋代《山海经》流传文本或即"西王母是司天之五残"。由此句可知两点：第一，西王母是五残；第二，五残的职能是司天。或《五残杂变星》中的五残，即为托名于此神格化的五残。与前文泰壹类似，并非仅指星名。

日旁气行事占验》三卷。《汉流星行事占验》八卷。《汉日旁气行占验》十三卷。《汉日食月晕杂变行事占验》十三卷。

《海中星占验》十二卷。《海中五星经杂事》二十二卷。《海中五星顺逆》二十八卷。《海中二十八宿国分》二十八卷。《海中二十八宿臣分》二十八卷。《海中日月彗虹杂占》十八卷。《图书秘记》十七篇。[1]

赵益以为所记诸种天文书可以分为三类，"一曰古神人及诸子之占，一曰汉灵台之占，一曰海中之占"[2]，其说甚是。第一类列举诸书，以星、气、云雨一类结尾，而无以"占验"结尾者，故此第一类乃是以神人、诸子家法分别星、气、云雨相关的学说。第二第三类皆有占验，有占验者，必有实例占验记载，就此来看，汉一系的星占，似与海中系的星占，相互对举。则"汉"与"海中"乃是一对相关联的概念。汉可能指汉代或汉国，若仅是汉代，则与此相应的海中就无可解释。故此汉，当为汉国，海中则为与汉国相对应的地域概念。

在汉一系星占书中，有数种称为"行事"，王先谦以为即事件之类。李零以为行事指"举事"，或者指"出行之事"。按《天官书》所记：

> 余观史记，考行事，百年之中，五星无出而不反逆行，反逆行，尝盛大而变色；日月薄蚀，行南北有时：此其大度也。[3]

太史公言"观史记，考行事"，将行事与史记并举，则存在某类文献即名为"行事"。称"百年之中"，而汉高祖至太史公之时，正在百年之数。故太史公所考之"行事"，应当也是一种汉"行事"。太史公接下来说五星反逆行、日月薄蚀之类，并不涉及具体星占占验，则为"行事"上所记内容。《艺文志》所记诸"行事占验"，正有五星运行、日食月晕之类，可与太史公看"行事"相印证。此类"行事"文献，所记当为五星守、逆行的宿度，彗星、客星、流星行经的宿度，或日食、月晕或杂变发生时所行在的宿度。而"行事占验"，所记则是在此类天变与其宿度基础上进行的占验。

从《汉志》记载的结构上，可以推测"海中"是与"汉"国相对举的地域概念，由此则高桥绫乃一系以海中仙人解海上者，必不能成立，《汉志》数术类文献里有以仙人为名者，如《羡门式法》即以仙人羡门为家法，羡门即海上仙人，然而《汉志》中并没有统言一种海中仙人。且若"海中"乃海上仙人之省称，在《汉志》天文书中，此类"海中星占"则应该安置在第一类神人及诸子之占之中，而非汉一系星占之后。

从《汉志》本身的结构里，对"海中星占"的推求只能止步于此。不过《艺文志》所记，可以看作是西汉末东汉初天文类书的"书目"，而《史记·天官书》《汉

① 班固：《汉书》卷30《艺文志》，北京：中华书局，1962年，第1763—1765页。

② 赵益其实赞同海中指海中观星。参赵益：《汉志数术略考释补证（上）》，《古典文献研究》2004年第00期。

③ 司马迁：《史记》卷27《天官书》，北京：中华书局，2013年，第1607—1608页。

书·天文志》杂取各家天文学说，又记录历代占验，可以看作此时代天文类书籍的"书录"。书目与书录，两者自可相互考证。前贤方以智、顾炎武以及张舜徽征引《天官书》《天文志》的相关文字证"海中"，即是如此思路。方以智所引《天官书》内容全文如下：

　　　月食始日，五月者六，六月者五，五月复六，六月者一，而五月者五，凡百一十三月而复始。故月蚀，常也；日蚀，为不臧也。甲、乙，四海之外，日月不占①。丙、丁，江、淮、海岱也。戊、己，中州、河、济也。庚、辛，华山以西。壬、癸，恒山以北。日蚀，国君；月蚀，将相当之。②

通观上下文意，可知甲乙至壬癸，是与日食、月食相关的一种占法，或以日食、月食所在宿度等对应地上的分野，至于日月不占，指的是"甲乙四海之外"这个地域不进行日月相关的占候。而在《汉书·天文志》中，去其首尾，将此段移录至一系列分野学说之中：

　　　甲乙，海外，日月不占。丙丁，江、淮、海、岱。戊己，中州河、济。庚辛，华山以西。壬癸，常山以北。一曰，甲齐，乙东夷，丙楚，丁南夷，戊魏，己韩，庚秦，辛西夷，壬燕、赵，癸北夷。子周，丑翟，寅赵，卯郑，辰邯郸，巳卫，午秦，未中山，申齐，酉鲁，戌吴、越，亥燕、代。③

在这里，将"四海之外"省略为了"海外"，又进一步征引了另一种类似但相区别的分野学说。关于此种甲乙至壬癸的分野学说，陈遵妫以为乃是一种十天干分野学说④，然而从方以智到张舜徽，在理解"甲乙海外日月不占"时，皆走断章取义的路子，皆不论甲乙的含义，且将"日月不占"理解为了"不占"，又由海外的"不占"，推求到了海内中国的"占"。然而甲乙代表海外，仅日月不占，若五星与其他诸星，可未言不占。

　　此种十天干分野亦见于《淮南子·天文训》⑤：

　　　甲齐，乙东夷，丙楚，丁南夷，戊魏，己韩，庚秦，辛西夷，壬卫，癸越。⑥

《天文训》记录颇为奇怪，且与《天文志》征引的文字稍有出入。《天文志》的版本

---

① 晋灼注以为"海外远，甲乙日时不以占候"，只是转译原文，而非解释。且以甲乙为甲乙日，恐难成立。且甲乙日与海外远，似也无关系。顾炎武受晋灼注文影响，也以为此处乃是以日占事。参黄汝成：《日知录集释》卷4 "占法之多"条，上海：上海古籍出版社，2014年，第98页。
② 司马迁：《史记》卷27《天官书》，北京：中华书局，2013年，第1588页。
③ 班固：《汉书》卷26《天文志》，北京：中华书局，1962年，第1288页。
④ 陈遵妫：《中国天文学史（第二册）》，上海：上海人民出版社，1982年，第424页。
⑤ 出土文献中亦有记载一种十天干分野，"郑受角、亢、抵（氐），其日……（魏）受房、心、尾，其日辛……牛、婺女，其日丁……其辰□。鲁受奎、娄女、胃……日庚，其辰申。秦受东井、舆鬼，其日甲，其辰子。周受柳、七星、□，其日丙，其辰午。楚受翼、轸，其日癸，其辰巳。"此或可称"日辰占邦"，其日云云，即是天干。参《银雀山汉墓竹简（贰）》，北京：文物出版社，2010年，第242页。
⑥ 何宁：《淮南子集释》，北京：中华书局，1998年，第276页。

列东西南北夷，中为魏韩，乃是以五方列国为对象的分野，其以七国配五方四夷，非常整饬。其地域图式应该是诸国之外有东西南北夷。

至于《天官书》系统的虽然也是十天干，但似乎并非以具体列国划分[①]，其称"甲、乙，四海之外，日月不占。丙、丁，江淮、海岱也。戊、己，中州、河济也。庚、辛，华山以西。壬、癸，恒山以北"，似乎也与五方有关，但是加入了"四海之外"，占据了"甲齐，乙东夷"的东方位置。所以在丙、丁这一范围里，集合了南方与东方。江淮、海岱，江淮代表南方，与丙楚、丁南夷类似，海岱则是对应齐、东夷。余下各方也可以对应。

此两种相似的学说无法断定其先后，但是《天官书》一系，掺入"甲、乙，四海之外"，则可看作是在此前"诸国四夷"体系的基础上，加入了范围比四夷更远的"四海之外"。这其实提示了我们"四海之外"说的含义。

而就十天干分野来说，其包含占候对象，即为诸国与四夷。既有四夷，则此类分野星占并非"专主中国"。

五、释"四海""海中"

《尔雅·释地》中即记载了一种四海的解释：

> 九夷，八狄，七戎，六蛮，谓之四海。[②]

这里的"九夷，八狄，七戎，六蛮"，李巡注本作"九夷，八狄，六戎，五蛮"，其间存在着诸种异说[③]。然而究其核心，是将"四海"解释为四方、四夷，当然不是指海洋，经注则多以"晦"来释"海"，又因四夷与四海的对应，所以多以四夷特征解释，或言四夷"晦暗无知""晦暗于礼义"，故称四海。此种四夷与四海的对应，不止在经学体系中存在，在实际中亦有。如《史记·张仪列传》即有记载：

> 司马错曰："不然。臣闻之，欲富国者务广其地，欲强兵者务富其民，欲王者务博其德，三资者备而王随之矣。今王地小民贫，故臣愿先从事于易。夫蜀，西僻之国也，而戎翟之长也，有桀纣之乱。以秦攻之，譬如使豺狼逐群羊。得其地足以广国，取其财足以富民缮兵，不伤众而彼已服焉。拔一国而天

---

① 这一种自然地理式的划分，在《天官书》中亦有数例，如："杓，自华以西南。夜半建者衡；衡，殷中州河、济之间。平旦建者魁；魁，海岱以东北也"，这是北斗对应地上区域；"自华以南，气下黑上赤。嵩高、三河之郊，气正赤。恒山之北，气下黑上青。勃、碣、海、岱之间，气皆黑。江、淮之间，气皆白"，这是望气划分的不同地域。而《天官书》"角亢氏，兖州"一段，以各州对应二十八宿，其中掺杂江湖与三河，恰可看作以上自然地理区域分野的一种遗留。

② 阮元校刻：《十三经注疏》，北京：中华书局，1980年，第2616页。

③ 胡鸿对此问题有详细梳理，参胡鸿：《能夏则大与渐慕华风》，北京：北京师范大学出版社，2017年，第127页。李巡的"九、八、七、五"相加正好为二十八，此数字或与二十八宿有关，未能断定。

下不以为暴，利尽西海而天下不以为贪①，是我一举而名实附也，而又有禁暴止
　乱之名。"②

此段中，司马错称蜀为"西僻之国""戎翟之长"，又言"利尽西海"，或可以为蜀即
西海。总而言之，四海说中的海所表示的乃是统治地域的边缘、尽头之意，又因为
"中心—边缘"的文明观，生活在边缘的人群多被视为夷狄，于是又存在着以四夷表
示四海的学说。

　　既然四海可被释为四夷，那么"海外""海内"以及"海中"与四夷又是什么关
系呢？对于海外的解释，最为精彩的乃是郑玄，其弟子赵商询问《调人》"父之雠，
辟诸海外"与《春秋》之义"子不复雠非子"之间存在的矛盾，郑玄即申说海外
之义：

　　　　雠在九夷之东，八蛮之南，六戎之西，五狄之北，虽有至孝之心，能往讨
　　不乎？子之所云，偏于此义。③

此段为《周礼注疏》所引。郑玄以《尔雅》四夷说解释海外，认为指四夷之外，然
而郑玄其实只是以海外之远，孝子无力复仇来解释的。这是经学系统里的解释，在
实际状况中可能更为复杂，汉武帝时严安上书云：

　　　　及至秦王，蚕食天下，并吞战国，称号曰皇帝，主海内之政……欲肆威海
　　外，乃使蒙恬将兵以北攻胡……又使尉佗屠睢将楼船之士南攻百越。④

这里所言的秦始皇之时，海内与海外对举，海内范围乃是秦加上其余六国，至于海
外，则是北夷胡与南夷越。这只能以统治地域的扩张来解释，统治地域的扩张，会
让"海"与"四夷"的范围也发生移动。而汉武帝之时，东方朔言及当代"今非然
也。圣帝在上，德流天下，诸侯宾服，威振四夷，连四海之外以为席，安于覆盂，
天下平均，合为一家"⑤，则海外似在四夷之外。

　　至于海内，就已知用例，其范围并不包括四夷，如《礼记·王制》言"凡四海
之内九州"⑥。既言海内九州，不包括四夷明也。而始皇帝时周青臣言："他时秦地
不过千里，赖陛下神灵明圣，平定海内，放逐蛮夷，日月所照，莫不宾服。以诸侯
为郡县"⑦。此言平定海内，放逐蛮夷，则蛮夷不在海内之中。

　　比较难以确定的还是"海中"的含义，经书中不见此种用例。而王子今考察

---

　　① 《史记索隐》在此以陆海物产丰富类比解释西海，又言西方真有海洋，颇为不伦。《史记正义》则延
续了经学一系的解释，以西夷解释西海。
　　② 司马迁：《史记》卷70《张仪列传》，北京：中华书局，2013年，第2775—2776页。
　　③ 阮元校刻：《十三经注疏》，北京：中华书局，1980年，第732页。郑玄的观点可能更为复杂，此处赵
商问对，已是郑玄晚年。在前所引，还有徐州刺史荀文若与郑玄的问答，其时间的断限颇难确定，不过在赵商
问对之后，似乎郑玄在此又主一种海即海洋之说。考其原始，则似乎是从权之说。
　　④ 司马迁：《史记》卷112《平津侯主父列传》，北京：中华书局，2013年，第3582页。
　　⑤ 司马迁：《史记》卷126《滑稽列传》，北京：中华书局，2013年，第3895页。
　　⑥ 阮元校刻：《十三经注疏》，北京：中华书局，1980年，第1323页。
　　⑦ 司马迁：《史记》卷8《秦始皇本纪》，北京：中华书局，2013年，第325页。

《汉书》中的所有"海中"用例，都以为指海洋之上，与海内无关。

不过在《汉书》中有一则佳例，见于《天文志》中：

> 元封中，星孛于河戍。占曰："南戍为越门，北戍为胡门。"其后汉兵击拔朝鲜，以为乐浪、玄菟郡。朝鲜在海中，越之象也；居北方，胡之域也。[①]

王子今其实也注意到了此则记载，但依旧理解为海洋之中。王以《汉书·地理志》中所记"乐浪海中有倭人，分百余国"来疏解此段。认为"所谓'朝鲜在海中'以及'倭人'在'乐浪海中'，都说明'海中'一语体现的空间距离已经并非近海"。[②]王子今所言"乐浪海中"自然是海洋之中，然而乐浪本身其实是朝鲜的一部分，若"朝鲜在海中"的海中指的也是海洋之中，则"乐浪海中有倭人"，也可以表述为"海洋中的乐浪的海洋中有倭人"，何其矛盾也！

王子今考察的"海中"用例，其实算是自然语言中的用例，故其意为海洋之上。但是天文学中，似乎存在着一种专门的术语性质的"海"的用法，此条即是佳例。这条天文占验解说，《史记·天官书》仅记为"朝鲜之拔，星茀于河戍"[③]，《天文志》所添加的解说，出于司马迁之后，其时间限度与《汉书·艺文志》"海中星占"书的时代应该十分接近。

细察此条占验解说，称"朝鲜在海中，越之象也"，其实并非是说朝鲜与越即是"海中"，而是说朝鲜与越在"海"的范围里，也即朝鲜和越乃是四夷，属于四海。因为都属于"海"，所以本应在越的天象，也应在朝鲜这里。

解释了《天文志》星占中的"海"，就能够进一步推出"海中"的意思，"海中"与"海内""海外"相区别。海内是四夷之内，并不包含四夷。海外是四夷之外，乃是比四夷更绝远处。而海中，则应当是四夷之中，这个区域大抵包含四夷，可以看作是海内加上四夷的区域。考之《天官书》《天文志》所记占验，多与四夷有关者，如"越之亡，荧惑守斗；朝鲜之拔，星茀于河戍；兵征大宛，星茀招摇"[④]，若"海中"仅言海内中国，这些占验其实就无法安顿。

至于"海中占验"，即指以天象对此一范围中的对象进行占验。与此相对的"汉五星占验"等天文书，则是汉国系统的占验，所占为汉国内部相关事宜。"海中占验"则涉及汉国、诸侯国以及四夷的相关内容。汉国星占对应的是皇帝身份，海中星占对应的则是天子身份，故此二类书皆得以藏于中秘。

至于《海中二十八宿国分》与《海中二十八宿臣分》，其中"国"或为诸侯国，现存分野多有诸侯国分野，自可对应，其中是否有四夷之国，不敢断定。至于"臣分"，颇疑乃是"内、外臣"之意，内外臣，则可对应于诸侯、四夷的结构。

---

① 班固：《汉书》卷26《天文志》，北京：中华书局，1962年，第1306页。
② 王子今：《汉代"海中星占"书论议》，《史学集刊》2015年第5期。
③ 司马迁：《史记》卷27《天官书》，北京：中华书局，2013年，第1606页。
④ 司马迁：《史记》卷27《天官书》，北京：中华书局，2013年，第1606页。

余　论

以上诸家讨论"海中星占"类书，除了吕子方与高桥绫乃，都未能逐一考核《海中占》佚文。且就我所见诸家，也未能完全梳理出"海中星占"书在汉之后的流传谱系。本文既已探讨了《汉志》"海中"含义，不得不简要叙其流变。不过本文并不打算对《海中占》的内容做一个全面的梳理。

前文引述了王应麟所列流传谱系：《汉志》海中星占验—刘昭注文所引《海中占》—《隋志》所载海中星占。其间尚有需要补充者——南北朝时期《海中占》除了被刘昭引用，还见于梁元帝的《洞林序》：

> 梁元帝洞林序曰：……余幼学星文，多历岁稔。海中之书，略皆寻究。巫咸之说，遍得研求。虽紫微迢递，如观掌握。青龙显晦，易乎窥览。羡门五将，巫经玩习。韩终六壬，常所宝爱……①

其言学星文，且海中之书与巫咸之说对举，是以《海中占》对《巫咸占》也，则此处海中之书即《海中占》无疑。

还有一例见于《唐六典》所引：

> 《关东风俗传》云："宋孝王尝问先达司马膺之云后魏、北齐赦日建金鸡事。膺之曰：'按《海中星占》：天鸡星动，必当有赦。'盖王者以鸡为赦候。"②

此为《唐六典》转引宋孝王《关东风俗传》内容，盖此书当时尚存。然而其中转引天鸡星相关星占，其实颇为奇怪③。

然而《隋志》之后，《海中占》虽不见于《旧唐书·经籍志》与《新唐书·艺文志》的著录，但唐代《乙巳占》《开元占经》《天文要录》《天地瑞祥志》中皆有引用《海中占》的内容。到了宋代，公私目录中也不见著录，但《武经总要》对《海中占》内容有所称引。至于《宋史·艺文志》录有《海中占》十卷，《宋史·天文志》又引述其内容。自此之后彻底不见于各家目录，间或有明代天文书称引其内容。

然而通观现在可见的《海中占》佚文，可以发现其占候有与天子、外国、外夷、胡、四夷、诸侯以及中国有关的，如"荧惑守狼星，四夷兵，来侵中国"④，然而这些对象在其他家的占候中也有，《海中占》在《荆州占》、甘氏、石氏等星占中并没有什么自身的特点，这一批星占都共享了同样的意义世界。这种情况，可能是因为

---

① 欧阳询：《艺文类聚》卷75《方术部》，上海：上海古籍出版社，1965年，第1286页。
② 李林甫等：《唐六典》，北京：中华书局，1992年，第464页。
③ 参于赓哲、吕博：《中古放赦文化的象征——金鸡考略》，《陕西师范学学报（哲学社会科学版）》2010年第3期。
④ 《开元占经》中所引《海中占》，有"周梁，中国也"之说，又多言诸侯，颇疑其空间结构乃是"中国—四方诸侯国—四夷"。

《汉志》中的"海中"与"汉"类的天文书并没有自身的学说体系，虽有范围差异，但同样都用的是一批星占学说，且都为甘、石之传。这就使得当《海中星占验》①变成《海中星占》时，并没有显示出自身的特异。而《海中占》里的"海中"更像是一种记叙源流的空洞的符号。

（本文作者为华中师范大学历史文化学院历史文献学专业硕士研究生）

---

① 汉之后，或其事例过时，故而废验而留占，成为一种《海中星占》。

明代文士对医史的建构

——以李濂《医史》为例

刘旭东

摘　要： 宋代以降"儒医"以医附儒的趋势以及建立统绪的需求，催生了书写医史的风气。医史作者并非全为医者，书写《医史》的明代文士李濂即其中一位。与《医说》《历代名医蒙求》及《医学源流》等医史相类，《医史》以纂辑史传文集所载医者传记为主，但李濂还参与了医者传记的补写。李濂补写了张仲景、王叔和、王冰、王履、戴原礼及葛应雷父子共六篇传记。这六篇补传的书写强调对医者"著述之旨"的关注，医者的医书成为传文内容的主要来源以及记述对象。李濂补写张仲景、王叔和及王冰三人的传记，出于三者"医之宗"地位与声望的抬升，而补写王履、戴原礼及葛氏父子的传记，则源于对明中期医学学派形成的因应。通过《医史》的书写，李濂建构了以医者"著述之旨"为主要面相，且与医者形象地位提升及医学学派发展，以及医学谱系追溯若相契合的医史。

关键词： 文士；李濂；《医史》；医者传记

近代医者谢观在《中国医学源流论》中曾言及唐宋医学的转变，他以"术""理"之分区别唐宋医学，对宋以来重"理"医学比附儒学之行为大加排斥[1]。他认为"我国古代专门授受之医学，魏晋而后，统绪久亡。自宋以后之医学，实由医家以意推阐得之"[2]。谢氏的论述点明了宋以后医学发展最显著的一个特点，即医学比附儒学建立道统，这一趋向的风行与"儒医"群体的形成密切相关[3]。而建立统绪最直接的方法便是书写医史[4]，通过医史的书写，"儒医"群体比附儒者并划分与其他

---

① 谢观著，余永燕点校：《中国医学源流论》，福州：福建科学技术出版社，2003年，第46页。

② 谢观著，余永燕点校：《中国医学源流论》，福州：福建科学技术出版社，2003年，第47页。

③ 对宋代"儒医"群体的研究，参见陈元朋：《两宋的"尚医士人"与"儒医"——兼论其在金元的流变》，台北：台湾大学出版委员会，1997年，第179—223页。

④ 医史是医史作者有意编排医者传记以建构医学知识传授谱系的文本。范家伟指出："医者的医学知识传承讲求师承，由师承构成传承谱系。师承固然有直接传授，也可透过书籍传习作为传承的方式。医者追溯一代一代师徒传承，建构其医学传授谱系，这种历史追溯往往构成医史内容。"参见范家伟：《从儒者到从祀三皇——明代官方对朱震亨的定位》，《新亚学报》2018年第35卷，第156页。祝平一指出明代医者自觉地企图从医史中建立正统，并将医统比附于儒者的道统。参见祝平一：《宋、明之际的医史与"儒医"》，《"中央研究院"历史语言研究所集刊》2006年第77本第3分，第422页。

医者的界限，从而希冀提升自身的社会地位与声望①。

但书写医史并非医者或"儒医"所独有的行为。谢观将医史之作追溯于宋代医者张杲所作之《医说》，而最早以"史"为名指称医史的文本当属明代文士李濂书写的《医史》②。陈邦贤在写作《中国医学史》时，虽对古代以医者传记为主要面相的医学史书写方式有所不满，却也将文士李濂的《医史》与甘伯宗、徐春甫等医者书写的医史视为同流③。李濂于正德九年（1514）考取进士，并"以古文名于时"④，有着明显的文士身份，但仍对书写医史抱有兴趣。那么以文士身份涉医的李濂是如何参与到医史建构过程之中的？学界对文士建构医史行为的关注较少⑤，本文拟从这一角度出发对有关问题进行尝试性地探讨。

一、纂辑与补写：李濂《医史》的书写方式

在对文士建构医史的问题进行深入分析前，我们需要对《医史》作者李濂及《医史》一书的书写状况进行介绍与分析，以便于理解有关问题讨论的知识背景。李濂（1488—1566）⑥的生平事迹载于《明史·文苑传》之中：

> 李濂，字川父，祥符人。举正德八年乡试第一，明年成进士。授沔阳知州，稍迁宁波同知，擢山西佥事。嘉靖五年以大计免归，年才三十有八。濂少

---

① 参见祝平一：《宋、明之际的医史与"儒医"》，《"中央研究院"历史语言研究所集刊》2006年第77本第3分，第401—443页。

② 参见谢观著，余永燕点校：《中国医学源流论》，福州：福建科学技术出版社，2003年，第104页。

③ 陈邦贤：《中国医学史》，《民国丛书》第三编科学技术史类第79册，上海：上海书店出版社，1991年，"绪言"第9页。

④ 张廷玉等：《明史》第286卷，北京：中华书局，1974年，第7360页。

⑤ 据笔者管见所及，祝平一考察了"儒医"的身份认同与其对文本知识的态度如何表现在宋、明之际医史的书写上，认为李濂《医史》是一部从明代士人观点出发所纂辑的医学史。范家伟则探讨了元代名医朱震亨在明代的官方形象转变过程，表明医者形象之建构或许并非来自于医者对自身形象的认定，与其交往密切之人或传承学问之弟子往往对医者形象之塑造产生重要的影响。吴以义在分析金元医者刘完素、朱震亨门人间的医学知识传承模式时，尤其强调书籍在医学知识传播中的作用。那些难以亲炙大师的医者，只得通过阅读相关的医书来传承大师的医学知识，从而对原始的、大师所开创的宗旨有不同的诠释与理解。冯玉荣则对明清时期"医宗"类书籍的编纂进行了考察，指出在医学门户愈深、医道愈加不明以及医疗市场混乱的情况下，统合医学知识以返归经典，构建超越门户之见的共同性专业知识已显得尤为重要。而清代皇室编纂"医宗"也使医学知识在国家正统下被重新建构流传，对医学经典的解释权回归到了帝王的手中。上述研究，分见祝平一：《宋、明之际的医史与"儒医"》，《"中央研究院"历史语言研究所集刊》2006年第77本第3分，第401—443页；范家伟：《从儒者到从祀三皇——明代官方对朱震亨的定位》，《新亚学报》2018年第35卷，第155—194页；吴以义：《溪河溯源：医学知识在刘完素、朱震亨门人间的传递》，（台北）《新史学》1992年第4期，第57—94页；冯玉荣：《医学的正典化与大众化：明清之际的儒医与"医宗"》，《学术月刊》2015年第4期，第141—153页。

⑥ 对李濂生卒年的断定，参见张一群：《明代〈医史〉作者李濂生平著述考略》，《中华医史杂志》2003年第2期，第72—74页。

负俊才，时从侠少年联骑出城，搏兽射雉，酒酣悲歌，慨然慕信陵君、侯生之为人。一日作《理情赋》，友人左国玑持以示李梦阳，梦阳大嗟赏，访之吹台，濂自此声驰河、雒间。既罢归，益肆力于学，遂以古文名于时。初受知梦阳，后不屑附和。里居四十余年，著述甚富。①

李濂取得了明代社会所承认的最高功名，虽政治仕途历经波折而短暂，但因"肆力于学"而"以古文名于时"，且"著述甚富"，因而被收入《文苑传》。《明史》的记载凸显了李濂"士"与"文"的身份与知识背景，却并未囊括李濂生平事迹的全貌。据李濂自言，其祖上"以小儿医有声梁、宋间，号金钟李氏"，并以医学世业传家，唯李濂"赖祖考庇荫之休"取得进士头衔②。可见李濂不仅取得了进士的名号，亦出身于医学世家。或许基于这一因素，李濂成为众多"尚医士人"群体中的一员③，并有了《医史》之作。

《医史》书成于明嘉靖二十六年（1547）④，共十卷，为一部较为系统的纪传体医史著作⑤。在《医史序》中，李濂如此阐释他著述《医史》的意图：

> 或曰：医，小道也。子孳孳焉辑之，何居？嵩渚子曰：医道渊微，匪言可尽。非通乎天地之化，明乎阴阳之理，达乎运气之旨，察乎事物之赜者，弗足以语此。儒者以是为小道，谓其但周乎一身之用而不足以该乎经世之学耳。若推其极究天人，原性命，洞经络，晰表里，幽赞神明，功夺造化天下之道，盖莫有大焉者矣。顾可谓之小道乎哉？医史之辑，所以植准的，示龟镜，存轨辙，将使天下后世学医者以是为师，庶弗迷于向往云尔。较之辑书史、画史者，兹不切于用乎？……人能常阅是编，可以窥医术源流之正，可以谙入门造奥之阶，可以识攻击滋补之机，可以得未病先防之道，可以养身，可以事亲，可以慈幼，裕乎己而周于人，实为有益之实学，而辞章、字画之艺举非所当先矣。⑥

李濂认为"医非小道"，并以此作为《医史》的书写理念，强调《医史》之辑的

① 张廷玉等：《明史》第286卷，北京：中华书局，1974年，第7360页。

② 李濂：《大梁金钟李氏世系碑》，《嵩渚文集》第89卷，《四库全书存目丛书》第71册，济南：齐鲁书社，1997年，第316页。

③ 对"尚医士人"的讨论，参见陈元朋：《两宋的"尚医士人"与"儒医"——兼论其在金元的流变》，台北：台湾大学出版委员会，1997年，第45—177页。

④ 有关《医史》一书的成书时间，张一群认为在1527至1530年左右，而钱茂伟根据从《国立中央图书馆善本序跋集录·史部》中发现的新材料，指出李濂《医史》当成于1547年，基本上确定了李濂《医史》的成书时间。张的观点，见张一群：《明代〈医史〉作者李濂生平著述考略》，《中华医史杂志》2003年第2期，第72—74页。钱茂伟的论断，见钱茂伟：《李濂〈医史〉成于嘉靖二十六年（1547）》。

⑤ 参见冯逌郁：《试论明代〈医史〉的编纂特色及学术价值》，《河南大学学报（社会科学版）》2003年第5期，第25—27页。

⑥ 李濂：《医史序》，《嵩渚文集》第56卷，《四库全书存目丛书》第71册，济南：齐鲁书社，1997年，第92—93页。

"实学"功用，使《医史》能够在传递医学源流之外，亦具有"养身""事亲""慈幼"的价值，凸显了李濂对于《医史》书写的重视。

李濂视《医史》为"有益之实学"的态度，也促使李濂更加注重《医史》所传递的知识的正确性，史传和文集便成为李濂书写《医史》的唯一来源。"医史者，余辑前史所载方技列传以为学医者之正宗也。前史无传而诸名家文集有为之撰传者亦采录之，都无可考而医术显著者则僭为之补传。搜罗访索，凡得七十有二人，而古今之名医略备矣。"①《医史》以呈现"古今之名医"七十二者的传记为面相，而李濂对《医史》取材方式的分析，除了透露出李濂对医者传记出处的择取外，亦体现了李濂书写《医史》的两种方式，即纂辑与补写。

"历代名医，凡史传所载者，谨备录之于前五卷矣。其有散见各家文集者，亦录之以备遗，则俱列于后五卷。"②可知纂辑医者传记以填充《医史》十卷的内容，是李濂《医史》一书的主要书写方式。而若史传、文集无载，则李濂自作传记以补之："古之名医，前史已有传者，既录之矣。乃若张仲景、王叔和、启玄子，皆医之宗也，良不可无传，今皆补之。"③事实上，李濂除了补写汉张仲景、晋王叔和及唐启玄子王冰三位医者的传记外，亦补写了元明医者王履、戴原礼、葛应雷及其子乾孙的传记。李濂为这七位医者所作的六篇补传，即《张仲景补传》《王叔和补传》《启玄子补传》《王履补传》《戴原礼补传》及《葛应雷补传》，也是《医史》一书中唯一出自李濂之手的传文。

那么，区分纂辑与补写两种不同的书写方式，以考察李濂建构《医史》的行为，这一分析问题的取向路径是否具有意义，则需要将李濂《医史》放在宋明医史书写的背景之下进行考量。若以近代医者谢观的说法，医史之作当始于南宋医者张杲所作的《医说》一书。该书卷一《三皇历代名医》收录自三皇伏羲、神农及黄帝至唐代启玄子王冰共一百一十余位医者，代表了张杲所追溯的自三皇至唐代的医史④。其后另有周守忠《历代名医蒙求》，收录二百余位医者传文事迹以成是编⑤。至明代，则有医者熊宗立的《医学源流》，追溯了三皇至元共二百四十余位医者的源流谱系。而这些医史文本最基本的书写方式亦是以纂辑为主，于经史百家、医方神仙中摘录各种有关医者的记载，虽对传文略有改写删减，但其内容仍与原文接近⑥，并主要呈现一种类似"医者名单"的面相。在以纂辑为主要形式的书写实践中，自张杲《医

---

① 李濂：《医史序》，《嵩渚文集》第56卷，《四库全书存目丛书》第71册，济南：齐鲁书社，1997年，第92页。

②③ 李濂：《医史》，《续修四库全书》第1030册，上海：上海古籍出版社，2002年，第221页。

④ 张杲撰，王旭光、张宏校注：《医说》第1卷，北京：中国中医药出版社，2009年，第1—34页。

⑤ 周守忠：《历代名医蒙求》，《续修四库全书》第1030册，上海：上海古籍出版社，2002年，第220页。

⑥ 刘鹏对《历代名医蒙求》所引书目进行了分类，并指出周守忠所收资料比较丰富全面，从正史到野史杂记，从诸子百家到医学典籍均有涉猎，且周守忠仅是抄录群书，将宋以前历代医家史料汇集整理，引录原文，并未做过多修改。参见刘鹏：《〈历代名医蒙求〉校注及研究》，南昌：江西师范大学，2009年，第105—106页。而张杲《医说》与熊宗立《医学源流》的书写方式亦与周守忠的《历代名医蒙求》相类。

说》至熊宗立《医学源流》的层层建构，使得三皇至唐代的医史已基本确定，并随着医史作者的生活年代及资料获取程度而不断延伸。

作为文士的李濂，视医学技艺为文士君子所必备的傍身技能，强调"古之君子修己治经之余，鲜有不致力于医者。今之君子举业法律之外，顾于辞章、字画，殚精弊神为之，而于父母之弗安也，己身之失摄也"①，由此将《医史》的读者由可能的医者扩展至文士君子，但其在书写《医史》的方式上仍难以摆脱以张杲、熊宗立等医者为代表的医史书写的影响。李濂《医史》虽将传文取材的来源限制在了史书与文集二途，却仍以纂辑医者传记为务，与以往医史的书写方式并无较大的差别。而仅于史传、文集中取材的书写方式也导致李濂《医史》所追溯建构的医史，较张杲《三皇历代名医》、周守忠《历代名医蒙求》及熊宗立《医学源流》而言略显单薄。尽管如此，我们对于李濂纂辑医者传记以建构医史的意图仍难以穷尽。在《纂辑医史凡例》中，李濂对于医者传记的纂辑标准有如下的解释：

古之名医，前史已有传者既录之矣，乃若张仲景、王叔和、启玄子皆医之宗也，良不可无传，今皆补之。其绝无事实，如巫咸、巫彭、矫氏、俞氏、卢氏、崔文子、公孙光之类则阙之。

……

诸名医学本《素》《难》，方术醇正者则录之，如晋书所载佛图澄、单道开之类，颇涉幻诞，悉黜不录，恐滋后人之惑。②

可见，"绝无事实"及"颇涉幻诞"的医者皆为李濂所摒弃。由此，《医说》《历代名医蒙求》及《医学源流》中所载的巫咸、巫彭、矫氏、俞氏、卢氏、崔文子、公孙光之流皆被排除在《医史》之外③，这也与李濂对于《医史》实学功用的强调密不可分。而李濂也凸显了学习医学典籍《素问》《难经》在成为"名医"过程中的重要作用，并将其视作纂辑《医史》的标准之一。但对医学经典《素问》《难经》的尊崇，来源于宋代以来"儒医"群体兴起所产生的需求④。这便在李濂对《素》《难》的强调与于"前史所载方技列传"中纂辑医者传记的行为之间产生了裂痕。即李濂以宋代以来特别是明代"儒医"对于《素问》《灵枢》的尊崇为标准，来纂辑自先秦以来"名医"的传记，使得李濂纂辑《医史》的行为，具有了不确定性与非规范性，

① 李濂：《医史序》，《嵩渚文集》第56卷，《四库全书存目丛书》第71册，济南：齐鲁书社，1997年，第93页。
② 李濂：《医史》，《续修四库全书》第1030册，上海：上海古籍出版社，2002年，第221页。
③ 《医说》《历代名医蒙求》及《医学源流》对几名医者的记载与收录，分见张杲撰，王旭光、张宏校注：《医说》第1卷，北京：中国中医药出版社，2009年，第3、8、9、10页；周守忠：《历代名医蒙求》，《续修四库全书》第1030册，上海：上海古籍出版社，2002年，第188、189、191、193页；熊宗立辑，宋咏梅、郑红、刘伟校注：《名方类证医书大全》，北京：中国中医药出版社，2015年，第4、5、7、8页。
④ 《素问》《难经》等医学经典成为明代医学入门书所征引的主要依凭，而明代医学入门书亦是元明时期医学学术传统儒化的代表，参见梁其姿：《面对疾病——传统中国社会的医疗观念与组织》，北京：中国人民大学出版社，2012年，第31—35页。

影响着我们对于李濂纂辑医者传记以建构医史行为的评估。

因此，本文选择最能体现李濂"本意"的书写方式，即李濂自作的六篇医者补传，以之作为分析李濂书写医史、建构医史的视角。李濂以文士身份处世，本属于拥有书写权力的知识分子，且"以古文名于时"。其自作的补传虽在数量上少于纂辑的医者传记，但传文所反映的李濂建构医史之理念确是我们能够考察文士建构医史这一问题最为直接的窗口。譬如司马迁在为先秦医者扁鹊立传时，便将西汉的医学技术与观念植入到了《扁鹊传》的书写之中①。这一示例表明，尽管传记作者书写前代医者之事迹，但却以反映其所处时代之医学环境为主要面相。这便使得我们以李濂所作六篇补传为视角考察明代文士建构医史的行为具有了意义。接下来，本文将从李濂这六篇补传的书写方式以及缘由入手，来考察李濂在建构医史方面呈现的意义与价值。

而在分析之前，我们有必要对李濂的六篇医者补传进行划分与归类，以便于问题的阐释。李濂为汉张仲景、晋王叔和、唐王冰，以及元明医者王履、戴原礼、葛应雷及其子乾孙等医者补写了六篇补传。但纵观《医史序》及《纂辑医史凡例》，我们仅能找到李濂补写张仲景、王叔和及王冰三篇补传的理由。且在《医史》一书中，张仲景、王叔和及王冰的传记皆收录于第六卷中，故而本文也将这三篇医者补传视为一类来进行分析。而王履、戴原礼、葛应雷及其子乾孙皆处于元明之际，因而将《王履补传》《戴原礼补传》及《葛应雷补传》视作一个组合，以之观察文士李濂对于医史的建构过程。

二、"医之宗"：张仲景、王叔和及王冰传记的补写

"乃若张仲景、王叔和、启玄子皆医之宗也，良不可无传，今皆补之。"②李濂虽于《医史》中为东汉医者张仲景补写了传记，但在李濂《医史》之前的医史中，已存在关于张仲景事迹的书写。如张杲《医说》③及周守忠的《历代名医蒙求》④，皆记述了张仲景的事迹，并标明了传文内容的来源与出处。且二书关于张仲景的生平事迹有着相似的表述，这一表述亦为李濂所继承。《张仲景补传》载：

> 张机，字仲景，南阳人也。学医术于同郡张伯祖，尽得其传。工于治疗，尤精经方，遂大有时誉。汉灵帝时举孝廉，官至长沙太守。少时与同郡何颙客游洛阳，颙探知其学，谓人曰："仲景之术精于伯祖。起病之验，虽鬼神莫能

---

① 参见山田庆儿著，廖育群、李建民编译：《中国古代医学的形成》，台北：东大图书股份有限公司，2003年，第349—356页。

② 李濂：《医史》，《续修四库全书》第1030册，上海：上海古籍出版社，2002年，第221页。

③ 张杲撰，王旭光、张宏校注：《医说》第1卷，北京：中国中医药出版社，2009年，第13页。

④ 周守忠：《历代名医蒙求》卷下，《续修四库全书》第1030册，上海：上海古籍出版社，2002年，第209页。

知之，真一世之神医也。"尝见侍中王仲宣，仲景曰："君年至四十当有疾，须眉脱落，脱落后半年必死。宜豫服五石汤，庶几可免。"仲宣时年二十余，闻其言恶之，虽受方而不饮。居数日，复见仲景，乃佯曰："五石汤已饮之矣。"仲景曰："观君气色，非饮药之诊，何轻命欺人如此耶！"仲宣益深恶之。后二十年，果有疾，须眉皆脱落，越一百八十七日卒。时人以为扁鹊、仓公无以加之也。①

在这段传记中，李濂沿袭了宋代医史的成论，对仲景的籍贯、名与字、功名官职、医学师承与成就等信息皆做了说明。唯一不同的是，李濂增补了何颙对仲景的评价以及仲景医治王仲宣的事迹。此二事虽不见于《医说》《历代名医蒙求》等医史，但其事迹的来源却不出这些医史征引的书目。何颙评价仲景医术一事即出于张杲亦曾引用过的《何颙别传》。《太平御览》卷七二二载：

　　同郡张仲景总角造颙，谓曰："君用思精而韵不高，后将为良医。"卒如其言。颙先识独觉，言无虚发。王仲宣年十七，尝遇仲景，仲景曰："君有病，宜服五石汤，不治且成门，后年三十，当眉落。"仲宣以其贲长也，远不治也。后至三十，疾果成，竟眉落，其精如此。仲景之方术今传于世。②

李濂所记与此大体不差。但李濂通过对这则材料重新解释，微妙地转化了原文的含义，即由对何颙评价仲景医术一事，将《何颙别传》中体现何颙"先识独觉，言无虚发"之能转变为在《张仲景补传》中强调仲景医术之神。藉此叙事语境的转换，将何颙的人格特征转变为仲景医名的获取，进一步形塑了仲景的声名与形象。虽然《何颙别传》中也提到了仲景医治王仲宣之事，但在其语境下，此事的书写似乎是为凸显何颙对人的识见能力。而对此事更为详细的记载则在皇甫谧《针灸甲乙经》的序言中③。李濂将《何颙别传》中的言论与《针灸甲乙经》的序言结合起来，为强调仲景医术之神验而服务，使得文本的语义围绕李濂的书写意图得到了重新阐述。

除了何颙评价仲景医术及仲景医治王仲宣二事外，李濂亦在《张仲景补传》中续写了仲景著《伤寒卒病论》及《金匮要略》的情况：

　　仲景宗族二百余口，自建安以来，未及十稔，死者三之一，维时大疫流行，而伤寒死者居其七。乃著《伤寒卒病论》十卷行于世，盖推本《素问·热论》之旨，兼演伊尹《汤液》而为之。探赜钩玄，功侔造化。华佗读而善之，曰："此真活人书也。"仲景又著《金匮玉函要略方》三卷，上卷论伤寒，中卷论杂病，下卷载其方，并疗妇人。实为千古医方之祖，自汉魏以迄于今，海

① 李濂：《张仲景补传》，《医史》第6卷，《续修四库全书》第1030册，上海：上海古籍出版社，2002年，第260页。
② 李昉等：《太平御览》第722卷，石家庄：河北教育出版社，1994年，第618—619页。
③ 皇甫谧：《针灸甲乙经》，《景印文渊阁四库全书》第733册，台北：台湾商务印书馆，1986年，第511页。

内学者，家肆户习，诵读不暇，如士子之于六经。然论者推为医中亚圣，而范晔《后汉书》乃不为仲景立传，是故君子有遗憾焉。[1]

本段补传的内容基本上出自仲景自作的《伤寒卒病论集》[2]、皇甫谧《针灸甲乙经序》[3]、北宋校正医书局高保衡等《金匮玉函要略方论序》[4]以及陈振孙的《直斋书录解题》[5]。值得注意的是，李濂在传文中建构了华佗评价仲景《伤寒论》的事迹，即"华佗读而善之，曰：此真活人书也"一句。华佗确有关于"活人书"的言论："佗临死，出一卷书与狱吏，曰：'此可以活人。'吏畏法不敢受，佗不强与，索火烧之。"[6]可见"活人书"当为华佗自己所编写的医书，并非指仲景的《伤寒卒病论》。那么何时华佗指称自己医书为"活人书"的说法被转变成了指称仲景《伤寒卒病论》为"活人书"的说法呢？余新忠在对仲景生平事迹建构过程的考察中指出，将华佗和仲景在"活人书"话题上联系起来，乃是北宋校书儒臣孙奇在为《金匮要略》作序时的一个假设性推论，而张蒇为朱肱《类证活人书》作序时，便已将孙奇的假设性推论转变为事实。虽然南宋郭雍曾对此说表示批评，但在仲景圣化的过程中，质疑华佗与仲景有所交往的声音也日渐微弱[7]。李濂亦"将错就错"，进一步将华佗称赞伤寒论这一假设的"事实"情景化。或许对于李濂来说，将华佗称赞仲景伤寒论为"活人书"的说法作为"史实"传承下去，是他有意而为之的结果。借用古代名医——特别是存在于正史列传中的名医对仲景医书的评价，既是提升仲景威望、宣扬仲景医术的手段，也是弥补仲景在正史中没有留下"声音"的缺憾。藉由李濂的《张仲景补传》，"不仅张仲景的事迹变得更为丰满充实，其形象也愈见神奇光辉，从而为仲景的进一步被推崇和圣化提供了重要的素材支持"[8]。

得益于医圣张仲景在历史上不断被层累建构的丰富形象以及有关事迹的不断改写，李濂展现了一个较以往医史所描绘的更为全面的张仲景形象。相比之下，李濂的所作的王叔和及王冰的补传内容则略显单薄，但其书写方式及取向却与《张仲景补传》并无二致。《王叔和补传》载：

① 李濂：《张仲景补传》，《医史》第6卷，《续修四库全书》第1030册，上海：上海古籍出版社，2002年，第260—261页。
② 张机：《伤寒卒病论集》，张机等撰，赵开美编：《仲景全书》，北京：中医古籍出版社，2004年，第1页。
③ 皇甫谧：《针灸甲乙经》，《景印文渊阁四库全书》第733册，台北：台湾商务印书馆，1986年影印本，第511页。
④ 高保衡、孙奇、林亿：《金匮玉函要略方论序》，张机：《金匮要略》，张元济等编：《四部丛刊初编》第368册，上海：商务印书馆，1929年，第1页。
⑤ 陈振孙：《直斋书录解题》第13卷，上海：上海古籍出版社，1987年，第383—384页。
⑥ 范晔：《后汉书》第82卷，北京：中华书局，1965年，第2739页。
⑦ 余新忠：《医圣的层累造成（1065—1949年）——"仲景"与现代中医知识建构系列研究之一》，《历史教学》2014年第14期，第10页。
⑧ 余新忠：《医圣的层累造成（1065—1949年）——"仲景"与现代中医知识建构系列研究之一》，《历史教学》2014年第14期，第10页。

王叔和，高平人也，仕西晋为太医令。性度沉靖，潜心方脉，精意诊切，洞识摄养之道。平生雅好著述，乃本黄帝《素问》、秦越人《八十一难经》暨张仲景、华元化之书，撰《脉经》十卷，凡九十七篇。叙阴阳表里，辨三部九候，分人迎、气口、神门、条十二经、二十四气、奇经八脉、五藏六腑、三焦四时之病，粲如指掌。其文约，其旨远，其理奥，使人占外以知内，视死而别生。按其法而用之，厥验如神，毫发不爽。自《难经》之后，阐明脉旨，殆无余蕴。观其自叙，有曰：脉理精微，其体难辨。弦紧浮芤，展转相类……今撰集岐伯以来，逮于华佗，经论要诀，合为十卷……诚能笃志研穷，究其微赜，则可以比踪古贤，代无夭横矣。①

这段传文的内容基本上由两个部分构成，即王叔和的个人生平及《脉经》一书的著述情况。叔和的生平在《医说》《历代名医蒙求》及《太平御览》等书中皆有提到，且源出于一②，而这一表述也为李濂所因袭。

不过李濂明显不满足于仅对叔和生平的叙述，对王叔和著述《脉经》进行介绍与评价是他这篇补传的重点。这一部分传文内容主要来源于北宋校正医书局高保衡等人进呈《脉经》时的札子③，以及叔和所撰的《脉经序》④。李濂对《脉经》的介绍基本延续了宋代校正医书局诸臣的说法，并将《脉经序》全文收入《王叔和补传》之内，成为补传中最为重要的一部分。在花费较多笔墨书写王叔和《脉经》的内容后，李濂以对《脉经》之评价及对王叔和其他著述的介绍结束了这篇补传：

夫自王氏《脉经》出，而海内学医之士，咸知所宗。论者以为经络之龟镜，攻疗之梯航。广仁术而利天下，厥功甚溥。叔和又有《脉诀》四卷、《脉赋》一卷，纂次张仲景《伤寒论》为三十六卷，行于世云。⑤

据此可见，《王叔和补传》基本上是以对叔和《脉经》的评介为主线进行书写的。因《医史》之前文本对叔和生平事迹的较少着墨，李濂的这篇传文亦较少被收入叔和的生平事迹。在传主事迹不显的情况下，代表着传主医学知识的医书成为传记书写的"主角"。前人对医书的介绍及传主所作的医书序言，成为李濂编写医者补传时的主要材料来源，亦成为传记主要书写的对象与内容。这一点也同样表现在了李濂所作的《启玄子补传》中。

① 李濂：《王叔和补传》，《医史》第6卷，《续修四库全书》第1030册，上海：上海古籍出版社，2002年，第261页。

② 有关记载分见张杲撰，王旭光、张宏校注：《医说》第1卷，北京：中国中医药出版社，2009年，第19页；周守忠：《历代名医蒙求》卷下，《续修四库全书》第1030册，上海：上海古籍出版社，2002年，第201页；李昉等：《太平御览》第722卷，石家庄：河北教育出版社，1994年，第619页。

③ 高保衡、孙奇、林亿：《宋校订脉经进呈札子》，王叔和：《脉经》，钱熙祚编：《补守山阁丛书》，清光绪十五年石印本，第2页。

④ 王叔和：《脉经》，钱熙祚编：《补守山阁丛书》，清光绪十五年石印本，第1页。

⑤ 李濂：《王叔和补传》，《医史》第6卷，《续修四库全书》第1030册，上海：上海古籍出版社，2002年，第261页。

《启玄子补传》载：

> 王冰，一作砅，自号启玄子。唐宝应中为太仆令。笃好医术，得《黄帝内经·素问》《灵枢》暨隋人全元起《训解》，乃大为次注。且自为之序曰：夫释缚脱艰，全真导气，拯黎元于仁寿，济羸劣以获安者，非三圣道则不能致之矣。……冰弱龄慕道，夙好养生，幸遇真经，式为龟镜。……俾工徒勿娱，学者惟明，至道流行，徽音累属。千载之后，方知大圣之慈惠无穷。冰年八十余以寿终。①

纵观《启玄子补传》，自"且自为之序曰"，至"方知大圣之慈惠无穷"，皆为王冰在其所著《重广补注黄帝内经素问》中所作的序言②。而王冰之生平及寿命情况，则与张杲在《医说》中为王冰作传时标注的来源出处一样③，出自北宋校正医书局高保衡等人的序言④。《启玄子补传》的书写再次表明，当关于医者生平的事迹缺略难书时，医者所作医书的序言成为他们传记的主要内容。医者的传记由对医者生平甚至治疗经验的介绍转变为对医者医书的介绍，这成为传承医者著述宗旨的载体。

在李濂建构医史的过程中，我们可以发现其对医者医书的重视和强调。这一方面体现在了补传的内容中，一方面则体现在了李濂于每篇补传后所附的传赞之中。李濂于《张仲景补传》中述及仲景生平及医治王仲宣之事迹后，转而以几乎同等的篇幅介绍了仲景所撰的《伤寒卒病论》及《金匮玉函要略方》，强调了两书的重要性。其于传后的评论中也凸显着对仲景医书的关注：

> 嵩渚子曰：皇甫士安有言：伊尹以元圣之才，本神农之经为《汤液论》，仲景本黄帝之书，述伊尹之法，广《汤液论》，为书十数卷，后医咸遵用之，弗敢变。宋翰林学士王洙在馆阁日，偶于蠹简中得仲景所著《金匮要略》三卷，乃录而传之。秘阁校理林亿等又校定为二十五篇，删芟重复，合二百六十二方，诚为百世不刊之书。或谓有大人之病而无婴孺之患，有北方之药而无南方之疗，此则长沙之所阙者，善学者触类而长之可也。余又闻仲景有《脉经》《五藏论》《评病要方》诸编，《艺文志》咸载其目，余皆未之见，其真赝不可知云。⑤

李濂的评语集中于仲景的医书，与他于传中对仲景医书的重视前后呼应。而《王叔和补传》及《启玄子补传》后附的评赞也表现出了李濂在强调补传医者所著医

---

① 李濂：《启玄子补传》，《医史》第6卷，《续修四库全书》第1030册，上海：上海古籍出版社，2002年，第262—263页。

② 王冰：《重广补注黄帝内经素问》，张元济等编：《四部丛刊初编》第357册，上海：商务印书馆，1929年，第3a—5b页。

③ 张杲撰，王旭光、张宏校注：《医说》第1卷，北京：中国中医药出版社，2009年，第34页。

④ 高保衡、林亿：《重广补注黄帝内经素问序》，王冰：《重广补注黄帝内经素问》，张元济等编：《四部丛刊初编》第357册，上海：商务印书馆，1929年，第1—2页。

⑤ 李濂：《张仲景补传》，《医史》第6卷，《续修四库全书》第1030册，上海：上海古籍出版社，2002年，第261页。

书方面的旨趣。

《王叔和补传》载：

> 嵩渚子曰：宋熙宁初，光禄卿直秘阁林亿校诸医经方书，而王氏《脉经》
> 始镂版于广西漕司，序之者，长乐陈孔硕也。元泰定间，医学教授谢缙翁又刊
> 于龙兴儒学，而东阳柳道传实序之。其曰：《脉诀》出而《脉经》隐，正如俗
> 儒知诵时文而不知诵经史，切中后世徇末忘本之弊。然晦庵朱子则谓：《脉
> 诀》辞虽鄙浅，而直指高骨为关之说，合于《难经》本旨，盖亦取之。抑《脉
> 诀》虽非叔和书，其亦尝读《脉经》而有得者邪？但其自立七表八里九道之
> 目，与《脉经》所载二十四种之名义弗合。是故世之国手，遂以为赝书而轻
> 之，恐亦终不可废也。知医君子，其尚审察之哉！①

李濂在传文中曾述及叔和《脉经》的重要性，即"经络之龟镜，攻疗之梯航"，
并进一步在传赞中追溯了《脉诀》刊刻传播之流程，同时触及有关《脉诀》争议的
问题。《脉经》虽经由北宋政府刻书传播行为而成为脉学领域的权威著作，但伪托于
叔和所作的《脉诀》成为医家论脉的基础，取得了较《脉经》更为广泛的影响。随
着定义正统医学知识需求的日益激烈，以及正统医家群体强调阅读经典文本的诉求，
《脉诀》日益受到医者的批判②。而李濂也强调"知医君子"需要在阅览《脉经》与
《脉诀》等医书时要"审察"，体现了李濂对医学知识真实性的关照。

《启玄子补传》后附的赞语也不例外地述及王冰的著作情况：

> 嵩渚子曰：启玄子所撰《玄珠》，世无传者。今有《玄珠》十卷，《昭明
> 隐旨》三卷，皆后人依托为之。虽非启玄子真书，然于《素问》阃奥，颇有发
> 明。其《隐旨》三卷，实与世所传《天元玉册》相表里，盖亦不可废云。抑又
> 闻启玄子注《素问》二十四卷，书成献之，唐令列之医学，遂使上古圣人精微
> 幽眇之书，顾付之方技之流。于是搢绅先生咸罕言之，而是道益衰矣，呜呼惜
> 哉！③

李濂对于王冰或托名于王冰的著作皆有提及，且强调其存在的价值与意义，表
明李濂对于医书的关注已不限于其是否为真传，只要是有裨益的医学知识皆被李濂
所接受，并藉由补写医者传记的方式展示出来。李濂对王冰所注《素问》二十四卷
付于方技之流感到十分惋惜，但这种感觉并非首发于李濂。北宋校正医书局高保衡、
林亿在《重广补注黄帝内经素问序》中已经言明："惜乎唐令列之医学，付之执技之

---

① 李濂：《王叔和补传》，《医史》第6卷，《续修四库全书》第1030册，上海：上海古籍出版社，2002
年，第262页。

② 关于《脉诀》争议的探讨，参见谢柏晖：《从〈王叔和脉诀〉的争议看明清医学知识的建构》，《科技、
医疗与社会》2012年第15期，第65—106页。

③ 李濂：《启玄子补传》，《医史》第6卷，《续修四库全书》第1030册，上海：上海古籍出版社，2002
年，第263页。

流，而荐绅先生罕言之。"①可知李濂不仅在补写传记方面对北宋校正医书局官员所作医书序言多有借鉴，在某些论点上也与之秉持同调。

那么，李濂为何要补写张仲景、王叔和及王冰三位医者的传记？前文分析《医史》书写方式时即已指出，李濂认为张仲景、王叔和、启玄子皆"医之宗"也，不可无传。那么何为"医之宗也"？冯玉荣对明清之际"医宗"类的典籍编纂进行了论述，指出晚明李中梓不仅书写过《医宗论》一文，亦编著过《医宗必读》，对"医宗"一词有着系统的诠释②。李中梓《医宗论》一文主要述及自神农《本草》以来的医学书籍，张仲景、王叔和及王冰三人的医书皆在李中梓所言"医宗"之列③，这与李濂以三人为"医之宗"的论调有所区别。易言之，李中梓以医书为"医宗"，而李濂以医者为"医宗"，其间或许蕴含着"医宗"之含义由人到书的转化，但究其所旨无非是由对医者的关注转到医者所著之书，体现的是建立医学经典和"医统"的需要。而在建立"医统"的意图上，李中梓却又与李濂走上了同一条道路，即以对医书的整理与对医史的建构两种方法形塑医学之正统。将明中叶李濂与晚明李中梓关于"医宗"一词的解释进行联结，或许能够说明张仲景、王叔和及王冰三位医者于医学统绪与医史建构中的地位与意义。事实上，在张杲等医者的医史书写中便已为张仲景三人留下了相应的位置，自明中至晚明的医学话语中，张仲景、王叔和、王冰及他们的医书依旧能够成为医史乃至医学谱系建构的重要组成部分。而仲景为伤寒之祖，叔和又有《脉经》之作，《素问》经王冰次注而流传，可知三人对于医学知识体系所具的形塑之功难以在医史书写中被忽视与抹去。李濂补写传记的出发点或许也基于"前史"这一角度，即历代正史中并无张仲景等三人的传记。弥补"前史"记载的缺失是李濂补写张仲景、王叔和及王冰三人传记的原因之一。而元代确立的三皇庙祭祀医者制度，也影响到了明代医史书写中对于正统意识的追溯④。嘉靖年间重修扩建三皇庙时，张仲景、王叔和及王冰三人也被列为从祀三皇的医者，更是从官方角度确立了三位医者的地位，将其列入国家所承认的、自黄帝以下且有功于医道的医学谱系之中⑤。李濂书写张仲景、王叔和及王冰补传以及编修《医史》，或许亦受嘉靖年间扩修三皇庙及增列从祀医者的影响，从而使其将三位医者作为"医之宗"收入自己所建构的医史中。总之，李濂补写张仲景、王叔和及启玄子王冰的传

① 高保衡、林亿：《重广补注黄帝内经素问序》，王冰：《重广补注黄帝内经素问》，张元济等编：《四部丛刊初编》第357册，上海：商务印书馆，1929年，第1页。
② 参见冯玉荣：《医学的正典化与大众化：明清之际的儒医与"医宗"》，《学术月刊》2015年第4期，第145—148页。
③ 李中梓：《医宗论第二》，《删补颐生微论》第1卷，包来发主编：《李中梓医学全书》，北京：中国中医药出版社，1999年，第656—658页。
④ 参见祝平一：《宋、明之际的医史与"儒医"》，《"中央研究院"历史语言研究所集刊》2006年第77本第3分，第422页。
⑤ 参见李玉清：《元明礼部所定三皇庙从祀名医与壬寅宫变》，《山东中医药大学学报》2020年第6期，第694—697页。

记，当与三位"医之宗"形象与地位在医史书写与医学统绪追溯过程中的层累提升息息相关。

三、"渊源"与"传授"：王履、戴原礼及葛氏父子传记的补写

在对李濂补写张仲景、王叔和及启玄子王冰三位医者传记的书写方式及缘由进行分析后，我们将目光转向李濂所作的《王履补传》《戴原礼补传》及《葛应雷补传》三篇传文。

《王履补传》载：

> 王履，字安道，昆山人。学医于丹溪朱彦修，尽得其传。尝谓张仲景《伤寒论》为诸家祖，后世虽多立论，率不出其藩篱。且《素问》云人伤于寒为病热，言常而不言变，仲景推寒热之故，履乃备常与变，作伤寒立法考。又谓诸病阳明篇无目痛，少阳篇言胸胁满而不言痛，太阴篇无嗌乾，厥阴篇无囊缩，凡此必有脱简。乃以三百九十七法，去其重复者，仅二百三十八条。乃合作伤寒三百九十七法，极论内外伤经旨异同，并中风、中暑辩议，名曰《溯洄集》一卷、《标题原病式》一卷、《百病钩玄》二十卷、《医韵统》一百卷。履笃志苦学，博极群书，为文若诗，皆精诣有法。画师夏圭，行笔秀劲，布置茂密，评者谓作家士气咸备云。履元季尝游华山，作四十余图，书纪游诗于其上，今江南好事家藏之。[1]

这篇传文的绝大部分内容来源于王履所作《医经溯洄集》一书，由"尝谓张仲景《伤寒论》为诸家祖"，至"并中风、中暑辩议"，涉及该书"张仲景伤寒立法考"[2]、"伤寒三百九十七法辨"[3]、"外伤内伤所受经旨异同论"[4]、"中风辨"[5]及"中暑中热辨"[6]等内容。可见李濂的《王履补传》是在对王履医书《医经溯洄集》的概述中建立起的一种叙述。而李濂于《王履补传》后附的评语亦延续了这一论说的方式：

---

① 李濂：《王履补传》，《医史》第7卷，《续修四库全书》第1030册，上海：上海古籍出版社，2002年，第271页。

② 王履：《医经溯洄集》卷上，《景印文渊阁四库全书》第746册，台北：台湾商务印书馆，1986年影印本，第947—952页。

③ 王履：《医经溯洄集》卷上，《景印文渊阁四库全书》第746册，台北：台湾商务印书馆，1986年影印本，第958—961页。

④ 王履：《医经溯洄集》卷下，《景印文渊阁四库全书》第746册，台北：台湾商务印书馆，1986年影印本，第980—981页。

⑤ 王履：《医经溯洄集》卷下，《景印文渊阁四库全书》第746册，台北：台湾商务印书馆，1986年影印本，第966—967页。

⑥ 王履：《医经溯洄集》卷下，《景印文渊阁四库全书》第746册，台北：台湾商务印书馆，1986年影印本，第967—968页。

> 嵩渚子曰：余读王安道《溯洄集》二十一篇，未尝不深叹其察理之精。云首篇谓神农尝百草，为《淮南子》之妄，嗣论四气所伤，五郁、二阳病、中暑中热之辨，咸有至理，非苟作者。①

李濂在评语中仍对王履的《医经溯洄集》进行评介，以对医书的记述代替对医者生平事迹的介绍与评论，体现了医者所著医书在书写医者传记中的重要作用。

值得注意的是，《王履补传》在详细述说王履的医者身份外，亦旁及了王履诗文绘画方面的才子形象。对王履书画之技艺的赞赏当首出于王鏊，其曾题书跋语于王履的《登华山图》：

> 始余读《溯洄集》，知安道之深于医，不知其能诗也，及修《苏州志》，知其能诗，不知其又工于文又工于画也。观此图文词绘事，皆绝人远甚，而名不甚著，何哉？于乎华山之胜奇矣，惜吾不获从斯人游，然得此图时，阅一过亦可神游于其间矣。②

王鏊对王履画作的评定，勾勒出了王履的多样身份与能力，即医、诗、文、画，并对王履的画技大加赞扬。但王履工诗文画的才能却为李濂所否定。在《王履补传》后附的评语中，李濂同样提及了王鏊对于王履身份的追溯："近时王文恪公鏊有曰：始余读《溯洄集》，知安道之深于医，不知其能诗也。及修《苏州志》，知其能诗，又工于文与画也。"此语无疑是对王鏊《书王安道登华山图》一语的转述，但李濂转而言曰："呜呼！画末技耳，诗文始舍，是余于安道之医，深有取焉尔。"③李濂独重王履之医而舍论其画与诗文，这也应和着李濂《医史》的书写理念："医史之辑，所以植准的，示龟镜，存轨辙，将使天下后世学医者以是为师，庶弗迷于向往云尔。较之辑书史画史者，兹不切于用乎？"《医史》承载的医学知识为"有益之实学"，"而辞章字画之艺举非所当先矣"④，故而李濂在书写《王履补传》的过程中对王履的医学技艺大为重视，以对王履医学的记述贯彻始终。

《王履补传》并未记载王履的治案经验，而是对其著述宗旨、书目进行了介绍。而其后的《戴原礼补传》及《葛应雷补传》，则基本以记载医者的治案经验为主。《戴原礼补传》首先述及了戴原礼的籍贯、兴趣及从父徙于乌伤并跟随朱震亨习医的经历：

> 戴思恭，字原礼，以字行，婺州浦江人也。家世儒业，究心医术，而志在泽物。少随父垚徒步至乌伤，从朱丹溪先生游。先生见其颖悟绝伦，乃尽授其

①③ 李濂：《王履补传》，《医史》第7卷，《续修四库全书》第1030册，上海：上海古籍出版社，2002年，第271页。

② 王鏊：《书王安道登华山图》，《震泽集》第35卷，《景印文渊阁四库全书》第1256册，台北：台湾商务印书馆，1986年，第516页。

④ 李濂：《医史序》，《嵩渚文集》第56卷，《四库全书存目丛书》第71册，济南：齐鲁书社，1997年，第93页。

术。原礼以之治疗诸病，迁迁奇验甚众。①

随之以较大篇幅记述戴原礼治疗诸病的奇验案例，涉及其叔仲章、方氏子妇、松江诸仲文、姑苏朱子明之妇、乐原忠妻及留守卫吏陆仲容之妇等共六种医案②，这些医案的内容基本上来自于宋濂所作的《送戴原礼还浦阳序》一文③。此外，宋濂的《题朱彦修遗墨后》一文无疑也是李濂补写戴原礼传记时所参考的材料。该文虽记戴原礼为其师朱震亨遗墨求宋濂题词之事，但宋濂通篇记载戴原礼对朱丹溪的师道传承，视其为丹溪之学的得力传人：

> 先生之弟子虽众，得其真切者唯仲积父子为优。仲积不幸蚤世，原礼以其学行于浙河之西，从之者日益多。由是先生之道沾被滋广，而三尺之童亦知先生之贤，此非原礼之所致邪？④

这篇小文的有趣之处在于，戴原礼本为其师朱丹溪之遗作求名士宋濂的题词以获取"权威"，却也使得戴原礼自己成为丹溪之学的正派传人而得到文士书写的确认。而这一说法亦为李濂所继承，并写入了《戴原礼补传》之中：

> 当时游丹溪之门者弟子颇多，惟原礼父子最得其传。父蚤卒，原礼盛行于浙之东西。晚年遭际圣明，以名医被征为御医，积官至太医院使。宋学士景濂有文赠之，亟称其医术之妙非一时诸人可及，平生著述不多见，仅有《订正丹溪先生金匮钩玄》三卷，间以己意附著其后。又有《证治要诀》《证治类方》《类证用药》，总若干卷。皆隐括丹溪之书而为之。君子以为无愧师门云。⑤

在《戴原礼补传》后附的评语中，李濂继续秉承宋濂于《题朱彦修遗墨后》一文中的论调，对丹溪之学的师承谱系进行追溯，并进一步确立戴原礼的传人地位：

> 嵩渚子曰：学贵渊源，道须传授。是故师心自是者，术必疏；宗非其人者，业斯谬。矧医之为道也，以人命死生为寄，而可以苟简草率为哉！原礼之学，得诸朱震亨彦修，而彦修之学，得诸武林罗大无；罗大无得诸荆山浮图氏；而浮图氏则刘河间守真之门人也。守真之学，实得之于《内经》。寥寥千百年，而钱仲阳氏首发其秘，金元之刘、张、李三子益阐其说。丹溪崛起大江之南，又统会而斟酌之。原礼乃其高第弟子也，笃志精思，百发百中，是故声闻四驰，大显其术于本朝，衰然为名医称首。余窃惜其著述鲜少，恐无闻于后

---

① 李濂：《戴原礼补传》，《医史》第7卷，《续修四库全书》第1030册，上海：上海古籍出版社，2002年，第271页。

② 李濂：《戴原礼补传》，《医史》第7卷，《续修四库全书》第1030册，上海：上海古籍出版社，2002年，第271—272页。

③ 宋濂：《送戴原礼还浦阳序》，《宋学士文集》第22卷，张元济等编：《四部丛刊初编》第1507册，上海：商务印书馆，1929年，第1—2页。

④ 宋濂：《题朱彦修遗墨后》，《宋学士文集》第22卷，张元济等编：《四部丛刊初编》第1507册，上海：商务印书馆，1929年，第3—4页。

⑤ 李濂：《戴原礼补传》，《医史》第7卷，《续修四库全书》第1030册，上海：上海古籍出版社，2002年，第272页。

世，辄采摭遗事以为传，俾方来有考焉。[①]

李濂将戴原礼乃至其师朱震亨的学问来源追溯出了一条以《内经》为本的授受谱系，并强调戴原礼于这一谱系中的传承地位。戴原礼更像是一位传承丹溪之学的"卫道者"，他的丹溪传人形象在宋濂乃至李濂的书写之间被不断确立与丰富。而李濂也在传后评语中再一次点出了医者著述对于传承医名的作用。在著述鲜少的情况下，医者的治案经验才能够成为使医者声望于后世仍旧彰显的"证据"。

那么李濂为何要补写王履及戴原礼两位医者的传记？对这个问题的考察需要回到《医史》之中。《医史》第七卷共收录三篇医者传记，除《王履补传》与《戴原礼补传》外，其间最重要的一篇当属位于本卷卷首、由元朝遗老戴良所作的《丹溪翁传》[②]。而当我们将三篇传记合而观之，便不难发现李濂补写王履及戴原礼传记的意图。王履与戴原礼二人皆为朱震亨的亲传弟子。王履一生著述甚富，且工于诗文绘画，其重论"伤寒"，以师说批评别派[③]；戴原礼不仅被视为朱丹溪的得力传人，更于明初太医院中展开"儒医"的实践[④]。丹溪之名也经由以戴原礼为首的丹溪亲传弟子的活动而得以流传，进而在后世"私淑"丹溪之医者的刻书活动中形成了所谓的"丹溪学派"[⑤]。李濂的书写实践无疑是对丹溪学派之形成所进行的"回应"，而补写学派中医者的传记在塑造丹溪学派的传承谱系中有着重要的意义。总之，李濂为王履及戴原礼二人所作的补传，形塑了以朱震亨为首的丹溪学派的授受谱系，可视之为文士在面对医学学派谱系缺漏之时所进行的一种书写实践，也是李濂建构医史的一种取向。

而继续从学派形成的视角出发，我们得以窥见李濂书写《葛应雷补传》的意图与想法。在《医史》卷九中，有李濂为元代世医葛应雷及其子乾孙所补写的传记：

> 葛应雷，字震父，姑苏人也，考于医。尝著《医学会同》二十卷，推五运六气之标本，察阴阳升降之左右，以定五藏六府之虚实，合经络气血之流注，而知疾病之候，死生之期。处方、制剂、砭焫，率与它医异。时按察判官李某，中州名医也，因诊父病，复咨于应雷。闻其答论，父子相顾骇愕曰：南方亦有此人耶？乃尽出所藏刘守真、张洁古书，与之讨论，无不吻合。而刘、张

① 李濂：《戴原礼补传》，《医史》第7卷，《续修四库全书》第1030册，上海：上海古籍出版社，2002年，第272页。文中"罗大无"当为"罗太无"。

② 戴良：《丹溪翁传》，李濂：《医史》第7卷，《续修四库全书》第1030册，上海：上海古籍出版社，2002年，第265—271页。

③ 参见吴以义：《溪河溯源：医学知识在刘完素、朱震亨门人间的传递》，（台北）《新史学》1992年第4期，第74—75页。

④ 对戴原礼于明初太医院之活动的讨论，参见刘小朦：《医与文，仕与隐：明初吴中医者之形象与社会网络》，（台北）《新史学》2015年第1期，第18—23页。

⑤ 参见张学谦：《从朱震亨到丹溪学派——元明儒医和医学学派的社会史考察》，《"中央研究院"历史语言研究所集刊》2015年第86本第4分，第777—801页。

之学行于江南，实自是始。应雷由平江医学教授擢江浙医学提举。①

这段有关葛应雷传文的内容主要取材于元人黄溍所作的《江浙官医提举葛公墓志铭》②，这篇墓文的表述与李濂所作的《葛应雷补传》相去不远，李濂以此墓文为基础撰写《葛应雷补传》，当属无疑。葛应雷的传记涉及葛氏的医著医理，并提及其葛氏医治中州名医、按察判官李某之父一事。对这一事件的追溯使葛氏医学成为北方医者刘完素、张元素之医学盛行于江南的起始与代表，使世医家族的医学知识与授受谱系有了较为合理的来源与解释③。

而在《葛应雷补传》中，李濂亦花费了较多的笔墨书写了应雷之子乾孙的传记：

子乾孙，字可久，生有奇气，体貌硕伟，膂力绝人，好击刺、战陈之法，以至阴阳、律历、星数，靡不精究。长乃折节治经，屡试不第，遂弃去。肆力古学为文章，有盛名于时。父应雷取医书授之，乾孙稍治辄精，而不屑施行，或施之辄取异效。其名与丹溪朱彦修并称云。④

随后记载了葛乾孙一些医事医案，以及乾孙的社会交往等事。这篇传文主要改写自元人徐显所著《稗史集传》中收录的葛乾孙传记⑤，以及明人镏绩所著的《霏雪录》⑥。徐显与葛乾孙有所交往，李濂以徐显的文字为基础补写葛乾孙传记的做法较为合理。不过李濂并非对徐显的文字完全没有更动。关于葛乾孙的科举之事，李濂笔下为葛乾孙"屡试不第，遂弃去"，而《稗史集传》中载："及长，遂更折节读书，应进士举业，出语惊人。主司方按图索骏，不能识坏弛之士，把玩不忍舍，置君亚选。君曰：'此不足为也，吾宁龌龊从谀，离析经旨以媚有司意乎！'遂不复应试。"⑦可知徐显笔下的葛乾孙本有中举机会而"不复应试"，非如李濂所言"屡试不第"，这或许出于徐显对于友人的葛乾孙之形象与能力的一种"维护"。

李濂所作的《葛应雷补传》，记载了葛氏父子的生平事迹，而在传后的评语中，

① 李濂：《葛应雷补传》，《医史》第9卷，《续修四库全书》第1030册，上海：上海古籍出版社，2002年，第294—295页。

② 黄溍：《江浙官医提举葛公墓志铭》，《金华黄先生文集》第38卷，《续修四库全书》第1323册，上海：上海古籍出版社，2002年，第485—486页。

③ 吴以义以葛氏家族为例讨论了医学知识在家族成员内部的传递，参见吴以义：《溪河溯源：医学知识在刘完素、朱震亨门人间的传递》，（台北）《新史学》1992年第4期，第82—85页；陈昊则以南北朝的徐氏家族为例讨论了世医的身份转化与医学知识传递等问题，参见陈昊：《身分叙事与知识表述之间的医者之意——6—8世纪中国的书籍秩序、为医之体与医学身分的浮现》，上海：上海古籍出版社，2019年，第87—130页。

④ 李濂：《葛应雷补传》，《医史》第9卷，《续修四库全书》第1030册，上海：上海古籍出版社，2002年，第295页。

⑤ 徐显：《稗史集传》，王云五主编：《丛书集成初编》第3408册，上海：商务印书馆，1939年，第11—13页。

⑥ 镏绩：《霏雪录》卷下，王云五主编：《丛书集成初编》第328册，上海：商务印书馆，1939年，第8页。

⑦ 徐显：《稗史集传》，王云五主编：《丛书集成初编》第3408册，上海：商务印书馆，1939年，第11页。

透露出了李濂补写此传的缘由：

> 嵩渚子曰：吴门故多医，最知名者曰葛可久。其后乃有刘观士宾、盛寅启东、沈玄以潜、王敏时勉，皆有时名，而以顾颐著者，又有钱瑛良玉云。闻唐开元中有周广者，亦吴人。每观人颜色，即知抱疾深浅，言之神验，无事诊候也。流风相承，议论指授，是故吴中多善医，迄今犹然。因传可久父子行事并著之。[①]

据此可见，李濂是将葛应雷及乾孙父子二人作为吴门医者收入此传，这一书写也体现了李濂补写医者传记以完善学派传承谱系的取向。吴门医派形成于元并发展于明，虽然"吴医"一词始于戴原礼、王仲光[②]，但以葛应雷为代表的葛氏世医家族的医学活动无疑对吴中医派的形成产生了极大的影响[③]。李濂补写葛应雷及其子乾孙的传记，既还原了葛氏家族在医学历史中的地位与"声音"，也为吴中医派的传承谱系梳理了脉络、填补了空白。

因此，李濂补写《王履补传》《戴原礼补传》及《葛应雷补传》的缘由与意义，当与补写张仲景、王叔和及王冰等人的不同。这一对医者传记的补写以建构医史的做法，根源于李濂对于明中期医学学派形成的因应。"学贵渊源，道须传授。"明中期以学说为宗且以地域为体的医学学派之生成，以及学派传人形象的凸显与地位的确立，促使李濂补写医者传记以记录医史、传承谱系，呈现与学派发展若相契合的医史内容。王履与戴原礼皆为元代名医朱震亨的亲传弟子，戴原礼更是在文士宋濂乃至李濂的书写中确立了丹溪正统传人的形象。李濂于《医史》第七卷中，将朱丹溪、王履及戴原礼三人的传记书归一处，无疑是对丹溪学派之医学师承授受谱系的追溯与建构。尽管朱丹溪被誉为"金元四大家"之一，其弟子戴原礼更是于明初的太医院中蜚声内外，但丹溪学派却并非是由朱丹溪与戴原礼等亲传师徒间的各种活动所建立起来的。张学谦从社会史的角度考察了丹溪学派形成的经过，指出这一遵奉丹溪学说为宗的医学流派形成于十五世纪中期以后，并经由"私淑"丹溪及刊刻丹溪医书的医者群体所建构而成[④]。刘小朦在考察李杲医书对于李杲学说流布之作用的基础上重新审视了"师徒传承""北医南传"以及"医学流派"等关于金元医学传承的解释，指出明初江南医学群体大多师承朱震亨一脉，却仍出版与传播李杲的医

---

① 李濂：《葛应雷补传》，《医史》第9卷，《续修四库全书》第1030册，上海：上海古籍出版社，2002年，第295页。

② 刘小朦曾将戴原礼与王仲光置于吴中医者群体中进行考察，参见刘小朦：《医与文，仕与隐：明初吴中医者之形象与社会网络》，（台北）《新史学》2015年第1期，第18—34页。

③ 参见冯丽梅：《医学地域化——明清吴中医家与新安医家比较研究》，北京：北京中医药大学，2007年，第8页。

④ 参见张学谦：《从朱震亨到丹溪学派——元明儒医和医学学派的社会史考察》，《"中央研究院"历史语言研究所集刊》2015年第86本第4分，第794—800页。

学作品，以此说明界限清晰的"医学流派"在元明之际并未成型①。而至明代中期，丹溪学派已形成许久，但丹溪学派之弟子的传记却缺而无载，其所代表的医学师承授受谱系难以追溯。因而李濂书写《王履补传》及《戴原礼补传》，并将两篇补传与元朝遗老戴良所作的《丹溪翁传》一同收入《医史》第七卷之中，其补充完善丹溪学派之医学谱系的意图不言自明。而李濂补写葛应雷及其子乾孙的传记，一方面追溯了刘完素、张元素等医学知识"北医南传"的源流，一方面则完善了吴中医派的传承谱系，为元代医者葛应雷及其子乾孙在这一医学谱系中找到了定位。可见李濂不仅意识到了以某一医者之学说为宗旨的学派已然形成且影响深远，对地域医派的兴起，李濂亦有所注意，并以之作为其建构医史的内容。

结　语

本文从明代李濂所作《医史》一书的书写方式入手，对文士建构医史的做法进行了分析。李濂《医史》的书写难以摆脱宋明医史书写的普遍模式，以纂辑医者传记为务，其对于纂辑医者传记以构建医史的标准并不明确。因而本文选择从收入《医史》的六篇补传——《张仲景补传》《王叔和补传》《启玄子补传》《王履补传》《戴原礼补传》《葛应雷补传》入手，对李濂补写医者传记的方式与意义进行了剖析，以之作为审视明代文士如何建构医史问题的视角。在李濂补写医者传记的书写实践中，医者所著的医书，即李濂所认为的"著述之旨"②，在医者传记中具有重要的地位。医者的著述不仅是医者得以传名于后世的关键，亦是后世可以效仿的对象。在这一层面上，医者传记从专注于对医者生平治案经验的记载③，转而注重对医者所著之书、所秉之旨的介绍。李濂于补传中强调对医者著述的关注，也使得李濂所建构的医史内容以体现医者著述为主要面相，这与张杲等医者著述的医史以医者姓氏收录为主的书写方式有所区别。李濂补写医者传记以建构医史的意义，也在于补充其

---

① 参见刘小朦：《书籍刊刻与医学传承：李杲学说在元代及明初的流布》，《华中师范大学学报（人文社会科学版）》2018年第3期，第127—137页。

② 李濂曾作《云嶠翁传》一文："嵩渚子曰：余所读司马迁《史记》，窃见其为太仓公作传，博载其应诏所对，自齐侍御史成公乘项处，凡二十有三人，攻疗之验甚具，何其与它传之体不同也？盖医寄死生，厥系至重，故变例以纪事，慎之也。嗣观国初诸大老文集，如宋潜溪、戴九灵、朱天台为丹溪、沧州、抱一、撄宁作传，复备列其著述之旨，是又一变例也。余为云嶠翁作传，兼用二体以成之。"可见李濂将"攻疗之验"与"著述之旨"视为一篇医者传记所需具备的两项最主要的内容，但李濂无疑更加注重医者传记书写的第二个"变例"，即"著述之旨"。这一"变例"在元明时人宋濂、戴良与朱右等人的医者传记写作中被广泛运用，影响着李濂医者传记的书写。见李濂：《云嶠翁传》，《嵩渚文集》第88卷，《四库全书存目丛书》第71册，济南：齐鲁书社，1997年，第312页。

③ 这一点尤为突出地体现在了正史医者传记的书写中。对正史医者传记内容价值的分析，可参看朱建平：《中国历代医家传记述评》，《中华医史杂志》2011年第5期，第259—264页；张娅君、孟永亮：《〈宋史·方技传〉医家文献探究》，《中华医史杂志》2020年第4期，第246—249页；姜可塑：《〈明史〉医者传记文本研究》，武汉：华中师范大学，2019年，第28—31页。

所认可的医学谱系，还原医者于谱系脉络中的位置。而传记的补写与谱系的呈现既与医者于医学发展源流中的地位及声名的层累造成相关，亦受到医学学派生成与发展的影响。经过对张仲景、王叔和、王冰、王履、戴原礼及葛应雷父子等七人传记的补写，李濂既补充了"前史"中张仲景、王叔和及王冰传记的缺失，亦完善了元明丹溪学派与吴中医派的源流谱系。通过对医者传记的书写，以还原医者于医学谱系中的地位，也正是李濂建构医史的意义所在。

（本文作者为华中师范大学历史文化学院中国古代史专业硕士研究生）

跳荡功与唐前期的军功授予

——从《唐天宝十载制授张无价游击将军官告》谈起

汪舒桐

摘 要：《张无价告身》是一份武官官告，受官者因"跳荡功"得到了武散官和职事官的晋升。武官官告与勋告的不同对应唐代军功制度中跳荡等特殊功绩与一般集体功绩的区分，对前者的获取是受功者提升地位的关键，也是政府在勋官泛滥背景下为兵士设定的出路。"跳荡功"疑自"跳荡队"而来，最初用以表彰实行突袭的奇兵。它的奖励范围后因唐军战术倾向步兵而扩大，顺应着战士依靠特殊功绩得预士流的期待。然而，在军功授予过程中，功绩的书写和上报不可避免地会受到军将主观意愿的影响，无法保证公平性，以致特殊功绩成为军将笼络士卒的工具。军功授官的散官化与军将对军功的操纵破坏了唐政府维持军功价值的构想，战士始终难以通过军功获得地位的实质提升。

关键词：唐前期；跳荡；军功；张无价告身；特殊功绩

20世纪以来，敦煌、吐鲁番两地陆续出土的唐代告身文书引起了中外学者的广泛关注，关于告身演变、格式、类型、签署制度及其所反映出的历史事件等问题逐渐成为研究热点[1]。敦煌 P. 2819《公式令》残卷的发现大大推进了学者对告身书写程式的认知，仁井田陞先生据此完整复原了唐开元年间制授告身和奏授告身的格式[2]；大庭脩先生则更深入地考察了制授、奏授、敕授等告身类型的使用场合及相关制度，并在区分告身种类的基础上对存世的21通唐代告身进行了个案研究[3]；中村裕一先生在梳理传世文献所见唐代公文书、敦煌及吐鲁番出土文书时也都涉及了告身，其不仅对10余通出土告身作了录文和考证，还提供了一些较有价值的后续研究线索[4]。

本文关注的是吐鲁番阿斯塔纳五〇六号墓出土的《唐天宝十载制授张无价游击

---

① 关于唐代告身的研究综述，可参徐畅：《存世唐代告身及其相关研究述略》，《中国史研究动态》2012年第3期，第33—43页；李方：《唐代西域告身研究》，《石河子大学学报（哲学社会科学版）》2011年第5期，第1—2页。

② 仁井田陞：《唐令拾遗》，栗劲等编译，长春：长春出版社，1989年，第492—498页。

③ 大庭脩：《唐告身の古文書學的研究》，西域文化研究所编：《西域文化研究》第3，京都：法藏馆，1960年，第281—368页。

④ 中村裕一：《唐代公文書研究》，东京：汲古书院，1996年，第45—51、116—129、165—240页。

将军官告》（下简称《张无价告身》）①。关于此件告身，孙继民先生已经有比较细致的考察，其不仅结合同墓出土的《唐大历四年张无价买阴宅地契》和《唐大历七年马寺尼法慈为父张无价身死请给墓夫赙赠事牒》等相关文书介绍了张无价的身份和生平活动，还对《张无价告身》中"行官""跳荡"等词加以考释，并通过分析张无价的任官指出了唐前期折冲府职事官的散官化倾向②。吕博亦从张无价的官职切入，讨论了开天之际军功滥授的情况，并认为因"行官"冗员而日益增加的边费改变了唐王朝的军事格局，这是引发安史之乱的原因之一③。白须净真则将关注点放在吐鲁番地区的社会结构上，他注意到张无价所拥有的高级官员及当地望族成员之身份与其冷清凄凉的晚年境遇形成了较大的反差，指出当时的吐鲁番社会呈现着新兴平民崛起、望族没落的发展趋势④。

　　总的说来，前贤关于《张无价告身》的研究已较为充分，对其所反映的职官制度演变和当地社会状况有敏锐的洞见。不过，笔者认为，学界成果似乎更侧重于阐发其所展现出的历史背景，而对功绩本身的考察略显不足。张无价因立跳荡功而得以升迁，那么跳荡功的含义为何？其意义何在？这些问题仍有值得讨论的余地。

一、武官官告与跳荡功的意义

　　为方便探讨，兹录《张无价告身》于下：

1　行官，昭武校尉，行左领军卫敦煌郡龙勒府右果毅都尉，员外置同
2　正员，上柱国，赐紫金鱼袋张无价。
3　　　右可游击将军，守左威卫同谷郡夏集府折
4　　　冲 都 尉 员 外 置 同正员，余如故。
5　门下：四镇平石国及破九国胡并背叛突骑施等贼，
6　跳荡。行官，昭武校尉，守右卫绛长祚左果毅都尉，员
7　外置同正员，上柱国，赐紫金鱼袋许光景等，并以骁
8　材，远平丑虏，宜膺分职，俾叶赏劳，可依前件。仍并
9　本道驱使。主者施行。
10　　　　天宝十载二月十二日
11　　　　　尚书左仆射右相臣林甫 宣

　　① 中国文物研究所、新疆维吾尔自治区博物馆、武汉大学历史系编，唐长孺主编：《吐鲁番出土文书》（图版本）第4册，北京：文物出版社，1996年，第392—394页。

　　② 孙继民：《敦煌吐鲁番所出唐代军事文书初探》，北京：中国社会科学出版社，2000年，第276—295页。

　　③ 吕博：《践更之卒，俱授官名——"唐天宝十载制授张无价游击将军告身"出现的历史背景》，《中国史研究》2019年第3期，第96—109页。

　　④ 白须净真：《吐鲁番的古代社会——新兴平民阶层的崛起与望族的没落》，谷川道雄主编：《魏晋南北朝隋唐史学的基本问题》，北京：中华书局，2010年，第108—131页。

12　　　　中书侍郎　阙

13　　　　中书舍人臣阳收奉行

14 左相兼兵部尚书上柱国臣希烈

15 门 下 侍 郎　阙

16 给 事 中 臣 源洧等言

17 制 书 如 右 请 奉

18 制 付 外 施 行 谨 言

19　　　　天宝十载二月十二日

20　　　　二月十二日时都事

21　　　　　左司郎中

22　制 可

23 左相兼兵部尚书上柱国

24 兵 部 尚 书 上 柱 国

25 银青光禄大夫兵部侍郎上柱国　国 忠

26 银青光禄大夫兵部侍郎上柱国　岩

27 尚 书 左 丞　阙

28 告游击将军，守左威卫同谷郡

29 夏集府折冲都尉，员外置同正

30 员，上柱国，赐紫金鱼袋，仍本

31 道驱使张无价奉被

32 旨如右，符到奉行。

33　　　主事 奇

34　　　令史 冯忠

35 判郎中　初成

36　　　书令史 杨玉

37　　　天宝十载二月十六日下①

首先需要确认《张无价告身》的类型。此件告身并无官印，当是一份抄件。《通典》卷十五《选举三》"历代制下"条载唐选授之法言：

五品以上皆制授。六品以下、守五品以上及视五品以上，皆敕授。凡制、敕授及册拜，皆宰司进拟。自六品以下旨授。②

张无价新授官为"游击将军，守左威卫同谷郡夏集府折冲都尉，员外置同正员，上柱国，赐紫金鱼袋，仍本道驱使"，其中"游击将军"为武散官，级别是从五品上

---

① 国家文物局古文献研究室、新疆维吾尔自治区博物馆、武汉大学历史系编：《吐鲁番出土文书》（录文本）第10册，北京：文物出版社，1991年，第2—5页。

② 杜佑：《通典》，北京：中华书局，1988年，第359页。

阶①；"守左威卫同谷郡夏集府折冲都尉，员外置同正员"为职事官，至少是正五品下阶②，故其官告应为制授告身，第22行"制可"二字亦可印证。不过，第32行的"（奉被）旨如右"非常奇怪，参考《开元公式令》的"制授告身式"及其他存世的制授告身，这里的常规写法应该是"奉被制书如右"。这种龃龉很可能是抄录官告时的疏误所致，《官告》第20—22行存在的明显错乱（"制可"的画写程序应在都事、左司郎中受付前）也显示出抄写不严谨的痕迹。

朱雷先生曾指出告身的授受包括"命官授职"和因立战功而授勋两种情况，故告身可分为官告和勋告两类③。事实上，官告还能继续细分为文官官告与武官官告两种类型，两者在运行过程中因文武官之分而有一经吏部、一经兵部的区别。《张无价告身》即属于武官官告，其第23—26行有兵部尚书、侍郎的签署④。就武官官告而言，其授受缘由大都涉及具体的战功，可粗疏地概括为"因立战功而授职"，这与勋告有相似之处。不过，武官官告和勋告毕竟存在本质区别，以开元四年（716）的李慈艺勋告为例：

1 瀚海军破河西阵、白涧阵、土山阵、双胡丘阵、伍里堠阵、东胡袄阵等总陆阵，

2 准开元三年三月廿二日敕，并于凭洛城与贼斗战，前后总叙陆阵，比

3 类府城及论台等功人叙勋，则令递减，望各酬勋拾转。

4 　　白丁西州李慈艺^{高昌县}

5 　　右可上护军

6 黄门：泾州梁大钦等壹拾肆人、庆州李远

……

15 蓟州陈思香等贰人、总肆佰捌拾伍人。并战

16 若风驰，捷如河决，宜加朝奖，俾峻戎班

17 可依前件，主者施行。

18 开元四年正月六日⑤

……

① 参李林甫等：《唐六典》卷5《尚书兵部》"兵部郎中"条，北京：中华书局，1992年，第153页。

② 参李林甫等：《唐六典》卷25《诸卫府》"诸卫折冲都尉府折冲都尉"条，北京：中华书局，1992年，第644页。

③ 朱雷：《跋敦煌所出〈唐景云二年张君义勋告〉——兼论"勋告"制度渊源》，《朱雷敦煌吐鲁番文书论丛》，上海：上海古籍出版社，2012年，第249—250页。

④ 在现可得见的唐代告身中，同属武官官告的还有圣历二年（699）下发的《氾承俨告身》（图版见上海古籍出版社、法国国家图书馆编：《法国国家图书馆藏敦煌西域文献》第27册P. 3749V0《圣历二年十二月贰拾日告书》，上海：上海古籍出版社，2002年，第240—241页；录文参中村裕一：《唐代公文書研究》，东京：汲古书院，1996年，第119—120页）。

⑤ 释文参陈国灿：《〈唐李慈艺告身〉及其补阙》，《西域研究》2003年第2期，第41—42页。

　　类似授予多人勋官的文书还有《氾德达告身》等，这些勋告的写法十分相似，即先言因何功授勋几转，之后叙述受官者应被授予的勋官，再罗列同授勋者。《张无价告身》同样也涉及多人，不过相较勋告，它的开头格式很不相同，其先叙述受官者的官职迁转情况，之后才说明授官缘由（即所得功绩情况）。这样的差异其实显示出两种不同类型官告各自的侧重点，武官官告注重的是"官"而非"勋"，所以在书写时才将官职迁转置于功绩介绍之前。

　　武官官告的意义即在于它是勋官加职事官的证明，这对应唐代军功制度中有关特殊功绩的设置。《唐六典》卷五《尚书兵部》"兵部员外郎"条载：

　　　　若牢城苦战第一等，酬勋三转，第二、第三等差减一转。凡破城、阵，以少击多为"上阵"，数略相当为"中阵"，以多击少为"下阵"，转倍以上为"多少"。常据贼数以十分率之，杀获四分已上为"上获"，二分已上为"中获"，一分已上为"下获"。凡上阵上获第一等酬勋五转，上阵中获、中阵上获第一等酬勋四转，上阵下获、中阵中获、下阵上获第一等酬勋三转；其第二、第三等各递降一转。中阵下获、下阵中获第一等酬勋两转，第二、第三等并下阵下获各酬勋一转。其虽破城、阵，杀获不成分者，三等阵各酬勋一转。其跳荡、降功不在限。……凡跳荡人，上资加两阶，即优与处分，应入三品、五品，不限官考；次资即优与处分；下资优与处分；无资稍优与处分。其殊功第一等，上资加一阶，优与处分，应入三品、五品，减四考；次资优与处分；下资稍优与处分；无资放选。殊功第二等，上资优与处分，次资稍优与处分，下资放选，无资常勋外加三转。殊功第三等，上资稍优与处分，次资放选，下资应简日放选，无资常勋外加两转。若破国王胜，事愈常格，或斩将搴旗，功效尤异，虽不合格，并委军将临时录奏。①

　　仔细观察这段话，可以发现唐政府奖励军功包含两个层次：一是在评判上阵、中阵、下阵及上获、中获、下获的等级后集体授予参战士卒勋官，使士卒享受相应勋官的优待。不过，勋官虽然能逐渐累加②，但升至上柱国后便无勋再酬而陷入瓶颈。即使余勋可回授子孙③，但子孙所获仍为勋官，这反而导致勋官群体进一步膨胀。唐高宗在位时期，勋官地位就已经日益低下，拥有上柱国等高级勋官的士卒番上时"身应役使，有类僮仆"④。在勋官权益无法得到保证的背景下，多余的勋级对受勋者及其家庭而言价值不大。而若想凭借勋官入仕，首先需要通过上番或纳资获取散官，之后还得再次上番或纳资才能拥有铨选资格，按照刘琴丽的计算，这最少

　　① 李林甫等：《唐六典》，北京：中华书局，1992年，第160—161页。

　　② 参马志立：《唐前期勋官的授予流程及勋的累加》，武汉大学中国三至九世纪研究所编：《魏晋南北朝隋唐史资料》第22辑，上海：上海古籍出版社，2005年，第110—112页。

　　③ 王溥：《唐会要》卷81《用荫》"天宝三载九月二十七日诏"，上海：上海古籍出版社，1991年，第1775页。

　　④ 刘昫等：《旧唐书》卷42《职官志一》，北京：中华书局，1975年，第1808页。

要花费6年时间。并且，随着授勋人数的增加，国家也进行了延长勋官放选年限的改革，勋官依此法入仕变得愈发困难①。

二是褒奖获得跳荡功、殊功或"功效尤异"的个别士卒，按资分类，给予其仕进方面的好处。于军功滥授的大环境下，这一层次的奖励对士卒才是至关重要的。由此途径受官不仅入仕周期大大缩短、过程相对简易，还具备较强的灵活性。以张无价与许光景为例：两人原武散官都是正六品上阶的昭武校尉，新受散官为从五品下阶的游击将军，均上升一阶；两人原职事官不同，张无价是"行左领军卫敦煌郡龙勒府右果毅都尉，员外置同正员"，许光景是"守右卫绛（郡）长袄（府）左果毅都尉，员外置同正员"，按照"阶卑而拟高曰守，阶高而拟卑曰行"的原则②，可知张无价原职事官为从六品下阶，许光景为从五品下阶，两者有四级的差距。不过，其新受职事官却都是至少正五品下阶的"守左威卫同谷郡夏集府折冲都尉，员外置同正员"，也就是说，较之许光景，张无价职事官的上升幅度更大。张、许二人均为次资③，依跳荡功的规定能得到"即优与处分"的待遇，而"优与处分"的灵活性即创造了抹平张无价与许光景职事官级别差距的可能。

除张无价外，还有许多因跳荡功等特殊功绩受官的例子，如鲁炅"以陇右破吐蕃跳荡功，累授右领军大将军同正员（正三品）"④；王忠嗣凭"陇右破吐蕃跳荡功"复卫府将军（从三品）、专知行军兵马之旧官⑤；张孝忠"破九姓突厥，先登陷阵，以功授果毅折冲"⑥；刘客奴以单骑袭斩室韦首领段普恪，乃所谓"斩将搴旗，功效尤异"者，即"自白身授左骁卫将军（从三品）"⑦。由此可见，跳荡功、殊功第一等等特殊功绩确实为士卒打开了迁至高官的窗口，上资者能固定获得阶品的提升，且升入三、五品可以不限官考或减少考选次数；次资者也可受益于"优与处分"的灵活性而得到快速升迁，如张无价即因跳荡功实现了职事官级别上升至少六级的跃进；更有甚者，原来是白丁的刘客奴凭借讨斩敌首领的战绩直接被授予三品官，这是通过其他仕进途径无法达到的。

凭跳荡等功绩以高级勋官加职事官对受官者意义巨大，其地位较之单带勋官时有着显著提升。这体现在许多方面，如开府资格的获取，《唐永徽职员令》规定，只有护军至上柱国带五品以上职事官者才可以开府⑧。又如荫亲等级的提高，马志立据

① 参刘琴丽：《唐代武官选任制度初探》，北京：社会科学文献出版社，2006年，第57—59页。
② 李林甫等：《唐六典》卷2《尚书吏部》"吏部尚书、侍郎"条，北京：中华书局，1992年，第28页。
③ 参李林甫等：《唐六典》卷5《尚书兵部》"兵部员外郎"条，北京：中华书局，1992年，第161页。
④ 刘昫等：《旧唐书》卷114《鲁炅传》，北京：中华书局，1975年，第3361页。
⑤ 刘昫等：《旧唐书》卷103《王忠嗣传》，北京：中华书局，1975年，第3198页；李昉等编：《文苑英华》卷412《幕府一·副使》载孙逖《授王忠嗣同陇右节度副使制》，北京：中华书局，1966年，第2086页。
⑥ 刘昫等：《旧唐书》卷141《张孝忠传》，北京：中华书局，1975年，第3854页。
⑦ 刘昫等：《旧唐书》卷145《刘全谅传》，北京：中华书局，1975年，第3938页。
⑧ 《唐永徽二年令卷第六东宫诸府职员》S.1880部分，图版及录文见唐耕耦、陆宏基编：《敦煌社会经济文献真迹释录》第2辑，北京：全国图书馆文献缩微复制中心，1990年，第549—551页。

《唐天宝年代国忌、诸令式等表》（P. 2504）指出三至五品官借护军至上柱国勋提高了荫子品阶[①]；其实转换角度观察，勋官加三至五品官亦对荫亲颇有帮助，由表可知，带五品官的上柱国之子叙阶时为从七品下，而无散官、职事官的上柱国之子叙阶时仅为正九品下，其间有六级的差距[②]。

　　这种注重跳荡功等特殊功绩的制度设计事实上是唐王朝对勋官授予泛滥现象的自我调整[③]。《旧唐书》卷四二《职官志一》言"勋官者，出于周、齐交战之际。本以酬战士，其后渐及朝流。阶爵之外，更为阶级"[④]，此语不仅揭示了勋官的渊源，还点出了勋官制度的内在张力。无论是北周的"戎秩"、隋代的"散实官"，还是唐朝的勋官，其本身都带有一定的军事色彩，但又作为一种阶级，"渐及朝流"。亦即是说，依靠军功进阶的将卒与惯以文职迁转的朝士文官都被统摄于同一等级制度下。然而，随着政局逐渐稳定，王朝总是会走上文官政治的道路，只习战事之武人的存在感并不强，其虽可凭军功在等级制度中占据高位，实际却难以与"朝流"为伍。因此，统治者常常有关于武人滥授的限制之举，制造"战士"与"朝流"的落差，如北齐政权与隋文帝减缓诸大夫名号阶官化，整饬"双授"，维持文武分途[⑤]；再如隋炀帝意识到"不遵文教，唯尚武功""班朝治人，乃由勋叙"的状况，施行"诸授勋官者，并不得回授文武职事"的政策[⑥]。

　　唐代官制又有新的发展，勋官同散官区别开来，军功加转与本品进阶遵循两条不同的轨道，制度本身就为"战士"和"朝流"划分出鸿沟。身份的差距使勋官的仕进之途受到压制，高宗朝时任吏部侍郎的魏玄同有"勋官三卫流外之徒，不待州县之举，直取之于书判，恐非先德而后言才之义也"的质疑[⑦]，武周神功元年（697）更下敕规定勋官出身者不得任京清要官，且累限应入三品时不许进阶[⑧]。但另一方面，勋官毕竟与军功褒奖挂钩，唐朝政府不能坐视勋官价值持续低落，其必须在制度上保证"战士"的地位仍有切实提升的空间。因跳荡功等特殊功绩受官正是政府为武人设置的出路，参考高宗显庆四年（659）颁行《姓氏录》一事，史载"于是士

　　① 马志立：《从三至五品官带勋者荫子孙看唐前期勋官制度的演变：读〈唐天宝年代国忌、诸令式等表〉之后》，武汉大学中国三至九世纪研究所编：《魏晋南北朝隋唐史资料》第23辑，上海：上海古籍出版社，2006年，第209—216页。

　　② 《唐天宝年代国忌、诸令式等表》，图版及录文见唐耕耦、陆宏基编：《敦煌社会经济文献真迹释录》第2辑，北京：全国图书馆文献缩微复制中心，1990年，第592—595页。

　　③ 关于唐朝政府"保护勋官"的举措，可参西村元佑：《唐代前半期における勳官の相対的な価値の消長と絶対的な価值》，《愛知学院大学文学部紀要》（通号8），1978年，第223—238页。

　　④ 刘昫等：《旧唐书》，北京：中华书局，1975年，第1807页。

　　⑤ 参阎步克：《隋代文散阶制度补论》，《乐师与史官：传统政治文化与政治制度论集》，北京：生活·读书·新知 三联书店，2001年，第484—486页。

　　⑥ 魏征等：《隋书》卷4《炀帝纪下》，北京：中华书局，2019年，第93页。

　　⑦ 刘昫等：《旧唐书》卷87《魏玄同传》，北京：中华书局，1975年，第2852页。

　　⑧ 参杜佑：《通典》卷15《选举三》"历代制下"条，北京：中华书局，1988年，第364页。

卒以军功致位五品，豫士流"①。凭借军功获取散官、职事官，"战士"得以跨越勋官至上柱国即无勋可酬的瓶颈，实现"豫士流"的奋斗目标。

不过，这种调整并不能从根本上解决问题，由于它的本质是扩大武官编制，故必定又将造成武官群体的膨胀；并且，因真正"功效尤异"的人较少，大量士卒的官职堆积在诸折冲府折冲都尉、果毅都尉、别将的层面，以致出现孙继民先生所谓"折冲府职事官散官化"的结果。至开天年间，不只是勋官，武散官、职事官都存在滥授的现象，这事实上是一个阶段性的过程。

二、从跳荡队到跳荡功——"跳荡"含义的扩展

既然跳荡功对士卒有着重大的意义，那获得跳荡功的标准是什么呢？换言之，跳荡功的"跳荡"应作何解释？

"跳荡"由"跳""荡（盪）"两动词组成，其中"荡"本为涤器，作动词即有"涤荡清洗"之义，后引申出"荡突冲撞"的意思②，并与战争联系起来，顾亭林《日知录》卷七"篲荡舟"条就总结道"古人以左右冲杀为荡阵"③。南北朝时期已经有了"直荡""搥荡"等说法④，不过，"跳荡"似乎是直至唐朝才出现的。《唐六典》在言及跳荡功时曾这样说明"跳荡"的含义：

> 凡临阵对寇，矢石未交，先锋挺入，贼徒因而破者为跳荡。⑤

李德裕《请准兵部依开元二年军功格置跳荡及第一第二功状》引用《开元格》曰：

> 临阵对寇，矢石未交，先锋挺入，陷坚突众，贼徒因而破败者，为跳荡。⑥

两者大体一致，可见这就是当时对"跳荡"的权威解释。不过，此处"矢石未交"之语略显奇怪，由于唐军普遍配置有弓弩手，交射矢石以进行阵地攻防作战是多数战场的常态，而"矢石未交"即破败贼徒其实是少数情况，这似乎从战事性质上就限定了跳荡功的获取。王忠嗣曾因"陇右破吐蕃"获跳荡功⑦，《旧唐书》本传

---

① 司马光撰，胡三省音注：《资治通鉴》卷200，北京：中华书局，2011年，第6429—6430页。

② 参许慎撰，段玉裁注：《说文解字注》卷5"皿部"下"盪"字条，上海：上海古籍出版社，1988年，第213页；陈彭年等编：《宋本广韵·下平声卷二》"十一唐"下"盪"字条，北京：中国书店，1982年，第162页。

③ 黄汝成：《日知录集释》，上海：上海古籍出版社，2006年，第411页。

④ 参沈约：《宋书》卷84《孔觊传》载"（刘亮）每战以刀楯直荡，往辄陷决"（北京：中华书局，2018年，第2368页）；又参姚思廉：《陈书》卷9《侯瑱传》载"瑱令军中晨炊蓐食，分搥荡顿芜湖洲尾以待之"（北京：中华书局，2021年，第174页）。

⑤ 李林甫等：《唐六典》卷5《尚书兵部》"兵部员外郎"条，北京：中华书局，1992年，第161页。

⑥ 董诰等编：《全唐文》卷702，上海：上海古籍出版社，1990年，第3193页。

⑦ 李昉等编：《文苑英华》卷412《幕府一·副使》载孙逖《授王忠嗣同陇右节度副使制》，北京：中华书局，1966年，第2086页。

描述了他的战斗表现：

> 吐蕃大下，报新城之役，晨压官军，众寡不敌，师人皆惧焉。忠嗣乃以所
> 部策马而前，左右驰突，当者无不辟易，出而复合，杀数百人，贼众遂乱。三
> 军翼而击之，吐蕃大败。①

于此战，王忠嗣率部左右驰突、出而复合的行动已在官军先行交战"众寡不敌"之
后，这自然不符合"矢石未交"的情况。然而，王忠嗣之所以能获得"跳荡功"，就
是因为他的行动使"贼众遂乱""吐蕃大败"。这说明，"矢石未交"并不是"跳荡"
的必要条件，《开元格》的说法需要被重新审视。

若想弄清楚此问题，就要对"跳荡"的含义有更仔细的考量。事实上，"跳荡"
在唐代文献中并不专指跳荡功，它还可以用来称呼跳荡这一兵种（即跳荡队）。并
且，跳荡队的出现很可能比跳荡功更早，《大唐卫公李靖兵法》（下简称《卫公兵
法》）即有相关表述，《通典》卷一四八《兵一》"立军"条引此书曰：

> 诸大将出征，且约授兵二万人，即分为七军。如或少，临时更定。（大率
> 十分之中，以三分为奇兵。）中军四千人，内取战兵二千八百人，（五十人为
> 一队。）计五十六队。战兵内，弩手四百人，弓手四百人，马军千人，跳荡五
> 百人，奇兵五百人。左右虞候各一军，每军各二千八百人，内各取战兵千九百
> 人，共计七十六队。战兵内，每军弩手三百人，弓手三百人，马军五百人，跳
> 荡四百人，奇兵四百人。左右厢各二军，军各二千六百人，各取战兵千八百五
> 十人。战兵内，每军弩手二百五十人，弓手三百人，马军五百人，跳荡四百
> 人，奇兵四百人。马步通计，总当万四千，共二百八十队当战，余六千人守辎
> 重。②

按照李靖的立军规则，每一军中都有弩手、弓手、马军、跳荡、奇兵五种队伍
的设置，其中跳荡约占战兵比例的五分之一。而在具体作战时，各队伍的行动也是
层次分明的：

> 其马军，各在当战队后，驻军左右，下马立。布阵讫，鼓音发，其弩手去
> 贼一百五十步即发箭，弓手去贼六十步即发箭。若贼至二十步内，即射手、弩
> 手俱舍弓弩，令驻队人收。其弓弩手先络膊，将刀棒自随，即与战锋队齐入奋
> 击。其马军、跳荡、奇兵亦不得辄动。若步兵被贼蹙回，其跳荡、奇兵、马军
> 即迎前腾击，步兵即须却回，整顿援前。若跳荡及奇兵、马军被贼排退，战锋
> 等队即须齐进奋击。③

---

① 刘昫等：《旧唐书》卷103《王忠嗣传》，北京：中华书局，1975年，第3198页。

② 杜佑：《通典》，北京：中华书局，1988年，第3792—3793页。

③ 杜佑：《通典》卷157《兵十》"下营斥候并防捍及分布阵"条引《大唐卫公李靖兵法》，北京：中华书
局，1988年，第4033—4034页。

这里有三处值得注意：其一，跳荡队是骑兵还是步兵①？前引《卫公兵法》将"跳荡""马军"区分为不同的队伍，似乎跳荡队即由步兵组成。但是，《卫公兵法》又言"若步兵被贼蹙回，其跳荡、奇兵、马军即迎前腾击，步兵即须却回"，则跳荡队执行着与马军而非步军相同的行动。这类表述在《卫公兵法》中并不鲜见，如《通典》卷一五七《兵十》"下营斥候并防捍及分布阵"条引《卫公兵法》载发营之法云：

> 诸军营将发之时，当营跳荡、奇兵、马军去营二三里外，当面布列；战锋队、驻队各持仗，依营四面去拟彻幕处二十步布列队伍，一如临阵法。待营中装束辎重讫，其步兵、辎重队二十步引，马军去步军二里外行引。②

又如《通典》卷一四九《兵二》"法制"条引《卫公兵法》载追敌之法云：

> 敌退败讫，可趁行三十步。审知贼徒丧败，马军从背逐北。③

卷一五四《兵七》"敌退追奔"条引《卫公兵法》则言：

> 跳荡队、奇兵队趁贼退不得过百步，如审知贼徒败散，仍须取机追逐。④

另参卷一四八"叙兵"条引卫公李靖曰"追奔逐北……则用骑"⑤，及卷一五七"下营斥候并防捍及分布阵"条引《卫公兵法》载"若其贼退，步趁不得过三十步，亦不得即乘马趁"⑥，可知"追敌至百步"的跳荡队已经超过了"步趁不得过三十步"的标准，而较符合乘马追敌的情况。《卫公兵法》又载"凡与敌斗，其跳荡、奇兵、马军等队，即须量抽人下马当之"⑦，则跳荡队确实也配备了马。

事实上，《李卫公问对》卷上就有"跳荡，骑兵也；战锋队，步骑相半也；驻队，兼车乘而出也"的说法⑧，将跳荡队定性为骑兵。不过，该书并非李靖亲自编定，不少学者认为其乃阮逸之流伪托而成，对于研究唐代军事史价值不高⑨；也有学者质疑阮逸伪造说，认为《李卫公问对》确实是李靖晚年与唐太宗论兵的言辞辑录，

---

① 按《唐六典》卷16《卫尉宗正寺》"武库令"条，长弓、擘张弩、小弩、陌刀、木枪乃步兵所用，角弓、角弓弩、漆枪乃骑兵所用（北京：中华书局，1992年，第460—462页），可见唐军的步兵和骑兵在武器装备上就有系统区分。另外，参卷25《诸卫府》"折冲都尉"条载"凡卫士三百人为一团，以校尉领之，以便习骑射者为越骑，余为步兵"（北京：中华书局，1992年，第644页），知较之步兵，唐军对骑兵的挑选也更加严格。

② 杜佑：《通典》，北京：中华书局，1988年，第4030页。

③ 杜佑：《通典》，北京：中华书局，1988年，第3813页。

④ 杜佑：《通典》，北京：中华书局，1988年，第3948页。

⑤ 杜佑：《通典》，北京：中华书局，1988年，第3789页。

⑥ 杜佑：《通典》，北京：中华书局，1988年，第4036页。

⑦ 杜佑：《通典》卷157《兵十》"下营斥候并防捍及分布阵"条引《大唐卫公李靖兵法》，北京：中华书局，1988年，第4036页。

⑧ 吴如嵩、王显臣校注：《李卫公问对校注》，北京：中华书局，1983年，第21页。

⑨ 参黄云眉：《古今伪书考补证》，北京：商务印书馆，2019年，第117、122页；孙继民：《〈李卫公问对〉辨析》，武汉大学中国三至九世纪研究所编：《魏晋南北朝隋唐史资料》第8辑，上海：上海古籍出版社，1986年，第60—67页。

只是经过了后人的部分改编①。笔者认为，虽然《李卫公问对》成书年代难辨，但却不能因此而忽视其中内容。关于跳荡队的性质，又可参《续资治通鉴长编》卷一七八"仁宗至和二年二月壬辰"条：

> （郭）固尝造车陈法。今以固所说，就民车约古制为之，临陈遇敌，缓急易集。……唐李靖尝引汉、魏之法，五车为队，仆射一人；十车为帅，率长一人；凡车十乘，将吏二人。以今法准之，则**跳荡为骑兵也；战锋队步骑相半也，驻队兼车乘而出也**。臣琦以为可用于平川之地，一则临陈以抑奔冲，二则下营以为寨脚。今令固自赍车式诣阙进呈。②

此条言车阵法式，按整段文气，"以今法准之"云云应亦为韩琦引李靖之语，所谓"今法"指向的是李靖生活的唐初。这里韩琦转引的内容与《李卫公问对》的相应段落几乎相同，纵使《李卫公问对》乃宋人伪作，也至少说明"跳荡为骑兵"等说法符合当时北宋人对唐初军队组织的认识，否则韩琦不会引此为据。"跳荡为骑兵"其实可以看作是一条关于"跳荡"的、年代不晚于北宋的注释，结合前述跳荡队在发营、交战、追敌诸方面与马军行动的相似性，可推测跳荡队应该就包含了骑兵。

然而，跳荡队与马军也不能等同视之。按《通典》卷一四八"立军"条引《卫公兵法》载下营之法云"计二万兵，除守辎重六千人，马军四千人，步兵令当二百队"③，及卷一五七"下营斥候并防捍及分布阵"条引此书载"有贼，将出战布阵……除马军八十队，其步军有二百队"④，则马军与步兵有着明显区分，而跳荡队被囊括入二百队之步军中。如何解释跳荡队既属步军又与马军相近的矛盾？这里需要明确的是，《卫公兵法》对各兵种兵员数量的规定并非实指，而只是设定了一个标准，实际是有"临时更定"的余地的。较之步军，马军的组织难度更高，故军队配备兵员时，就必须先尽量保证一定比重的马军配置。李靖言二万兵中马军有八十队四千人，事实上是说明马军最少应占全部兵员的20%，并不表示军中的骑兵总数一直只有四千人。前引《卫公兵法》载下营之法有"步兵令当二百队"之语，这里的"令当"暗示了步兵与骑兵存在转化的可能。在下营、布阵等场合，步兵的价值凸显，故其在军队的占比达到上限，"令当二百队"；而发营、追敌等场合则需要发挥骑兵斥候、追击的功能，一些步兵"乘马追逐"，也就暂时成为骑兵。具有亦骑亦步性质的跳荡队，其实即是这种视场合在骑兵与步兵间不断切换的特殊队伍。

其二，跳荡队与奇兵队在《卫公兵法》中常并列出现，二者都属于"奇兵"的范畴，有相似的战术职责。《通典》卷一五四"敌退追奔"条引《卫公兵法》载：

> 诸战锐等队打贼败，其驻队队别量抽骁健二十人逐北。其辎重队遥叫作声

① 参吴如嵩、王显臣校注：《李卫公问对校注》，北京：中华书局，1983年，前言第1—5页：张固也、王斌：《阮逸伪托〈李卫公问对〉说质疑》，《中国典籍与文化》2010年第1期，第58—63页。
② 李焘：《续资治通鉴长编》，北京：中华书局，1995年，第4306—4307页。
③ 杜佑：《通典》，北京：中华书局，1988年，第3793页。
④ 杜佑：《通典》，北京：中华书局，1988年，第4033页。

援，不得辄动。跳荡队、奇兵队趁贼退不得过百步，如审知贼徒败散，仍须取机追逐。①

又参《通典》卷一五七"下营斥候并防捍及分布阵"条引《卫公兵法》载：

其贼却退，奇兵及马军亦不得远趁，审知贼惊怖散乱，然可乘马追趁。②

两段所言几乎相同，则前一段的"跳荡队、奇兵队"即与后一段的"奇兵"对应。《通典》卷一五七引《卫公兵法》又有：

若弩手、弓手、战锋等队引退，跳荡、奇兵队一时齐入，战锋等队排比回面，还与奇兵同入。③

这里的"奇兵"，同样也指的是上文的"跳荡、奇兵队"。另外，前引《卫公兵法》曾言立军之法"大率十分之中，以三分为奇兵"，其预设的总兵力是两万人，七军跳荡队、奇兵队合计均为两千九百人，则亦知占总数十分之三的"奇兵"并非单指奇兵队，而是跳荡队与奇兵队的合称。

"奇兵"是与"正兵"对应的概念，《孙子兵法》云"以正合，以奇胜"，在正兵的牵制掩护下，指挥官如何运用奇兵出奇制胜成为战斗的关键。隋末唐初，奇兵战法常以奇袭的方式表现出来，《旧唐书》卷五七《刘文静传》载：

率兵御隋将屈突通于潼关，通遣武牙郎将桑显和率劲兵来击，文静苦战者半日，死者数千人。文静度显和军稍怠，潜遣**奇兵**掩其后，显和大败，悉虏其众。④

此事又见于卷五九《屈突通传》：

军至潼关，为刘文静所遏，不得进，相持月余。通又令显和夜袭文静，诘朝大战，义军不利。显和纵兵破二栅，惟文静一栅独存，显和兵复入栅而战者往复数焉。文静为流矢所中，义军气夺，垂至于败。显和以兵疲，传餐而食，文静因得分兵以实二栅。又有**游军数百骑**自南山来击其背，三栅之兵复大呼而出，表里齐奋，显和军溃，仅以身免。⑤

李靖突袭颉利可汗亦是一例，《旧唐书》卷八三《苏定方传》载：

贞观初，为匡道府折冲，随李靖袭突厥颉利于碛口。靖使定方率二百骑为前锋，乘雾而行，去贼一里许，忽然雾歇，望见其牙帐，驰掩杀数十百人。颉利及隋公主狼狈散走，余众俯伏，靖军既至，遂悉降之。⑥

于上述战事中，奇兵均为骑军，这与隋唐之际军队成分显著变化的背景相关。前辈学者已经指出：当时，曾盛行于北朝的甲骑具装衰落，更具机动性的轻骑兵成

① 杜佑：《通典》，北京：中华书局，1988年，第3948页。
② 杜佑：《通典》，北京：中华书局，1988年，第4034页。
③ 杜佑：《通典》，北京：中华书局，1988年，第4034—4035页。
④ 刘昫等：《旧唐书》，北京：中华书局，1975年，第2292页。
⑤ 刘昫等：《旧唐书》，北京：中华书局，1975年，第2320页。
⑥ 刘昫等：《旧唐书》，北京：中华书局，1975年，第2777页。

为主力①。在荡平群雄、击破突厥的过程中，以精骑突袭敌军是唐军将领所习用的重要战术②。跳荡队、奇兵队既属"奇兵"范畴，必要时又可视为骑军兵种，则奇袭或当是其重要职责。联系前文关于跳荡功的讨论，跳荡队的这种战法其实是和"矢石未交，先锋挺入，陷坚突众，贼徒因而破败"的描述相当贴近的。由此可推测：跳荡功的"跳荡"很可能即自跳荡队而来，这种功绩最初也许就用以表彰那些成功执行奇袭战术的奇兵。

其三，跳荡队的职责并不仅限于奇袭，其在阵地战中亦有对应的战术安排。从前引《通典》卷一四八"立军"条可知，充当先锋部队的是"战锋队"，弓弩手发完箭也加入先锋阵列；在战锋队"被贼蹙回"后，马军、跳荡、奇兵队"迎前腾击"，二次攻击敌阵。这种战术与拜占庭军队常用的战斗方式十分相像③，其要点可概括为：先锋队确信自己的侧翼和背后有骑兵的保护，故能够有效地冲击敌军；即使先锋队的进攻未能奏效，继之而上的部队也可以持续给予敌人压力，并凭借更强的机动能力攻击敌阵的侧翼甚至背后。

问题在于：《开元格》视"跳荡"为"先锋挺入，陷坚突众，贼徒因而破败者"，结合《卫公兵法》的记载，"临阵对寇"时更符合"跳荡"标准的似乎是战锋队而非跳荡队。并且，史书中确实有战锋队员获跳荡功的实例：张无价、许光景凭"四镇平石国及破九国胡并背叛突骑施等贼"得到跳荡功，李嗣业同样也因为此次战事"以跳荡加特进"，其《旧唐书》本传言：

> 天宝初，随募至安西，频经战斗。于时诸军初用陌刀，咸推嗣业为能。每为队头，所向必陷。④

陌刀大棒是步军配备的武器，李锦绣曾经对陌刀及其在军事上的运用作过详细的研究，指出安西诸军因马少而率先推广以步兵为核心的陌刀战法，并认为《卫公兵法》所描述的步军先锋战术在实际作战中被广泛实施⑤。李嗣业"每为队头"，手持陌刀大棒"所向必陷"，他作为战锋队的活跃表现应该就是获得跳荡功的原因。

由此可见，"跳荡"所包含的"先锋挺入，陷坚突众"之义被持续强调，而其奖励范围相较于唐初则得到了扩展，跳荡功与跳荡队的关联性也随之减弱。这种变化与唐代马政兴衰及军队战术调整的大背景密切相关，张说《大唐开元十三年陇右监牧颂德碑》载：

① 参杨泓：《古代兵器通论》，北京：紫禁城出版社，2005年，第209—211页；孙机：《唐代的马具与马饰》，《载驰载驱：中国古代车马文化》，上海：上海古籍出版社，2016年，第152—156页；王援朝：《唐初甲骑具装衰落与轻骑兵兴起的原因》，《历史研究》1996年第4期，第50—59页。

② 参汪篯：《唐初之骑兵——唐室之扫荡北方群雄与精骑之运用》，唐长孺等编：《汪篯隋唐史论稿》，北京：中国社会科学出版社，1981年，第226—260页。

③ 参T. N. 杜普伊：《武器与战争的演变》，北京：军事科学出版社，1985年，第74—76页。

④ 刘昫等：《旧唐书》卷109《李嗣业传》，北京：中华书局，1975年，第3297页。

⑤ 李锦绣：《陌刀与大唐帝国的军事》，《唐代制度史略论稿》，北京：中国政法大学出版社，1998年，第295—307页。

　　大唐接周、隋乱离之后，承天下征战之弊，鸠括残烬，得牝牡三千，从赤岸泽徙之陇右，始命大仆张万岁茸其政焉。而奕世载德，纂修其绪，肇自贞观，成于麟德，四十年间，马至七十万六千匹，置八使以董之，设四十八监以掌之。……于斯之时，天下以一缣易一马，秦汉之盛，未始闻也。张氏中废，马官乱职，或夷狄外攻，或师围内寇，垂拱之后，二十余年，潜耗大半，所存盖寡。①

可知唐代马政自麟德年间后一直处于衰落的态势。当时虽然也有鼓励私人养马的政策，但效果并不理想，玄宗开元九年诏即言"百姓畏苦，乃多不畜马，故骑射之士减曩时"②。战马数量的衰减很大程度地影响了盛行于隋末唐初的精骑突袭战术，制约了跳荡队等机动性强、适用于奇袭的兵种的发展。步兵承担的战斗职责增加，地位有所上升，战锋队的破坏性被给予高度重视，唐军战术朝着以步兵为核心的方向演进。

　　《开元格》解释"跳荡"时言"临阵对寇，矢石未交"云云，这里的"临阵对寇"与"矢石未交"其实说的是两种情况，它们之间为并列关系而非顺承关系。"矢石未交"之辞承载了唐初跳荡队作为"奇兵"突袭敌军的历史记忆，但随着军队战术的改变，"临阵对寇"逐渐变成主要现象，"矢石未交"的场景越来越罕见，于阵地战先锋陷阵的战锋队成为受取跳荡功的主体，跳荡队的发展情况则不得而知。并且，在开天年间的安西战场，奇袭任务亦多由陌刀步兵担任③，这使得跳荡功与跳荡队的关系又进一步拉开了。

　　不少含有"荡"的词语都与军事相关，如跳荡、直荡等，这些词的本质都是一个动作，而后演变为战争中的一种战术，再进而被用来指称实施此战术的士兵，其为首者也被称为"荡主""游荡军主"等。后续的词义变化大概有两个方向：一是军职的军事色彩慢慢减退，职能也因与实际战术行动脱离而发生转变，如直荡都督于东魏北齐时成为左右卫府属官，掌警卫宫廷④；直荡在唐代则是对太子左右清道率府兵士隶卫的称呼，负责巡警东宫内外、皇太子出入时斥候道路⑤。二是从一个兵种及其执行的战术衍生出相应的功绩，如前述"跳荡功"的出现；并且，这类功绩可能又会随着当时军队战术的发展进一步扩展或改变其涵盖范围，它的中心词（如"跳荡"）也因此有了与之前不同的含义。

　　① 李昉等编：《文苑英华》卷869《德政一》，北京：中华书局，1966年，第4584页。
　　② 欧阳修、宋祁：《新唐书》卷50《兵志》，北京：中华书局，1975年，第1338页。
　　③ 参刘昫等：《旧唐书》卷109《李嗣业传》，北京：中华书局，1975年，第3298页。
　　④ 参魏征等：《隋书》卷27《百官志中》，北京：中华书局，2019年，第844页。
　　⑤ 参李林甫等：《唐六典》卷5《尚书兵部》"兵部郎中"条、卷28《太子左右卫及诸率府》"太子左、右清道率府"条，北京：中华书局，1992年，第156、718页。

三、从军将叙功看跳荡等特殊功绩的授予

关于军功的奖励流程，朱雷和马志立已经有比较细致的讨论，即先由军一级奏上勋簿，兵部郎官依据军功格进行叙功，再由吏部司勋郎官对受勋者加以覆定[①]。在这个过程中，军将书写并上报勋簿是最为关键的一环，叙功是否公平即取决于勋簿能否反映真实情况。《唐六典》卷五《尚书兵部》"兵部郎中"条言"既捷，及军未散，皆会众而书劳，与其费用、执俘、折馘之数，皆露布以闻"[②]，则知军将应在部队未散之际"会众书劳"，对士卒战获情况进行记录，这种统计也是制作露布别簿及勋簿的基础。于此环节，军将还会给士卒出具公验，作为其所立军功的凭证。张大千曾于敦煌发现张君义军功公验两通（现藏于日本天理图书馆），兹摘其一片段于下：

1　敕四 镇经略前军牒　　　　　张君 义
2　六日破□□阵。　　　　　　　□日破蓿菌阵。
3　同日破□□阵。　　　　　　　□日破碛内阵。
4　廿一日城北破□□阵。　　　　廿五日城西破莲花寺东涧阵。
5　　傔人张君义
6　右使 注功 第贰等[③]

……

日本藤井有邻馆亦藏有两件北庭军功公验，其中第32号文书内容为：

……（前欠）……

斩贼首一　获马一匹瓜父七岁　鞍一具

弓一张　排一面　枪一张　箭十支已上并纳足

右使注殊功第壹等赏绯鱼袋[④]

……（后欠）……

这两份文书虽均属军功公验，它们的性质其实略有差别。张君义获得"功第二等"，公验记叙其于某日破某阵的战绩，对应的是《唐六典》卷五《尚书兵部》"兵部员外郎"条载"勋、获之等级"中"破城、阵"的内容，这属于集体功绩的范畴，

---

① 朱雷：《跋敦煌所出〈唐景云二年张君义勋告〉——兼论"勋告"制度渊源》，《朱雷敦煌吐鲁番文书论丛》，上海：上海古籍出版社，2012年，第228—238页；马志立：《唐前期勋官的授予流程及勋的累加》，武汉大学中国三至九世纪研究所编：《魏晋南北朝隋唐史资料》第22辑，上海：上海古籍出版社，2005年，第105—110页。

② 李林甫等：《唐六典》，北京：中华书局，1992年，第159页。

③ 录文参大庭脩：《敦煌发现的张君义文书研究》，李茹译，《陕西历史博物馆论丛》2018年第1期，第335页；中村裕一：《唐代公文书研究》，东京：汲古书院，1996年，第142页。

④ 录文参藤枝晃：《藤井有邻館所藏の北庭文书》，《书道月报》1957年第13号，第1页（图第22页）；中村裕一：《唐代公文书研究》，东京：汲古书院，1996年，第258—259页。

张君义之后应该只能得到勋转方面的奖励；第二份公验的主人获"殊功第二等"，对应于《唐六典》中有关特殊功绩的内容，士卒个人斩首几许、所获战利品多少决定了他们的殊功等级，该战士后续很可能可以得到选官方面的好处。此二者的不同是与第一章所论勋告和武官官告的区别相契合的。

跳荡同样属于个人而非集体功绩，故有邻馆藏军功公验对研究跳荡功亦具有重要参考价值。馆藏第12、32号文书在记录士卒缴获装备数量后，均附有"并纳足"之语，且第12号文书背面有"检校北庭都护借紫金鱼袋阴"字样①，说明士卒登记杀获成果时经历了由检校北庭都护阴某主导的检查过程，其战绩事实上是由军将的审核结果和书写内容确定的。除了战利品，公验还有关于斩贼首的记载，这其实也容易受到主观因素的影响。李德裕《请准兵部依开元二年军功格置跳荡及第一第二功状》引用《开元格》"每获一生，酬获人绢十匹"的规定，指出"缘比来大阵酬赏，只是十将以上得官，其副将已上至长行，并无甄录"②，这反映出的情况是：在以往战事中，若击斩之敌未达到"十将"等级，便只能获得物质上的奖励（绢）。然而，并不是说等级在"十将"以上就能"得官"，《唐六典》载"斩将搴旗……并委军将临时录奏"③，则斩首"十将以上"能否得官仍取决于军将的录奏意愿。

朱雷曾指出，东晋南北朝时军队皆有"勋簿"，不过直至北魏卢同创立"黄素勋簿"及"勋券"之制，唐代勋告制度的基础才得以奠定④。其中关键在于完善勋簿信息和军功上报流程，多立凭证以防止作伪。但事实上，由于士卒的个人功绩受战局形势、战术执行等因素影响无法完全量化，军功统计及分配仍有赖于军将的组织和确认，弄虚作假的现象是难以避免的。李德林《隋文帝解石孝义等官敕一首》即叙述了一个伪报勋功的案例：

> 及王师大捷，清荡岷峨，执笔之徒，肆情诬罔。诸是僚佐凡数十人，同诈共谋，虚相构架。偷勋窃效，先从己始。自知阿曲所在，弥缝军旅之人。虽不见贼，但许论论。即入勋簿，证虚作有，以少为多。聚敛货财，弗知纪极。⑤

因为军功记录由军将（石孝义等）掌控，这就给了"执笔之徒"在其授意下"肆情诬罔"的机会，通过随意改变勋簿内容骗取更多奖赏。而"诸是僚佐凡数十人，同诈共谋，虚相构架"之言也表明，不少僚属会选择与军将同流合污以谋求私利，合力掩饰作伪行径。

滥杀和劫掠是军功作伪的另一种形式，此亦与军将密切相关，《旧唐书》卷八九

① 参陈国灿：《东访吐鲁番文书纪要（一）》，武汉大学中国三至九世纪研究所编：《魏晋南北朝隋唐史资料》第12辑，上海：上海古籍出版社，1993年，第42页。

② 董诰等编：《全唐文》卷702，上海：上海古籍出版社，1990年，第3193页。

③ 李林甫等：《唐六典》卷5《尚书兵部》"兵部员外郎"条，北京：中华书局，1992年，第161页。

④ 朱雷：《跋敦煌所出〈唐景云二年张君义勋告〉——兼论"勋告"制度渊源》，《朱雷敦煌吐鲁番文书论丛》，上海：上海古籍出版社，2012年，第228—238页。

⑤ 许敬宗等编，罗国威整理：《日藏弘仁本文馆词林校证》卷691，北京：中华书局，2001年，第417页。

《狄仁杰传》载：

> 越王之乱，宰相张光辅率师讨平之。将士恃功，多所求取，仁杰不之应。光辅怒曰："州将轻元帅耶？"……仁杰曰："明公董戎三十万，平一乱臣，不戢兵锋，纵其暴横，无罪之人，肝脑涂地。……且凶威协从，势难自固，及天兵暂临，乘城归顺者万计，绳坠四面成蹊。公奈何纵邀功之人，杀归降之众？但恐冤声腾沸，上彻于天。"①

狄仁杰的话很清楚地显示出，兵士凶横暴虐、杀降邀功的行径当归咎于军队长官张光辅的纵容和默许。

就军士而言，若与军将关系亲近，便很有机会在评选特殊功绩时占据先机，军将也乐于通过操纵叙功工作为自己的亲信安排更高的军功等级。而如果某场战事有多支军队参与，军将之间或许会因为一些特殊功绩的归属产生争执，如《魏书》卷七二《阳尼附阳固传》载：

> 大军征硖石，敕为仆射李平行台七兵郎。平奇固勇敢，军中大事悉与谋之。又命固节度水军，固设奇计先期乘贼，获其外城。……又典科扬州勋赏。初，硖石之役，固有先登之功，而朝赏未及，至是与尚书令李崇讼勋更表。崇虽贵盛，固据理不挠，谈者称焉。②

和阳固争论的李崇也是硖石之役的参与者，他当时任扬州刺史，因受到梁军攻击而向北魏中央请援，后与援军一同展开反攻，其《魏书》本传曰：

> 及萧衍遣其游击将军赵祖悦袭据西硖石。……扬州诸戍，皆被寇逼。……崇自秋请援，表至十余。诏遣镇南将军崔亮救硖石，镇东将军萧宝寅于衍堰上流决淮东注。朝廷以诸将乖角，不相顺赴，乃以尚书李平兼右仆射，持节节度之。崇遣李神乘斗舰百余艘，沿淮与李平、崔亮合攻硖石。李神水军克其东北外城。③

虽然李平以行台节度诸军，但扬州地方军仍然由李崇直接统领。据《李崇传》，率水军"克其东北外城"的是李崇直属将领李神，透露出攻克外城的主导者是地方军而非中央援军的信息。关于硖石外城先登之功，李平与李崇二人很可能因立场相异而形成了不同的意见，他们都想将此功绩归入己军将领的名下。其中前者拟将先登功授予"军中大事悉与谋之"的阳固，后者则认为这是自己爱将李神的功劳④。阳固与李崇的争执，根源即在于硖石之战后军将们未能就特殊功绩的归属达成一致，而由于之后李崇贵盛，故阳固之功"朝赏未及"。

---

① 刘昫等：《旧唐书》，北京：中华书局，1975年，第2887—2888页。
② 魏收：《魏书》，北京：中华书局，2017年，第1747—1748页。
③ 魏收：《魏书》卷66《李崇传》，北京：中华书局，2017年，第1598页。
④ 参《魏书》卷70《李神传》载"早从征役，其从兄崇深所知赏。……萧衍将赵祖悦率众据硖石，神为别将，率扬州水军受刺史李崇节度"（北京：中华书局，2017年，第1695—1696页），可知李神是李崇的从弟，并深受李崇赏识。

于唐代，军将上报的勋簿需要经过兵部的审核，这在一定程度上保证了军功授予的公平性。敦煌遗书P.3813号《唐判集》记载了一个兵部反对军将叙功意见的案例：

> 弘教府队正李陵往者从驾征辽，当在踌驻阵，临战遂失马亡弓。贼来相逼，陵乃以石乱投，贼徒大溃。总管以陵阵功，遂与第一勋。……兵部以临阵亡弓，弃其劳效。①

总管叙录李陵为第一勋，兵部因其临阵失马亡弓而不予同意。不过，李陵失马亡弓之事当在战后军队检纳装备时才得以显露，兵部对此事的了解其实也来源于军将的上报；换言之，倘若总管隐瞒李陵失马亡弓的罪过，兵部就不会质疑李陵的战功。由此看来，兵部对战功的审定和叙录虽然是军功授予过程中的重要步骤，但仍然难以禁绝发生在军队层面的伪造行径。

事实上，也有一些不易作伪军功的场合。战事中常出现军将招募士卒执行特殊任务的情况，如《宋书》卷七九《竟陵王诞传》即载"上遣送章二纽，其一曰竟陵县开国侯，食邑一千户，募赏禽诞；其二曰建兴县开国男，三百户，募赏先登"②。应募的士卒获得相应功绩是理所当然的，而军将既然已经公开作了"募赏"的保证，便缺少弄虚作假的余地，一般就只能按实叙功。其实，参考第二章的论述，初期的跳荡功亦类似于这种情况，该功绩的授予对象不会超出跳荡队成员之外。然而，由于"跳荡"的含义逐渐扩展，跳荡功的评判标准变得灵活起来，乃至也影响到功绩的评定。《文苑英华》卷五四二收录的《立功流例判》载：

> 执戟董元，于阎敬下立功，流例七百人，并跳荡功叙录，咸依元格酬勋赐阶，准元军司，削阶不入五品。
>
> 对：董元艺极穿犀，官参戴鹖，言思报国，即此临营，冒矢前驱，争为跳荡，交锋直进，讵肯迁延。忽逢蛱蝶之兵，遽扫螳蜋之卒，摧凶杀敌，已立殊功。准格畴庸，例升荣级，前关已蒙褒赐，后送独被稽留。既申横草，何能倚树，但今将执戟，虽切披陈，曩日横戈，且知优劣。③

尽管判文所记不是真实事例，不过仍反映出一些历史事实。董元本可依流例叙录为跳荡功，得到酬勋赐阶的奖励，然而其叙功过程却因军司稽留无法正常进行，最终面临"削阶不入五品"的处置。文中虽言董元"冒矢前驱，争为跳荡"，但这些都是描述性的话语而非实质的战功，其功绩是"殊功"抑或"横草"很大程度上由军司的安排所决定。于此，跳荡功评判的灵活性其实加强了军将等军一级长官对叙功工作的掌控程度。

军将主观意志对军功统计的影响在镇军增多、边将权重的背景下表现得更加明

---

① 图版及录文见唐耕耦、陆宏基编：《敦煌社会经济文献真迹释录》第2辑，北京：全国图书馆文献缩微复制中心，1990年，第601—602页。

② 沈约：《宋书》，北京：中华书局，2018年，第2231页。

③ 李昉等编：《文苑英华》，北京：中华书局，1966年，第2766页。

显。李德裕《请准兵部依开元二年军功格置跳荡及第一第二功状》引《开元格》言"跳荡功，破贼阵不满万人，所叙不得过十人；若万人以上，每一千人听加一人。其先锋第一功，所叙不得过二十人，第二功所叙不得过四十人"①，可见跳荡功等特殊功绩的名额是比较稀少的。然而，《安禄山事迹》卷中载：

> 禄山奏前后破奚、契丹部落，及讨招九姓、十二姓等应立功将士，其跳荡、第一、第二功，并请不拘，付中书门下批拟。其跳荡功请超三资，第一功请超二资，第二功请依资进功。其告身仍望付本官，为好书写送付臣军前。制曰："可。"以是超授将军者五百余人，中郎将者三千余人。②

则知由于军将上报在军功授予流程中逐渐占据绝对主导地位，特殊军功时已成为边将笼络士卒、扩充实力的工具，原本关于奖励名额和内容的制度规定也被公然逾越而失去效用。迨及中晚唐，藩帅在划定将士立功等级后，已经可以在权限范围内自行安排立功将士职任，只需向朝廷奏请结果而已③。

结　语

军功制度对于王朝统治至关重要，只有酬军功、明赏罚，国家的军事行动才得以顺利进行。学界关于"二十等爵制""军阶""勋官"等制度性的研究已经相当充分，不过笔者认为仍然有一种问题意识尚未得到足够的关注，即什么样的军功制度对受功者而言是有价值的。事实上，不论是爵位还是勋官，虽然对应着各种各样的好处，但总会因受功人员数量增多而泛滥，这就导致受功者的地位并没有明显的上升，甚至"与白丁无殊"④，整个军功制度也渐渐失去实际意义。在古代官僚制度的背景下，加强军功与官位的联系成为维持军功价值的方法，若凭借军功可以直接获取官职或积累迁官之资，将士追求军功的热情就能够得到保证。不过，这也是有限度的，因为官位同样会陷入因员额膨胀而价值下降的状况。

在唐代的军功制度中，其实即有内容体现了国家对受功者地位的考量。武官官告与勋告的不同对应于跳荡等特殊功绩与一般集体功绩的区分，只有得到特殊功绩，才能获取散官、职事官，真正实现地位的提升，更好地享受荫亲等优宠。本文之所以选择跳荡功作为主要研究对象，是因为"跳荡"含义的变化意味着跳荡功与跳荡队的关联性逐渐减弱、跳荡功的奖励范围不断扩大，这是与唐军战法重用战锋步兵的变革相适应的。并且，跳荡功等特殊功绩更广的开放面向也更有助于满足普通士卒对军功入仕的需求。

相较于制度设想，军功授予在实际执行过程中呈现出不同的面貌。军功统计和

① 董诰等编：《全唐文》卷702，上海：上海古籍出版社，1990年，第3193页。
② 姚汝能：《安禄山事迹》，上海：上海古籍出版社，1983年，第18—19页。
③ 参刘琴丽：《唐代武官选任制度初探》，北京：社会科学文献出版社，2006年，第70—71页。
④ 司马光撰，胡三省音注：《资治通鉴》卷201，北京：中华书局，2011年，第6455页。

上报依赖于军将的叙录，这就给了军将伪造勋簿、操纵殊功分配的机会。对士卒意义重大的特殊功绩成为军将笼络士卒的工具，军功制度的公平性被完全破坏。另一方面，军功授官本身的散官化倾向与军将对职官超逾常制的要求共同导致了官职的猥滥及相应任官者地位的低落，军功对于受功者的价值又进入下降的轨道，政府为"战士"设定的出路事实上并不通畅。

（本文作者为武汉大学历史文化学院古代史专业博士研究生）

秦代乐人的身份与管理

——兼论乐户的源流问题

方文昕

摘　要： 以《岳麓书院藏秦简（肆）》中的"虏学炊"简和张家山简《奏谳书》"黥城旦讲乞鞫案"这两则材料为考察中心，结合史书中的记载可以发现，秦代乐人的来源包括被俘的前六国贵族、被掳掠入秦的乐人和部分具有音乐技能的私人奴隶。他们作为预备乐人接受培训并在官府服役，直到免除"隶臣妾"的身份，成为"庶人"。尽管身份等级跃升，秦代的民间乐人仍需定期前往国家音乐机构"践更"，名籍可能已由官府编出单独管理。出土文献所见秦乐人的生存境况、社会地位与管理模式，为追溯"乐户"制度的起源提供了新的证据。对比传世古书中的相关资料可以发现，始见于北魏的"乐户"之称和盛行于唐代的轮值轮训制在秦代乐人的身份和管理模式中已初见端倪。

关键词： 出土文献；乐人；虏；乐户

作为汉代礼乐系统的重要参考，秦代的音乐机构和乐官制度一向是学界关注的重点，而无官衔或职位较低的音乐表演者，即史籍所称之"乐人""乐工""歌人"等，却极少被纳入讨论范围。另外，"乐户"这一特殊户籍类别的名称始见于《魏书·刑罚志》，表示以乐为业之人。他们多出身低微，家业世代相传。部分学者提出"乐户"概念的出现应早于北魏，但暂未找到充足的文献证据①。因此，本文将结合秦汉出土文献中的新材料，重新探索秦代乐人群体的来源和地位，并从其社会身份和职能出发，讨论秦代乐人是否已在"乐户"这一概念的界定范围之内。

一、秦汉之"虏"与乐人的来源

秦汉时期的传世典籍多聚焦于王官贵族，鲜有描写底层民众的内容。简牍文书的出土则提供了许多关于平民社会的新材料。例如《岳麓书院藏秦简（肆）》中的这则简文，详细描述了在国家的音乐机构专门学习和负责吹奏的乐人，因逃亡而受

---

① 乔健、刘贯文、李天生：《乐户：田野调查与历史追踪》，台北：唐山出版社，2001年，第26页。项阳：《山西乐户研究》，北京：文物出版社，2001年，第4页。

到的责罚：

> 虏学炊（吹）**樿**（枸）邑、坏德、杜阳、阴密、沂阳及在左乐、乐府者，
> 及左乐、乐府讴隶臣妾，免为学子、炊人，已免而亡，得及自出，盈三月以为
> 隶臣妾，不盈三月，笞五十，籍亡日，后复亡，辄盈三月，亦复以为隶臣妾，
> 皆复炊（吹）讴于（？）官。（第一组064—067）[1]

简文所述内容可分为两部分：一、"虏学炊"至"免为学子炊人"规定了在特定机构学习吹奏和歌唱的虏人和隶臣妾，可以凭借音乐表演的技能获得身份上的豁免，成为专业乐人；二、"以免而亡"至"皆复炊讴于官"记述了逃亡者面临的不同阶段的惩罚，若从逃亡开始至现身自首的时间累积超过三个月，则重新成为失去人身自由的隶臣妾，继续在官府服役（如图1所示）。

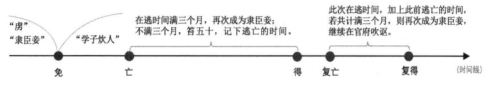

图1　亡者在逃时间及所受惩罚的简图

一般来说，"虏"指战争中被俘获之人。然而，并非敌对国家的所有人员都会成为被囚禁和役使的对象。秦国在征服中原的后期，采用义兵之道进行兼并战争，已不再大规模地屠杀或滋扰民众。《吕氏春秋·孟秋纪》："得民虏奉而题归之，以彰好恶。"[2]《文子·上义》："兵至其郊，令军帅曰……无捕民虏。"[3]被伐国家的普通百姓虽被冠以"虏"之名，却不是征战方用武力降伏的首要对象，甚至不会成为真正的"虏"。以《史记》所载的秦赵之战为例："攻赵，取二十余县，首虏九万。"根据秦军在此前后攻打的是武安、皮牢、邯郸、榆次等城，可以推测出公元前256年秦赵交战，大概是在赵国的上党郡和太原郡南部附近的二十多个县斩杀和俘获了九万余人[4]。而学者统计赵国的人口约在二百五十万左右[5]，可考置县有一百一十六个[6]。秦军此次征伐占领的"二十余县"约有三四十万人口，但文献记载的"首虏"仅九万左右，说明被斩首或俘虏的对象可能只是部分特定人群。

在历史文献中，"虏"往往指的是征伐过程中战败方的政权首领、军事参与者及

---

① 陈松长主编：《岳麓书院藏秦简（肆）》，上海：上海辞书出版社，2015年，第66—67页。

② 高诱注，毕沅校：《吕氏春秋》卷7，上海：上海古籍出版社，2014年，第147页。

③ 辛妍著，杜道坚注：《文子》卷11，上海：上海古籍出版社，1989年，第94页。

④ 泷川资言：《史记会注考证》卷5，台北：天工书局，1989年，第407页。

⑤ 臧知非：《战国人口考实》，《安徽史学》1995年第4期，第15页。臧知非先生主要以战国中期的材料为参考而推算出这一数量，并认为这是人口最盛的时期，战国末应小于此数。亦有学者认为赵国的人口数量为三百万左右（参见沈长云等：《赵国史稿》，北京：中华书局，2000年，第269页）。我们讨论的"二十余县"，虽不比邯郸都城之规模，但毗邻韩魏，且位置分布较为密集，因此暂取平均数来估计这"二十余县"的人口。

⑥ 后晓荣：《战国政区地理》，北京：文物出版社，2013年，第114—145页。

其宗亲。以《史记》为例：

《史记·秦本纪》："（秦昭襄王）十四年，左更白起攻韩、魏于伊阙，斩首二十四万，**虏**公孙喜，拔五城。"①

《史记·晋世家》："（晋献公二十二年）还袭灭虞，**虏**虞公及其大夫井伯、百里奚以媵秦穆姬。"②

《史记·楚世家》："（楚怀王）十七年春，与秦战丹阳，秦大败我军，斩甲士八万，**虏**我大将军屈匄、裨将军逢侯丑等七十余人，遂取汉中之郡。"③

《史记·秦始皇本纪》："遂屠咸阳，烧其宫室，**虏**其子女，收其珍宝货财，诸侯共分之。"④

《史记·卫将军骠骑列传》："骠骑将军……斩首**虏**三万二百级，获五王，五王母，单于阏氏、王子五十九人，相国、将军、当户、都尉六十三人……获首**虏**八千余级，降异国之王三十二人。"⑤

《史记》中保留了大量诸侯相争、秦汉迭代和汉匈冲突时期的军事记录，除了列出攻克的城池、斩首的数量，还标注了俘虏对象，如韩魏联军攻秦失败的统帅公孙喜、亡国的虞公及其大夫井伯百里奚、战秦失利的楚将七十余人，等等。尽管这几次战争的参与者各有不同，但本质都是一方通过暴力迫使另一方臣服。俘虏行为作为战争的一部分，动机和形式也应是一致的。因此，通过比对在此前后的战俘的身份，可以大致确定秦代之"虏"主要指的是大型军事行动中战败方的将领、亡国的君主、朝廷要臣及其亲眷这些象征着曾经的政权或与之最为接近的人。

秦简中的一些语例表明，"虏"主要从事着养殖、纺织、看守门户的工作，并由治虏御史专门管理，相关官吏需定期向上级部门汇报其数量、分配和使用情况⑥：

一人与佐带上**虏**课新武陵。（8—1677）⑦

令曰：吏仆、养、走、工、组织、守府门、鬾匠及它急事不可令田，六人予田徒四人。徒少及毋徒，薄（簿）移治**虏**御史，御史以均予。（8—757）⑧

与鬼薪、白粲、城旦舂之类的刑徒所负担的苦力劳动相比，"虏"的工作强度小得多，但更需要技术和智慧的支持，这似乎暗示了"虏"的特殊性：被俘获之前，他们可能已经掌握了特定的技艺或文化程度较高，因此被安排在无须太多体力的岗位上。同时，"虏"的工作性质暗示了他们处于受人差遣的地位，需要听从长官的指

① 泷川资言：《史记会注考证》卷5，台北：天工书局，1989年，第396页。
② 泷川资言：《史记会注考证》卷39，台北：天工书局，1989年，第2793页。
③ 泷川资言：《史记会注考证》卷40，台北：天工书局，1989年，第2924页。
④ 泷川资言：《史记会注考证》卷6，台北：天工书局，1989年，第500页。
⑤ 泷川资言：《史记会注考证》卷51，台北：天工书局，1989年，第4983、4987页。
⑥ 李亚光、赵宏坤：《秦对"徒隶"的管理——以里耶秦简等简牍为中心》，《渤海大学学报（哲学社会科学版）》2018年第1期，第55页。
⑦ 陈伟主编：《里耶秦简牍校释（第1卷）》，武汉：武汉大学出版社，2012年，第377页。
⑧ 陈伟主编：《里耶秦简牍校释（第1卷）》，武汉：武汉大学出版社，2012年，第217页。

令，成为了被役使的对象，如上引秦简中列出的吏仆、走卒、守卫。"学炊"之房亦是如此。他们可能是因为相对出众的外形、较高的文化水平或其他原因被选中作为未来的乐人集中培训。

其他古代文明中的战俘与秦简所呈现的"虏"有着相似的处境。比如古希腊的战俘中仅有一部分沦为奴隶，而有一半以上被释放，古巴比伦及之前的两河流域，大多数因战败而被俘获的人被安排在私人守卫、杂役人员、雇佣兵等岗位，为社会上层服务[1]。大规模地制造奴隶似乎不是军事行动的首要目的，并且外来的征服者对于本地民众的管理也相对温和，他们获得奴隶的办法之一是接受那些原有的奴隶[2]。秦代统治者的举措亦是如此：

> 丞相言："得巍（魏）城邑民降归义者，有故臣妾为拾虏，以鼠（予）之。"（9—1411）[3]

主动投降的他国百姓被称作"归义者"，曾经的奴隶则仍然维持原来的身份。秦简中的"臣""妾"多指代私人奴隶，如"人臣甲谋遣人妾乙盗主牛"，"臣妾牧（谋）杀主"，"子告父母，臣妾告主，非公室告，勿听"[4]。《尚书·费誓》"马牛其风，臣妾逋逃"，孔安国注云"役人贱者男曰臣，女曰妾"，说明"臣妾"完全失去了自由，类似于私人所有物。尽管秦简中亦有以"臣"表示官吏的例子，如"臣昧（眜）死请"，"臣昧死言"[5]，但多是自称。目前也暂未在出土文献中看到以"妾"表示女性仕官，因此将此处主动投降的"故臣妾"理解为曾经的私人奴隶更加周全。

岳麓简中还有一处提及了"虏"：

> 置吏律曰：有皋以粲（迁）者及赎耐以上居官有皋以废者，虏、收人、人奴、隶耐子、免者、赎子，辄傅其计籍。其有除以为冗佐、佐吏、县匠、牢监、牡马、簪褭者，毋许，及不得为租。君子、虏、收人、隶耐子、免者、赎子，其前卅年五月除者以免，免者勿复用。（第二组212—214）[6]

按照这段简文提及的所有群体的排序，"虏"应比家奴、罪犯的子女（"收人、人奴、隶耐子"），还有已赎罪之人的后代（"免者、赎子"）地位更高[7]。整体来看，这几类人群既"傅其计籍"，身份等级将被继续记录，又受到行政事务方面"毋许"

---

① O. Patterson, *Slavery and Social Death: A Comparative Study*, Cambridge, Mass: Harvard University Press, 1982, pp.109—110.

② O. Patterson, *Slavery and Social Death: A Comparative Study*, Cambridge, Mass: Harvard University Press, 1982, p.111.

③ 陈伟主编：《里耶秦简牍校释（第2卷）》，武汉：武汉大学出版社，2018年，第302页。

④ 陈伟主编：《秦简牍合集（壹）》，武汉：武汉大学出版社，2014年，第196、227、237页。

⑤ 陈伟主编：《里耶秦简牍校释（第1卷）》，武汉：武汉大学出版社，2012年，第376页；陈伟主编：《里耶秦简牍校释（第2卷）》，武汉：武汉大学出版社，2018年，第397页。

⑥ 陈松长主编：《岳麓书院藏秦简（肆）》，上海：上海辞书出版社，2015年，第138页。

⑦ 李立：《出土文献与秦音乐机构设置及管理问题研究——从岳麓书院藏秦简"虏学炊""免为学子炊人"看秦乐人的来源与管理》，《中原文化研究》2020年第1期，第73页。

"勿复用"的限制，说明罪行带来了终身的影响。另外，"虏"和"收人""辠耐""免者"等人的后代被分作一类，受制于同样的律条，后者是因为与罪犯、奴隶的血缘关系而被株连，那么"虏"也极有可能是由于自己亲族的罪名而受到影响。

通过分析目前可见秦简中的"虏"的身份，可以推知秦代之"虏"由两部分组成，一是自己或家族成员效命于曾经的政权、社会地位较为尊贵的战俘，二是曾归私人所有的奴隶。这两个来源的"虏"都有可能是岳麓秦简所载的"学炊"之"虏"，被安置在国家音乐机构学习吹唱，以待成为职业乐人。前者因为来自军事行动中战败的一方而成为阶下囚，被官府严加管制。由于曾经的社会地位和文化水平较高，他们被挑选出来，承担更需要技巧而非纯体力付出的劳动。主动归降的后者，即私人奴隶，亦有可能被官府收编，连同被处决的罪犯、其连坐的亲属和罪人奴婢的子女而成为在左乐、乐府长期服役，进行歌唱表演的隶臣和隶妾，但前提是他们在此前已经具备了音乐表演的技能。

此外，根据传世文献的记载，秦代乐人还包括征伐六国的过程中掳掠而来的伶人。《史记·秦始皇本纪》载，秦每攻破一国，都将"所得诸侯美人钟鼓"充入其宫。①这种占有他国乐人乐器的行为并非特例，在春秋时期已屡见不鲜：

《左传·襄公十一年》："郑人赂晋侯，以师悝、师触、师蠲，广车、轻车、淳十五乘，甲兵备。凡兵车百乘，歌钟二肆，及其镈磬，女乐二八。晋侯以乐之半赐魏绛……"②

《史记·秦本纪》："（秦缪公）令内史廖以女乐二八遗戎王。戎王受而说之，终年不还。"③

《左传·成公九年》："晋侯观于军府，见钟仪，问之曰：'南冠而絷者，谁也？'有司对曰：'郑人所献楚囚也。'使税之，召而吊之。再拜稽首。问其族，对曰：'泠人也。'公曰：'能乐乎？'对曰：'先父之职官也，敢有二事？'使与之琴。操南音。"④

"郑人赂晋侯"和"（秦穆公）以女乐二八遗戎王"的例子表明，春秋晚期以来，职业乐师和女性乐舞表演者已被贵族视为一种财产，可以连同乐器和战车一类的物品赠予他人。从晋景公闻钟仪为伶人的反应可推测出，具有音乐特长的俘虏会被诸侯王另眼相待。史料记载表明，至迟在春秋晚期，乐人已成为一种所有物而可以被转让、赠送，并且其组成部分也可能包括异国之虏。结合上述简文中反映的情况，秦乐人的来源可以概括为战败被俘的前贵族（"学炊"之"虏"），部分具有音乐技能的私人奴隶（"左乐、乐府讴隶臣妾"），以及被掳掠而来的前六国乐人。

① 泷川资言：《史记会注考证》卷6，台北：天工书局，1989年，第445页。
② 杜预注，孔颖达等正义：《春秋左传正义》卷31，上海：上海古籍出版社，1990年，第546—547页。
③ 泷川资言：《史记会注考证》卷5，台北：天工书局，1989年，第362页。
④ 杜预注，孔颖达等正义：《春秋左传正义》卷26，上海：上海古籍出版社，1990年，第449页。

二、乐人群体的社会地位

传世文献所反映的东周至秦汉时期的普通乐人，大多处于社会边缘的位置：乐舞表演者可以作为贵族之间馈赠的礼物，身材缺陷者是娱乐玩笑的对象（如秦倡优旃）[1]，民间乐人以吹打本领协办丧事为生（如沛人周勃）[2]。这些记录反映出乐人群体的飘零身世，但并未细言他们在等级分明的社会中面临着怎样的考验。随着秦汉律法文书的出土与公布，我们可以进一步从制度层面探索秦代普通乐人的身份、地位及其管理模式。

（一）身份等级的变化：从"隶臣妾"到"庶人"

据前文所引岳麓简"虏学炊"简，秦代乐人的社会等级的变化分为两个阶段：在"免为学子、炊人"之前，他们在都城咸阳附近的五地（"栒邑、坏德、杜阳、阴密、沂阳"）和两个音乐机构（"左乐、乐府"）磨炼技能[3]，此时是隶臣妾的身份；获得豁免之后，他们的职业正式确定为"学子、炊人"，并获得了庶人的身份。

下面这段简文更明确地写出了"隶臣妾"与"庶人"的身份转换规则：

> 寺车府、少府、中府、中车府、泰官、御府、特库、私官隶臣，免为士五（伍）、隐官，及隶妾以巧及劳免为庶人，复属其官者，其或亡盈三月以上而得及自出，耐以为隶臣妾，亡不盈三月以下而得及自出，笞五十，籍亡不盈三月者日数，后复亡，辄数盈三月以上得及自出，亦耐以为隶臣妾，皆复付其官。（第一组033—036）[4]

通过"巧"与"劳"，即专业技术和体力劳动，罪人可以免除刑罚，脱离奴隶的身份，重新成为平民，划归给原来的官吏管理；若隐瞒行踪逃亡在外达三个月以上，则再次被耐为隶臣妾。将"虏学炊"简与之对照，可以发现"学炊"之"虏""左乐、乐府讴隶臣妾"与此条律令面向的"寺车府、少府……私官隶臣"这一群体，都有着"免"的过程。前者豁免为"学子、炊人"，后者直接写出是"免为庶人"。

---

① 泷川资言：《史记会注考证》卷126，台北：天工书局，1989年，第5438—5440页。

② 泷川资言：《史记会注考证》卷57，台北：天工书局，1989年，第3526页。

③ 栒邑、杜阳、坏德分别位于咸阳的北、西、东面。"沂阳"或应为"泥阳"（王伟：《〈岳麓书院藏秦简（肆）〉札记二则》，《简帛》2017年第1期，第38—40页），与阴密同为北地郡南部靠近内史的两个县。此五地应设有官方的习乐之处，距离都城不远，既方便管理，又能及时向中央输送音乐人才，以补给享乐活动之用。对于乐府，学界讨论甚多，基本认同是培训、管理乐人，制造乐器和安排音乐活动的一个重要司乐官署，归少府管辖。而左乐暂未见于传世文献，目前也仅有"左乐寺瑟""左乐丞印""雝左乐钟"等秦玺印封泥文字和两诏铜钧权上的"左乐"铭文等记载。（傅嘉仪编著：《新出土秦代封泥印集》，杭州：西泠印社，2002年，第7、8、174页）

④ 陈松长主编：《岳麓书院藏秦简（肆）》，上海：上海辞书出版社，2015年，第49—50页。

尽管"虏学炊"简未写明"免"的原因，根据"虏"与"隶臣妾"所担负的"吹""讴"之责，可推测出他们是因技术成熟或劳动量达到标准，而获得新身份的。岳麓简中还有一处，也是关于"以巧及劳"而"免"："妾、白粲以巧及劳免为士五(伍)、庶人、工、工隶隐官……"①说明在秦代，技艺和劳绩是免除罪隶身份时的重要考量标准。

对比两段简文得到的另一个关键信息是，"虏"与"隶臣妾"应属于同等身份，惩罚与晋升方式完全相同。他们"免为学子炊人"不仅意味着技能层面被进一步认可，还实现了身份等级的跃升。对于"免"而后"亡"的人，两段简文的处理方法如出一辙，皆是根据逃亡者的出走时间大于三月与否来决定是否将其重新耐为隶臣妾。从两段文献内容的对应程度可以推知，"虏学炊"简文和此段应属于同级的律条，仅是界定对象的表达方式有所不同。那么，关于乐人身份的隐含信息便呼之欲出了："虏学炊"简中的宫廷预备乐人"虏"与"左乐、乐府讴隶臣妾"，应同属于隶臣妾的身份，唯有习得技艺、完成了一定的劳动量，才能获得"庶人"的社会身份。

(二) 未"免"之前：作为官隶臣妾的乐人

如前文所述，秦乐人的一部分来源是兼并战争中的俘虏，他们中的大多数是曾效命于六国诸侯的王官或其亲属。另一部分"左乐、乐府讴隶臣妾"，则是广泛意义上的"隶臣妾"，包括罪人、奴婢及其子女，结合传世文献来看，亦可能包括从六国宫廷掳掠而来的乐人。从简文将二者并列，论其逃亡所面临的惩罚来看，两者的法律地位和所拥有的权利应该等同，故此处将未获"免"的乐人作为"隶臣妾"的整体来讨论。

朱德贵先生根据秦简中的材料将隶臣妾分为官、私两种：前者依附于国家名下，由地方政府统一登记管理，他们行动自由，通过从事官府杂役获得报酬，在免为庶人之后，方能独立立户；后者附籍于户主名下，即私人奴隶，只有被户主放免后才能取得独立户籍并拥有财产支配权②。从"虏学炊"简来看，在枸邑等五地及左乐、乐府服役的乐人群体，他们中的大部分应是来自秦以外的诸侯国，作为军事俘虏学习器乐演奏或人声歌唱，或是作为被劫掠而来的乐工，在官府需要时协助参与音乐生产来完成劳动，向国家机构实现其价值，故属于官隶臣妾。

这些"从事公"的隶臣妾，他们拥有相对稳定的收入以谋生，但作为被收编的奴隶，他们依然是社会轻贱的对象。在经济上，他们完全依赖于禀给，没有其他收入来源。岳麓简中有一处提到了隶臣妾的财产问题：

隶臣妾及诸当作县道官者，仆、庸，为它作务，其钱财当入县道官而遗未

---

① 陈松长主编：《岳麓书院藏秦简（肆）》，上海：上海辞书出版社，2015年，第41页。
② 朱德贵：《岳麓秦简所见"隶臣妾"问题新证》，《社会科学》2016年第1期，第153—165页。

入去亡者，有（又）坐遗钱财臧，与盗同法。（第一组068—069）①
在非官方机构为仆作佣的隶臣妾需将所得酬金上缴，否则将会被判以盗窃的罪名。由此可见，在官府统一管理下，他们并不具有官方以外来源的财产所有权。

在社会地位方面，作为隶臣妾的乐人则因为外来者的身份而不被接纳。正如前文所述，这些未来的乐人主要来源于曾经的统治阶层，新的当权者将他们从原来所属的族群带离，也就意味着他们过去的社会关系彻底消失。这一状态类似于奥兰多·帕特森（Orlando Patterson）所描述的奴隶的社会性死亡（social death）。他认为奴隶不被主流群体接受的现象分为两种模式：一种是侵入式（intrusive），奴隶作为外来者进入族群（community）而得不到认可，甚至被视作国家内部的敌人；另一种是驱逐式（extrusive），即原属于本族群的成员，由于陷入了法律、社会、经济上的困境而被逐出群体。② 事实上，这一论述也可以理解为奴隶不被社会主流接纳的正反两方面原因。作为隶臣妾的乐人正是如此，他们是被当权者击败的敌对力量的象征，不再拥有显赫的地位，在新的社会体系中属于绝对的外来者而被置于底层。同时，隶臣妾的身份将他们排除在具有共同价值观的社群之外。秦代的隶臣妾包括战俘、刑徒、因贫困而自卖为奴、隶臣妾的后代等等，皆是因为自身或者亲族成员的堕落而低人一等。他们可能由于违背了群体公认的价值观念，或其他原因无法在社会继续生存，在主流视野中声名狼藉，共同组成了"隶臣妾"的群体。一旦被贴这样的身份标签，就意味着他们是被社会排斥的人。

（三）获"免"之后：成为庶人的乐人

当学艺精进达到能以乐为业的程度，或在国家机构服役完成了足够的工作量，作为官隶臣妾的预备乐人便获得身份的转变，正式成为"学子、炊人"，或被统称作"乐人"③。他们成为被免罪的庶人，从而获得了更多权利。

《奏谳书》例十七"黥城旦讲乞鞫案"讲述了士伍"毛"诬陷乐人"讲"盗牛的事件，从侧面反映了秦乐人的工作职能、社会地位和法律权利④。这宗案件从一位名为"讲"的前乐人要求官府重审开始："四月丙辰，黥城旦讲乞鞫，曰：故乐人，不与士伍毛谋盗牛，雍以讲为与毛谋，论黥讲为城旦。"他在两个月前被论罪"黥为城

---

① 陈松长主编：《岳麓书院藏秦简（肆）》，上海：上海辞书出版社，2015年，第61页。

② O. Patterson, *Slavery and Social Death: A Comparative Study*, Cambridge, Mass: Harvard University Press, 1982, pp. 38-45.

③ 在"人"之前缀以表示行业的字，由此指代一个人的职业身份。秦简中亦有"集人""署人""更人"等例，前辈学者已经论及。（姚小鸥、王克家：《"外乐"与秦汉乐官制度》，《文艺研究》2015年第8期，第60—61页）

④ 该案件起止时间为"元年十月癸亥"至"二年十月癸酉朔戊寅"。按《奏谳书》所载案件的排序，此案应发生在秦代。释文称"合于秦始皇（秦王政）二年"，彭浩认为应在秦二世时期。（参见张家山247号汉墓竹简整理小组编著：《张家山汉墓竹简〔二四七号墓〕（释文修订本）》，北京：文物出版社，2006年，第102页；彭浩：《谈〈奏谳书〉中秦代和东周时期的案例》，《文物》1995年第3期，第43页）

旦"，实则因为县官的严刑拷打，自诬曾与毛合谋盗牛（如图2所示）①。

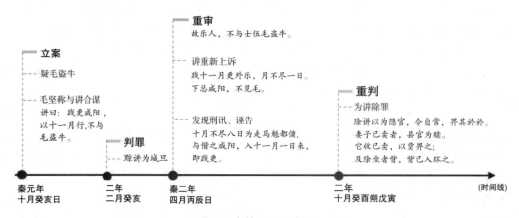

立案
--- 疑毛盗牛

--- 毛坚称与讲合谋
　　讲曰：践更咸阳，
　　以十一月行，不与
　　毛盗牛。

判罪
--- 县讲为城旦

重审
--- 故乐人，不与士伍毛盗牛。

--- 讲重新上诉
　　践十一月更外乐，月不尽一日。
　　下总咸阳，不见毛。

--- 发现刑讯、诬告
　　十月不尽八日为走马魁都备，
　　与偕之咸阳，入十一月一日来，
　　即践更。

重判
--- 为讲除罪
　　除讲以为隐官，令自常，畀其灷灷。
　　妻子已卖者，县官为赎。
　　它收已卖，以贾畀之；
　　及除坐者赀，赀已入环之。

秦元年　　　　　二年　　　　　秦二年　　　　　　　二年　　　　　　　　（时间线）
十月癸亥日　　　二月癸亥　　　四月丙辰日　　　　十月癸酉朔戊寅

图2　案件进展示意图

结合整个案件的审理过程、判处结果和各方陈述，可以得到以下信息：

第一，尽管乐人拥有普通平民的部分权利，在秦代社会中他们仍处于较低的阶层。从《奏谳书》中这则例子看，讲沉冤昭雪，被证无罪后，理应被免除刑罚，恢复原来的身份。官府的指示是将他除为"隐官"，并"令自常"。《二年律令》载："庶人以上，司寇、隶臣妾无城旦舂、鬼薪白粲罪以上，而吏故为不直及失刑之，皆以为隐官；女子庶人，勿箅（算）事其身，令自尚。"②说明隐官指的是被误判受刑而放还的人。睡虎地秦简《秦律十八种·军爵律》："工隶臣斩首及人为斩首以免者，皆以为工。其不完者，以为隐官工。"③遭受肉刑之后，身体上有残缺，退至较隐秘处或少有人去的地方工作，故而称"隐"。在问讯的过程中，乐人讲被多次拷打，鉴定其伤势，"答胻大如指者十三所，小胻瘢相质伍也，道肩下到腰，稠不可数"，且被施以黥面之刑，无法继续以音乐表演为业，官府遂容许他自谋生路。在判罪前与平冤后，讲的法律地位理应相同，曾经的乐人讲必然属于无爵位的人，这是其一。其二，讲自称"故乐人"，与岳麓简的"炊人"相对应，说明其并非全职服役的隶臣妾。其三，在一次审讯中，毛谎称"与乐人讲盗士伍和牛，牵之讲室"，以及最后为讲洗冤时，官衙宣布"它收以卖，以价畀之"，皆表明讲被卷入案件前拥有财产和居所，具有较大程度的自由。然而，作为"庶人"的乐人讲并不等同于一般意义上的"编户民"或"庶民"，他身为士伍之子，在事业上受到牵制和影响，并不等同于平

① 张家山二四七号汉墓竹简整理小组编著：《张家山汉墓竹简〔二四七号墓〕（释文修订本）》，北京：文物出版社，2006年，第100—102页。

② 张家山二四七号汉墓竹简整理小组编著：《张家山汉墓竹简〔二四七号墓〕（释文修订本）》，北京：文物出版社，2006年，第25页。

③ 陈伟主编：《秦简牍合集（壹）》，武汉：武汉大学出版社，2014年，第133页。

民的待遇①。另外，前文的论述中还提到了乐人经历从隶臣妾的身份豁免的过程，作为"免者"，他们也受到了同样的限制，如岳麓简《置吏律》中提到的"辄傅其计籍""免者勿复用"等。这些都表明了乐人社会地位的低微。

第二，散布民间的乐人，身兼数职以维生，但需按期前往官方音乐机构服役。盗牛案中，讲为了申明自己的不在场证明，称案发时间他在为走马魁都当佣人，随同前往咸阳，随即"践十一月更外乐"。"践更"之事另见于张家山简《史律》中，其中第486号简"畴尸、茜御、杜主乐皆五更，属大祝。祝年盈六十者，十二更，践更大祝"提到了为国家祭祀机构服务的人以及他们供役的频率。并且根据整理者释文，"杜主乐"可能指的就是特定的职业乐人。②岳麓简和里耶简中亦有关于"践更"的记载。如：

> 及诸当隶臣妾者亡，以日六钱计之，及司寇冗作及当**践更**者亡，皆以其当冗作及当践更日，日六钱计之，皆与盗同法。（第一组017）③

> 今洞庭兵输内史，及巴、南郡、苍梧输甲兵，当传者多。节（即）传之，必先悉行乘城卒、隶臣妾、城旦舂、鬼薪白粲、居赀赎责（债）、司寇、隐官**践更**县者。田时殹（也），不欲兴黔首。（9—2283）④

"践更"应指的是一种在特定时间以专业技能向官府提供劳动的行为，若逃亡而拒绝服役，则会受到"与盗同法"的惩罚。但践更者的人身自由可能大于被官府管制的隶臣妾、鬼薪白粲，正如《奏谳书》中的乐人讲，在参与官方的乐事活动之外，可以兼务他业，例如"为走马魁都佣"，不必全部依赖专业技能工作。乐人讲践更的地点"外乐"，传世文献中未见相关资料，但胡家草场新出汉简等出土材料中有此名目，学者推测可能为主管宗庙乐舞的音乐机构。⑤目前对于"践更外乐"的工作内容分两种看法：一是参与外祭祀仪式，作为来自郊野之地的庶民辅助祭祀山川、四方、社稷，类似《周礼》中"舞徒"的职能；⑥二是向宫廷提供乐事服务，将来自民间的音乐输入王宫，同时缓解宫廷司乐机构的人才短缺。⑦相比而言，后者涵盖的意义广泛，应更能概括乐人服役的普遍情况。

第三，乐人若触犯法条，由地方政府直接管理。由于盗牛事件的案发地在雍，乐人讲与士伍毛的审理即在雍县官衙进行。论罪裁决亦由雍县的官员完成，如铫、腾的数次拷问，"丞昭、史敢、铫、赐论，黥讲为城旦"。后来乐人讲重新申诉，处

---

① 如岳麓简中记录了稗官待选人的排列顺序，君子子、公卒、士伍子等人排在最末："县除小佐毋（无）秩者，各除其县中，皆择除不更以下到士五（伍）史者为佐，不足，益除君子子、大夫子、小爵及公卒、士五（伍）子年十八岁以上备员。"（陈松长主编：《岳麓书院藏秦简（肆）》，上海：上海辞书出版社，2015年，第137—138页）

② 张家山二四七号汉墓竹简整理小组编著：《张家山汉墓竹简〔二四七号墓〕（释文修订本）》，北京：文物出版社，2006年，第82页。

③ 陈松长主编：《岳麓书院藏秦简（肆）》，上海：上海辞书出版社，2015年，第44页。

④ 陈伟主编：《里耶秦简牍校释（第2卷）》，武汉：武汉大学出版社，2018年，第448页。

⑤ 范常喜：《"外乐"新证》，《音乐研究》2021年第6期，第37页。

⑥ 陆伟：《秦乐署研究》，上海：上海师范大学，2020年，第53—56页。

⑦ 姚小鸥、王克家：《"外乐"与秦汉乐官制度》，《文艺研究》2015年第8期，第61—62页。

理案件和完成平反的机构也是地方县廷，如廷尉要求汧邑啬夫恢复讲原来的身份，"妻子已卖者，县官为赎。它收已卖，以买价界之；及除坐者赀，赀已入还之"，为讲赎回妻子儿女、折价归还讲和连坐之人原来的财物，为讲沉冤昭雪做出补偿。这些处置都表明，地方行政机关有义务对作为个体的乐人负责。

　　综上所述，出土文献所见秦乐人之身份与管理，确实印证了历史典籍对乐工、伶人的社会地位的描写。他们自由受限，尽管能够实现从罪人到"庶人"的身份转变，却无法摆脱为统治者服务的命运。不同于依靠土地为生的农民，乐人的收入主要源于吹打弹唱的一技之长，因此他们不可避免地依附于人。这一属性的持续发展，使得一个专门的职业名称相伴而生——"乐户"。

三、秦乐人与"乐户"

　　乐户是中国传统社会中一个特殊的群体，他们以伎乐为业，服务于社会上层，但名列乐籍，地位卑贱，由官府统一管理。将乐人单独编作一种户民的制度正式出现于北魏，主要是根据《魏书·刑罚志》的记载："孝昌以后，天下淆乱……有司奏立严制：诸强盗杀人者，首从皆斩，妻子同籍，配为乐户……"[1]。亦有学者认为，迁都之后的东魏才真正建立了乐户制度，此前文献所称"乐家""音家""倡家"者，应是后世乐户的主要来源[2]。

　　探讨孰谓乐户，其何时出现，除了比对文献典籍中相关名词的记载，还应着眼于制度本身，通过判断乐籍存在与否，分辨乐人归谁管辖，由此界定他们是否在乐户的概念范畴之内。从这一角度出发，前文讨论的"虏学炊"简文和"故乐人讲"案件所勾勒出的秦乐人群体，已经符合后代所谓乐户的特征，具体表现有如下几点。

　　秦乐人的户籍不同于普通吏民之籍，这与后魏以降乐户的管理制度一致。魏律规定"缘坐没配为工乐杂户者，用赤纸为籍，其卷以铅为轴"[3]，初唐曾有为乐户免除低贱身份的《太常乐人蠲除一同民例诏》，其中提到他们的名籍另外编出："太常乐人，今因罪谪入营属，习艺伶官……婚姻绝于士类，名籍异于编氓……"[4]史籍亦载有专管乐人簿籍的官员："隋有太乐令、丞各一人，大唐因之，掌习音乐、乐人簿籍。"[5]而根据秦简中的材料，包括城旦舂、鬼薪白粲、隶臣妾在内的秦代贫贱民阶层，亦由官方造册登记管理，与中古时期类似。究其原因，可能是为了掌握他们的原有身份、没籍原因等信息，发配他们到不同部门服役[6]。若某些机构的服役人数不够，郡县一级要向"治虏御史"汇报，从而获得配给。与名籍相配的是载有劳动量和接收单位的"徒簿"，里耶秦简中有不少此类记录，如8-145所载甚详：有

① 魏收：《魏书》卷111，北京：中华书局，1974年，第2888页。
② 黎国韬：《早期乐户若干问题考》，《戏剧艺术》2014年第3期，第35—38页。
③ 杨慎：《丹铅馀录》卷11，《景印文渊阁四库全书》第855册，台北：台湾商务印书馆，1985年，第68页。
④ 宋敏求编：《唐代诏令集》卷81，上海：学林出版社，1992年，第420页。
⑤ 杜佑：《通典》卷25，北京：中华书局，1988年，第696页。
⑥ 孙志敏：《秦汉刑役研究》，长春：东北师范大学，2017年，第99—104页。

"一人守船""一人作庙"者，述其具体工作；有"二人付少内""三人付仓"者，述其所属单位；还有"一人作务：青""一人作园：夕"者，记录其名；并有身份和人数统计，如"隶妾居赀十一人""小城旦九人""小舂五人"①。"学炊"之"胯"和"左乐、乐府讴隶臣妾"，其名籍想必也伴随着这类服役记录。即便其身份不再为隶臣妾，名籍也可能被特殊标注或单独编出管理。秦汉时期的贫户、罪犯、从事工商等贱业者虽拥有名籍，但国家对他们的管理更加严苛。他们既无法享有察举任官等一般权利，又必须担负国家的大部分劳役税赋，与普通吏民全然不同②。《左传》中便有与之互证的例子："初，斐豹，隶也，著于丹书……斐豹谓宣子曰：'苟焚丹书，我杀督戎。'"③斐豹担任杀手的交换条件是烧掉载有他名字的"丹书"，唯有在这样的户籍上除名，徒隶才能彻底摆脱贱民的身份。以伎乐为生的民间乐人可能秦时已有专门名籍，此为其一。

秦乐人可能由国家司乐机构统一管理。目前已基本定论的秦司乐官署有太乐和乐府，分别主理宗庙祭祀和宫廷宴飨之乐，秦封泥中亦有"左乐""外乐"等印，应是秦王宫下辖的其他音乐机构④。其中，外乐已由《奏谳书》中的内容证明是乐人的服役场所，一部分乐人的名籍可能存放在这一机构。对于民间音乐从业人员的管理，或许可以参考秦代的工与工室的情况，这一方面有更丰富的文献和文物资料。"工"与"乐"性质相近，都是需要技术能力而能胜任的工作，往往为官方并提。岳麓（伍）316号简："诸乐人及工若操缯红，有技能者皆毋得为臣史佐吏书……"⑤音乐和纺织方面的人才被要求从事本业，发挥其擅长的技术，说明在秦官府看来，"乐"与"工"在性质上无太大差别。主管"乐"和"工"的官职皆分左右，官署亦同时设置在中央和地方，二者也有可相参照之处⑥。秦代的地方工室及辖下人员受到朝廷与郡县的双重管理，前者负责财政和业务，后者主要处理行政方面的事务⑦。根据《奏谳书》中讲的经历，他需按期前往朝廷音乐机构完成工作，其酬金也应由国家发放，但在触犯法律时，接受的是地方司法部门的裁决，说明对于乐人与工的管理应

① 陈伟主编：《里耶秦简牍校释（第1卷）》，武汉：武汉大学出版社，2012年，第84—85页。
② 参见刘敏：《秦汉编户民问题研究：以与吏民、爵制、皇权关系为重点》，北京：中华书局，2014年，第130—132页；王彦辉：《论秦及汉初身份秩序中的"庶人"》，《历史研究》2018年第4期，第36页。
③ 杜预注，孔颖达等正义：《春秋左传正义》卷35，上海：上海古籍出版社，1990年，第603页。
④ 寇效信：《秦汉乐府考略——由秦始皇陵出土的秦乐府编钟谈起》，《陕西师范大学学报（哲学社会科学版）》1978年第1期，第35—37页；陈瑞泉：《秦"乐府"小考》，《天津音乐学院学报》2005年第4期，第26—32页。
⑤ 陈松长主编：《岳麓书院藏秦简（伍）》，上海：上海辞书出版社，2017年，第203页。
⑥ 秦乐署和乐官的用印有"寺乐左瑟""左乐雕钟""外乐丞印"等，关于工室的封泥有"淮阳弩丞""寺工丞印""北宫工丞""巴左工印""巫黔右官"等。可能由于手工业的需要更加迫切，秦代建立的工室远多于音乐机构，官方在多个郡县设立了制造器物的场所，音乐方面目前则仅仅发现了"左乐""乐府"，还有供民间乐人服役的"外乐"，以及岳麓简中在枸阳等五地设置的培训"学子、炊人"的机构。
⑦ 罗开玉：《秦汉工室、工官初论——四川考古资料巡礼之一》，《秦汉史论丛》，成都：巴蜀书社，1986年，第186页。

差异不大。秦简中记载了工的所属对象："妾、白粲以巧及劳免为士五（伍）、庶人、工、工隶隐官而复属内官、中官者，其或亡……论之，比寺车府。"①附籍的隶臣妾免为庶人后，依然要归"内官""中官"管辖，并非真正的自由民。前引亡律性质的简文中亦提到了"以巧及劳免为庶人"者仍需"复属其官"，概括了免罪之人被单独载入特定名籍进行管理的普遍情况。由此可以推知，乐人在得到豁免前后皆由专门机构管理，此为其二。

　　秦乐人需按期前往国家的音乐机构践更，这与史籍记载的唐代乐人为宫廷和地方官府执事应差的生存方式极为相似。具体而言，各州县的乐人需在特定时间应召进宫，参与轮值和轮训②。《新唐书》载"唐之盛时，凡乐人、音声人、太常杂户子弟隶太常及鼓吹署，皆番上"③，凡是登记名籍属乐人群体者，皆需轮值服役。此处区分了三种以乐为业者，但实际上，他们有着共同的来源。根据《唐律疏议》，义宁以来，音声人始区分于乐人，在太常作乐，但"元与工、乐不殊，俱是配隶之色"④。因此，《新唐书》中的"乐人、音声人、太常杂户子弟隶太常及鼓吹署"均有过获罪的经历，他们通过训练、服役而除去了徒隶的身份，与秦简中"虏学炊""左乐、乐府讴隶臣妾"而"免为庶人"的过程大体相同。乐人的服役频率由其身份而定：官奴婢者需长期服役，与秦简中未获自由的隶臣妾类似，免者则是"一岁三番役"或"二岁五番役"，此与张家山简中的乐人讲"践更"的形式近同⑤。秦汉之际，习以"更"字表示轮番服役。里耶秦简中屡见"更戍"，岳麓秦简中有"戍者月更"⑥，《史记》有"卒践更""每至践更""更徭租赋出其中"⑦等语例，《汉书》亦载"月为更卒""阙更减赋"⑧。从"启陵津船人高里士五（伍）启封当践十二月更"⑨和《奏谳书》中乐人讲自言"践十一月更外乐"的表述方式推断，践更当是以月为时间单位，此又与唐律所载乐人服役"每番皆一月"相同。清雍正时期废除乐籍之

① 陈松长主编：《岳麓书院藏秦简（肆）》，上海：上海辞书出版社，2015年，第41页。
② 项阳：《山西乐户研究》，北京：文物出版社，2001年，第103、203—205页。
③ 欧阳修、宋祁：《新唐书》卷22，北京：中华书局，1975年，第477页。
④ 长孙无忌等：《唐律疏议》卷3，北京：中华书局，1983年，第74页。
⑤ 《新唐书》卷四十六："都官郎中、员外郎，各一人，掌俘隶簿录，给衣粮医药，而理其诉免。凡反逆相坐，没其家配官曹，长役为官奴婢。一免者，一岁三番役。再免为杂户，亦曰官户，二岁五番役。每番皆一月。三免为良人。六十以上及废疾者，为官户；七十为良人。每岁孟春上其籍，自黄口以上印臂，仲冬送于都官，条其生息而比之。乐工、兽医、骗马、调马、鞾头、栽接之人皆取焉。"（欧阳修、宋祁等：《新唐书》卷46，北京：中华书局，1975年，第1200页）另外，张守节注解"卒践更，辄与平贾"时称"践更，若今唱更、行更者也"。"唱更"可能指的是乐人的服役。
⑥ 陈松长主编：《岳麓书院藏秦简（肆）》，上海：上海辞书出版社，2015年，第129页。
⑦ 泷川资言：《史记会注考证》卷106、124、129，台北：天工书局，1989年，第4801、5412、5562页。
⑧ 王先谦：《汉书补注》，北京：中华书局，1983年，第512、1470页。
⑨ 陈伟主编：《里耶秦简牍校释（第1卷）》，武汉：武汉大学出版社，2012年，第191页。

后，山西地区依然存在乐户每年到县衙义务服务一个月的现象①。乐人听差于官府、为其完成一定限额劳动的制度，根植在传统社会中，并于秦时已经定型，此为其三。

秦乐人的来源包括异国之虏，而北魏至明清时期的大部分乐户亦是前朝贵族、被谪官员及其亲眷。隋炀帝时，周、齐、梁、陈的乐官旧臣被编入乐籍服务王宫②；明灭元后，蒙古部族流落中原的官宦子女被迫从乐③；靖难之变后，建文帝时的达官显贵也被充为乐户④。朝代更替，曾经的王公大臣沦为俘虏，名列罪籍，其子孙后代亦世世为奴。这种标注贫贱民等级、区分人等的方式在北魏之前早已存在，而非拓跋氏为强化统治而对汉民采用的新政策。同时，在田野调查中发现，山西上党乐户中有的老者"至今认为他们是官身"，其社会地位在"伺候人的行道"中是最低的⑤。在陕西榆林地区，吹手被称为"龟子"，可能是由于汉武帝时代的"龟兹降人"曾在此地演乐为生⑥。这些现象或许也透露了乐户群体最早的身份。根据历史记载和民间传闻，乐户中不乏强盗罪犯的亲属和后代，因家道中落而自卖为倡的名门之女，更多的是因为家族成员的反叛和起义失败而堕入乐籍，而他们也已固化为被社会主流排斥的群体。往上追溯，秦时的乐人多出自具有半奴隶性质的官隶臣妾，其中又有一大部分是秦军征伐六国时的战俘和掳掠而来的乐人。他们既属于外来者，又因其政治身份的特殊性而比那些因罪获刑者或自卖为奴者受到更多的偏见⑦。文化观念上，他们则被认为不祥与不洁而受尽屈辱。制度上，他们一直以来都被排除在一般社会群体之外。将其编入贱籍，划归官府统一管理，可能是出于压制和预防他们再次引发动乱的目的。对山西乐户群体的考察中还发现，他们的宗族观念不同于传统

---

① 许世杰、师天群：《河津鼓吹乐源流浅谈》，《中国民族民间器乐曲集成（山西卷）》第90—93页，转引自项阳《山西乐户研究》，北京：文物出版社，2001年，第211页。

② 《隋书》卷六十七："初，高祖不好声技，遣牛弘定乐，非正声清商及九部四舞之色，皆罢遣从民。至是，蕴揣知帝意，奏括天下周、齐、梁、陈乐家子弟，皆为乐户。其六品已下，至于民庶，有善音乐及倡优百戏者，皆直太常。"（魏征等：《隋书》卷67，北京：中华书局，1982年，第1574—1575页）

③ 《三风十愆记·记色荒》："明灭元，凡蒙古部落子孙流寓中国者，令所在编入户籍。其在京省，谓之乐户，在州邑，谓之丐户。"（虫天子辑：《香艳丛书》，北京：人民文学出版社，1992年，第275页）

④ 《清朝文献通考·王礼考·泰陵圣德神功碑》："自明初绍兴有惰民，靖难后诸臣有抗命者，子女多罚山西为乐户。数百年来相沿未革。一旦去籍为良，令下至日，人皆流涕。"（项阳：《山西乐户研究》，北京：文物出版社，2001年，第67页）《清史稿·食货志·户口》："山西等省有乐户，先世因明建文末不附燕兵，编为乐籍。雍正元年，令各属禁革，改业为良。并谕浙江之惰民，苏州之丐户，操业与乐籍无异，亦削除其籍。"（赵尔巽等：《清史稿》卷120，北京：中华书局，1976年，第3491页）

⑤ 乔健、刘贯文、李天生：《乐户：田野调查与历史追踪》，台北：唐山出版社，2001年，第26、325页。

⑥ 张振涛：《葬俗中的唢呐乐班》，曹本治主编：《中国传统民间仪式音乐研究（西北卷）》，昆明：云南人民出版社，2003年，第339页。

⑦ 奥兰多·帕特森在论述奴隶的处境时亦提到了这一点。公众对待奴隶的态度很大程度上取决于他成为奴隶的最初原因（原始的奴役手段），在某些社会中，被俘虏为奴的人比因为贫困而自卖为奴的人地位更低。（O.Patterson, *Slavery and Social Death: A Comparative Study*, Cambridge, Mass: Harvard University Press, 1982, pp.175—176）

的祖先崇拜，供奉的神主牌位仅列故世的父母一代，更没有家谱和祠堂①。这一现象说明乐户完全隔离于关于祖先的记忆，和曾经的文化天然断绝②。他们既无法追溯自己家族的起源，又不能通过血亲关系形成具有凝聚力的集体。这可能源于新的权威建立之后，为了使俘虏完全臣服于己而采用的方式。尽管已历经千年，由于乐籍制度的巩固和乐户群体的代代延续，这一习惯仍然保留在他们的文化中。因此，不管是秦简中的"讴隶臣妾""学子炊人"，还是北魏以降文献记载中的"乐户"，他们中的大多数在身份上有着同样源头，即曾具一定影响力的宗族，在其效命的政权倾覆后，成为对敌的俘虏。此为其四。

出土文献中呈现的乐人群体在户籍隶属、管理机构、工作方式上与后世乐户的情况十分相似，其社会地位低下的原因亦与后者存在共通之处。由此可以推测，秦时虽无"乐户"之称，但可能已有服务于官且单独标注名籍的乐人存在。他们多因战败被俘或被掳掠入宫，在习得音乐技能或完成一定劳动量之后获得放免资格。尽管摆脱了奴隶的身份，他们仍需继续为国家机构终身服役。

结　语

《岳麓书院藏秦简（肆）》084—087号"虏学炊"简、张家山汉简《奏谳书》"黥城旦讲乞鞫"案及出土文献中的其他相关资料，让我们得以了解长期隐没在历史书写中的秦代乐人群体。其中，张家山汉简、里耶秦简、睡虎地秦简等均来自考古发掘，而岳麓书院藏秦简则是2007—2008年从香港古董市场与收藏家处入藏，目前已陆续整理出版六册。岳麓秦简的内容包括秦代律令、占梦习俗、质日记事、官箴良训之类，不仅能与此前的秦代法律文献相互参详，而且可从中了解秦代民间社会的运作规则。尽管属于购藏的流散文物，岳麓简的史料价值和可靠性一直为学界公认③。本文在论述过程中援引的岳麓简文，与其他出土文献或文物证据并无明显冲突，并且基本能够相互佐证，因此在材料的可靠性上应是没有太大问题的。

结合传世文献的记载可以推测，秦王朝在统一天下的过程中，不仅将曾属于六国诸侯的乐师、具有音乐技能的私人奴隶充入其宫，还俘虏了大量王官贵族。他们附籍于官，被分配到"左乐""乐府"等音乐机构学习吹奏和歌唱，并长期为官府供职。唯有免除"隶臣妾"身份之后，他们才能获得部分自由，只需在特定时间亲自前往司乐官署服役，完成"践更"的任务。官府为保证已免为"庶人"的乐人完成服役要求，可能已经将其名籍单独编出，统一管理。因此，尽管名义上不再是底层

---

① 乔健、刘贯文、李天生：《乐户：田野调查与历史追踪》，台北：唐山出版社，2001年，第5页。

② 奴隶的社会性死亡，除了表现为被当下的社群贬低和排斥，还包括他无法维系血亲上的关系，被禁止唤起和祖先及原始族群有关的记忆，经历着天生的异化（natal alienation）。（O.Patterson, *Slavery and Social Death: A Comparative Study*, Cambridge, Mass: Harvard University Press, 1982, pp.5-7）

③ 陈松长等：《岳麓书院藏秦简的整理与研究》，上海：中西书局，2014年，第4—21页。

的徒隶，乐人们依然有别于普通的编户民。他们背负着曾经的罪人身份，游离在社会的边缘。

在秦至北魏七百余年间，将乐人纳入国家管理体系的行为似乎从未断绝，这也从侧面反映出"乐户"制度的演进。汉末三国，鼓吹乐人的身份与士兵相当，受到军队的直接控制。西晋时期，太乐乐伎被集中管理，名籍另立[①]。在十六国北朝，户口管理更加严格，"乐户"这一专门的称呼在历史文献中首次出现，这也是目前学界最为认同的乐户制度正式确立的时间。尽管在史籍中"乐户"之称晚于"伶人""倡""伎""乐工"等名出现，乐人群体作为半自由的依附民这一现象早已存续于北魏以前的历朝历代。通过梳理出土文献中秦乐人群体的身份、管理等相关的信息，我们认为，"乐户"的身份性质可以追溯至秦代由隶臣妾获免的职业乐人，他们在回归庶人的身份之后仍然附籍于官，并且需要继续向官府提供乐事服务。从这一角度来说，"乐户"制度应在北魏之前已初具雏形，只是未见载于史籍。

新见材料拓宽了我们对古代乐人的身份与管理问题的认识，但同时也有许多疑问伴随而至。例如，既言秦代乐人的主要来源是战败被俘的达官贵族、被收编的他国乐人以及具有音乐技能的私人奴隶，那么东周甚至更早以前的情况是否与之类同？既言充入秦宫的隶臣妾需先学习吹讴，那么传授他们技能的老师又是何种身份？《周礼》载大司乐、乐师掌教国子[②]，《礼记》言"问大夫之子长幼，长则曰'能从乐人之事矣'，幼则曰'能正于乐人''未能正于乐人'"[③]，与秦汉时期民间乐人的身份地位大相径庭，这是社会变迁带来的改变，还是文献记载中的叙述偏差？又如，目前出土的籍账文书中并未发现与乐人直接相关的名籍档案，如何证明"乐户"制度在秦汉之际已经萌生？这些都是值得进一步探讨的问题。仅就最后一点而言，本文认为，现有出土文献所见秦乐人与中古以来的"乐户"无论在管理模式、工作职能还是社会身份上都有很高的相似度，尽管暂未发现乐籍实物材料可以证明秦代已有"乐户"之称，但秦简材料所反映的情况已有"乐户"之实。

（本文作者为香港大学中文学院出土文献、先秦两汉音乐文献专业博士研究生）

---

① 欧燕：《略论魏晋南北朝乐户》，《青岛大学师范学院学报》2008年第4期，第60—61页。
② 孙诒让撰，王文锦、陈玉霞点校：《周礼正义》卷42，北京：中华书局，1987年，第1711页。
③ 孙希旦撰，沈啸寰、王星贤点校：《礼记集解》卷35，北京：中华书局，1989年，第935页。

宋仁宗朝蜀地"甲午复乱"流言再思考

——以"从政治看社会"为中心的考察

刘 蒙

摘 要：北宋中期，蜀地盛传"甲午复乱"的流言。这一流言的传播与蜀地自宋初以来动荡的局势、宋廷中央对于蜀地、蜀民的偏见有重大关系。真、仁之际承平表象的背后暗流涌动，蜀地传统习俗崇奉水神时常遭到朝廷打压，中央和地方士大夫对于蜀民的认识分歧巨大，这一切无不反映着朝廷治蜀的失误与央地间的隔阂。在偏差之中，"甲午之乱"被层层包装，变得妖魔化，最终在仁宗皇祐、至和年间，再乱的谣言来了个总爆发。最终在张方平"以静镇之"的方针下，化紧张为安定。

关键词："甲午复乱"；蜀地局势；水神崇奉；认识偏差；谣言

"甲午复乱"是北宋中期流行于蜀地的一则流言，其产生、传播是多种因素促成的结果。目前有关于"甲午复乱"的研究并不多，黄博曾撰文《甲午再乱：北宋中期的蜀地流言与朝野应对》[①]，后有所增补，收入氏著《谣言、风俗与学术：宋代巴蜀地区的政治文化考察》[②]，该文从地方政治生态、社会心理切入，分析了地方政治运作的多种状态；方燕在《宋代信息传播与管控：旴以流言为中心的考察》中，将其纳入宋代边疆治理进行分析[③]。本文在前人的基础上，以"甲午复乱"流言为切入点，分析其中的政治、社会背景因素，借以对"甲午复乱"有一个更深入的认识。

第一部分，从蜀地局势考量。"甲午之乱"本指宋太宗淳化末年至至道初年在蜀地爆发的王小波、李顺起义，在其后三、四年间，蜀地又相继爆发刘旴叛乱、王均兵变，故"甲午之乱"有时也将上述两次禁军之乱统归于一起。从太宗淳化五年（994）到仁宗至和元年（1054）恰好为"甲午年"的一个干支轮回。在这段时间内，蜀地流传着"甲午复乱"的流言，"淳化甲午岁，蜀寇乱，今六十年矣。无知民间传

---

① 黄博：《甲午再乱：北宋中期的蜀地流言与朝野应对》，《四川师范大学学报（社会科学版）》2013年第1期，第173页。

② 黄博：《谣言、风俗与学术：宋代巴蜀地区的政治文化考察》，成都：巴蜀书社，2018年，第35—117页。

③ 方燕：《宋代信息传播与管控：以流言为中心的考察》，北京：中华书局，2019年，第375—385页。

闻其事，鼓为讹语。"① "甲午复乱"流言的传播及其在仁宗皇祐末、至和初年的甚嚣尘上，除了太宗朝"甲午之乱"给予蜀民印象太过深刻以外，真、仁之时蜀地局势并未如表面所呈现的那般平静也是重要因素。"怪事"频发、天象异动、天灾临人等承平下的紧张，实际上刺激了"甲午复乱"流言的传播。

第二部分，有关于蜀地水神崇奉问题。因李冰开凿都江堰，为蜀地带来万世之利，故蜀民将其尊为水神，长期供奉，以后还演化出李冰之子李二郎协助其父治水的传说，二郎由此也成为崇奉的对象。据吴天墀先生考证，王小波、李顺起义也和水神崇奉（尤其是和"李二郎"）有关系②。故宋廷在扑灭王小波、李顺起义之后，仍对蜀地水神崇奉信仰习俗心存忌惮，对此活动多有禁止。除此之外，蜀地水神崇奉之中夹杂的德运之争（宋代建国后定国运为"火德"），也使宋廷对蜀地水神崇奉不得不另眼相待。

第三部分，切入点在于士大夫对于蜀民的看法。相较于北宋版图内的其他地区，蜀地是最不安定的那一部分，从灭后蜀之初到真宗初年，后蜀降将叛乱（全师雄叛乱）、农民起义（王小波、李顺起义）、禁军哗变（刘旰叛乱、王均兵变）接踵而起，使得北宋中央政府左支右绌、疲于应对。真、仁之时，站在中央立场的士大夫，多戴着有色眼镜看待蜀民，"喜乱易摇""喜奢好乐"是他们对于蜀民的总体评价［在此处，其时"喜奢好乐"与"喜乱易摇"存在内在联系。王小波、李顺起义的爆发与时任成都知府不顾民俗，禁止游乐，终招致民怨沸腾有莫大关系，"时东上閤门使吴元载代（许）骧知成都。元载颇尚苛察，虽细罪不能容，又禁民游宴行乐，人用胥怨。"③］既有此批评，多数中央士人认为"甲午之乱"会再度爆发，故其主张采取"守御之策"，静待"甲午复乱"的到来。

对此，出身蜀地的本土士人就这一偏见进行了不遗余力的回应，以期扭转这种负面看法。针对"甲午年"兵复起之说，许多蜀地士人条分缕析，说明"甲午复乱"实乃妄言，其中透露着驳斥蜀民"好乱"的潜台词。

"甲午复乱"危机和平度过后，伴随着宋廷统治蜀地的深入以及蜀地本土士人在中央部分话语权地逐渐拥有，士大夫对于蜀民的评价最终有了改变，与此同时亦出现了反思从前对蜀民偏见的声音。

此三点分别从政治社会背景，民间习俗与政治文化及士人心态角度对于"甲午复乱"进行再思索。解读此三个方面有助于我们对于"甲午复乱"危机的认识。

---

① 张俞：《送张安道赴成都序》，袁说友等编，赵晓兰整理：《成都文类》卷22，北京：中华书局，2011年，第459页。

② 参见吴天墀：《水神崇奉与王小波、李顺起义》，载氏著《吴天墀文史存稿》，北京：北京师范大学出版社，2016年，第239—247页。

③ 李焘：《续资治通鉴长编》卷35，淳化五年正月甲寅附，北京：中华书局，2004年，第766页。

一、承平下的隐忧：“甲午岁乱”的由来与真、仁之际的蜀地局势

“甲午之乱”是北宋前期时人针对蜀地特殊历史所衍生出的一则流言，“始，李顺以甲午岁叛，蜀人记之至是方以为忧。”①就目前所知而言，宋代官方最早明确记载“甲午之乱”的说法，是在宋真宗朝。王禹偁在咸平三年（1000）曾上奏称：“国家以建隆甲子岁下西川，甲午岁复乱，三十年之应也。”②宋太祖发兵平蜀在乾德二年（964），王小波、李顺起义是在淳化五年（994），前后相去正好三十年，时人言道：“淳化甲午岁，盗起两川，蜀城俱溃，众号百万，直趋剑门。”③起义搅动整个蜀地。之后，相继爆发刘旰叛乱与王均兵变，持续动荡的局势使得“甲午之乱”成为一段历史记忆，进而演变为一种谶语流言，更显神秘。史载：“太平兴国戊寅岁，程羽守益都，时立春在近，县史纳土牛偶人于府门外，观众颇众。主人恐其为人所损，遂移置厅事之左。适程出门视事，怪问之，主人以对，程叹曰：农夫牧竖非升厅之人，兆见于此，不详莫大焉。人亦服其理识。”④大变之后人们往往习惯于对大变之前种种情境进行追索，来发现“预兆”，其背后其实蕴含着蜀民们对于“甲午岁乱”的恐惧，他们相信，待到下一个甲午岁，叛乱将再次发生。

宋真宗咸平三年王均兵变被平定之后，一直到下一个甲午年，即宋仁宗至和元年，蜀地似乎一直处于承平状态，但实则暗流涌动。景德三年（1006）四月：“西南方有大星，占者谓应在蜀分。上恻然动心，以为蜀去朝廷远，民之疾苦尤难知。天有异象，可畏不可忽，其则廷臣之贤而通世务者，往绥元元。”⑤天象对应着人间事，正因蜀地在宋初多次变乱，天象变化才会引起宋廷极大的关注。

蜀地的风吹草动牵动着朝廷的神经，故而在择选益州知州问题上，北宋中央非常慎重。大中祥符末年至天禧初年，王曙任知益州：

> 于是严盗法，犯者一切皆死。出金谷募告者，又俾爪牙摘其囊橐画谋者，久必就拘，或示惨行。蜀人股栗，岁中遂无盗。然用它法皆宽平，讹误多贷免。尝有卒夜告其军乱，公覆状，立辨其伪，斩之，军士皆感泣。蜀旧以季春籴廪米以济民，言利者曾其直，公抗奏复旧，著为定制。先是，礼部尚书张公咏再守成都，蜀人怀之，以为无后继者。及公去，遂有“前张后王”之谚。⑥

① 苏轼撰，孔凡礼点校：《苏轼文集》卷14《张文定公墓志铭》，北京：中华书局，1986年，第450页。
② 李焘：《续资治通鉴长编》卷47，咸平三年十二月壬申，北京：中华书局，2004年，第1037页。
③ 张咏著，张其凡整理：《张乖崖集》卷8《大宋赠左监门卫将军上官公神道碑铭》，北京：中华书局，2000年，第91页。
④ 田况撰，张其凡点校：《儒林公议》卷下“程羽守益都”，北京：中华书局，2017年，第117页。
⑤ 吕陶：《净德集》卷14《巡抚谢公画像记》，《丛书集成初编》，北京：中华书局，1985年，第141页。
⑥ 尹洙：《河南先生文集》卷12《故推忠协谋同德佐理功臣枢密使金紫光禄大夫行尚书礼部侍郎检校太傅同中书门下平章事上柱国太原郡开国公食邑四千一百户食实封一千四百户赠太保中书令文康王公神道碑铭并序》，《宋集珍本丛刊》第3册，北京：线装书局，2004年，第405页。

王曙治蜀，宽猛相济，颇类前任知州张咏，也产生了不错的效果。但即便王曙治蜀颇有建树，也难逃朝廷的猜忌，"或言其（王曙）政苛暴，（刘烨）因对，上问蜀治状与凌策孰愈，烨曰：'策在蜀，岁丰事简，故得以宽假民。比岁稍歉，盗贼间发，非诛杀不能禁，然曙所行，亦未尝出陛下法外也。'上善之。"①真宗派遣刘烨考察王曙在蜀形迹，这份猜忌更多是对于蜀地局势的担忧，害怕所托非人，再激起动乱。

仁宗继位之后，蜀地"怪事"频发。天圣年间，薛奎知益州期间：

> 有掘地得伪蜀时中书印者，贮锦囊中，夜挂城西门，阍吏晨取以白，从而观者数以万计，皆恟恟以为异，（薛）奎顾主藏吏藏之，略不取见。②

"伪蜀"即后蜀，出现这一"伪蜀中书印"，显然是有人刻意为之，以表达对于宋廷治蜀的不满。此时距离后蜀灭亡已经八十余年，后蜀还具有如此大的影响力，使北宋官方心有不安。薛奎将此印藏起来，当是想制止蜀民回忆后蜀，以免别有用心者利用这一情愫，挑起事端。

无独有偶，天圣六年（1028），程琳接任知益州期间，也发生过成都城内无故起火之事：

> 正月，俗放灯，吏民夜会聚，邀嬉戏盛天下。公（即程琳）先诫吏为火备，有失火者，使随救之，勿白以动众，既而大宴五门，城中火，吏救止，卒宴，民皆不知。③

何人放火已不得而知，但是程琳能预先防备，一则说明程琳的先见之识，同时也说明蜀地看似安定背后的危机。

就在这"怪事"频发的天圣年间，蜀地突然出现了祥瑞，"益州献异花，似桃，四出而千百苞骈联成朵。蜀耆旧言此花不开六十余年矣，上颇异之，后因目为'太平瑞圣花'"④。宋真宗年间大造"天书"，其实已经把所谓"祥瑞"拉下了神坛，仁宗年间献祥瑞之事已然不多。结合此时情况来看，"益州献异花"很有可能出于宋廷的自导自演，其目的在于营造蜀地安宁祥和的假象，以消弭频发的"怪事"所造成的不利影响。可事实上的蜀地情况却不容乐观。

翻检《续资治通鉴长编》，从天圣八年（1030）开始，《长编》多次记载蜀地"大旱""饥荒"，如天圣八年十月"会岁大旱"⑤；宝元二年（1039）八月"两川自夏至秋不雨，民大饥"⑥等。常年遭受天灾，人心思变，增加了蜀地再度动乱的可

---

① 李焘：《续资治通鉴长编》卷89，天禧元年四月乙酉，北京：中华书局，2004年，第2056页。

② 李焘：《续资治通鉴长编》卷106，天圣六年三月辛酉，北京：中华书局，2004年，第2469页。

③ 欧阳修撰，李逸安点校：《居士集》卷31《镇安军节度使同中书门下平章事赠中书令谥文简程公墓志铭》，《欧阳修全集》第1册，北京：中华书局，2001年，第463页；亦见李焘：《续资治通鉴长编》卷109，天圣八年十月癸卯，北京：中华书局，2004年，第2547页。

④ 李焘：《续资治通鉴长编》卷106，天圣六年十一月癸酉，北京：中华书局，2004年，第2485页。

⑤ 李焘：《续资治通鉴长编》卷109，天圣八年十月癸卯，北京：中华书局，2004年，第2547页。

⑥ 李焘：《续资治通鉴长编》卷124，宝元二年八月庚辰，北京：中华书局，2004年，第2922页。

能性。

　　继程琳后知益州者为韩亿，韩亿之所以被选为益州知州，与天象亦有关系，"知星者言，蜀且有变，兵变若沴，公被选，以枢密直学士、谏议大夫知益州"①。所谓"蜀且有变"其实指的是当时蜀地出现旱灾并造成了饥荒，韩亿此行的任务即是尽快将灾情控制下来，防止大变。韩亿到任后，"安辑荒散，均节赋调"。"先蜀守张公咏，以蜀地狭，生齿众，尝艰仓为请，岁发仓储六万斛，贱估以赡贫民，遂缘为常。公先期倍数以镇之，故民不大乏。"②"又疏九升江，溉田数千顷。"③韩亿以上措施相对说来暂时安定了蜀地局势，"入境，年虽大杀而民无饥色，狱无囚系，野无盗窃"④。此当然为溢美之词，从后面蜀地局势的情况来看，韩亿所采取措施的作用不可夸大。

　　通过以上分析我们得知，真宗朝以来，蜀地局势并非想象中那样安宁。这在无形当中刺激了"甲午复乱"流言的传播，尽管早在咸平四年（1001）十二月二日，宋廷就下诏："西蜀自王均叛涣之后，人心未宁，亦有小民潜相诳惑。宜令长吏严切警察，如有讹言动众、情理切害者，斩讫以闻。"⑤严禁蜀民鼓传流言，但效果不佳。蜀地长期流传着所谓的《六十年甲子歌》，其中预言着"岁在甲午，当有兵起"⑥。"甲午复乱"的梦魇因蜀地敏感的局势一直存在着。宋廷中央针对蜀地的措施，可以看出太宗时"甲午之乱"所带来的惊魂未定，以至于举措失宜，这无形当中加剧了"甲午复乱"流言的传播。而宋廷的惊惧与警惕，亦内含对蜀地社会风俗若即若离的态度。

二、"五德终始"：水神崇奉与宋廷的态度

　　作为闻名遐迩的天府泽国，水与蜀地有着不解之缘。先秦时期时常泛滥的岷江，终在秦国蜀郡太守李冰的治理下，"凿离堆，辟沫水之害，穿二江成都之中。此渠皆可行舟，有余则用溉浸，百姓飨其利。至于所过，往往引其水益用溉田畴之渠，以

　　①② 张方平：《乐全集》卷37《推诚保德功臣正奉大夫太子少傅致仕上柱国昌黎郡开国公食邑三千三百户食实封八百户赐紫金鱼袋赠太师中书令尚书令许国公谥忠宪韩公神道碑名并序》，张方平撰，郑涵点校：《张方平集》，郑州：中州古籍出版社，1992年，第627页。

　　③ 李焘：《续资治通鉴长编》卷109，天圣八年十月癸卯，北京：中华书局，2004年，第2547页。

　　④ 张方平：《乐全集》卷39《推诚保德功臣正奉大夫守太子少傅致仕上柱国南阳郡开国公食邑三千三百户食实封八百户赐紫金鱼袋赠太子太保谥忠宪韩公墓志铭并序》，张方平撰，郑涵点校：《张方平集》，郑州：中州古籍出版社，1992年，第677页。

　　⑤ 刘琳、刁忠民、舒大刚、尹波等校点：《宋会要辑稿》刑法2之6，上海：上海古籍出版社，2014年，第8284页。

　　⑥ 李焘：《续资治通鉴长编》卷181，至和二年十二月乙酉，北京：中华书局，2004年，第4384页。

亿万计，然莫足数"①。为蜀地开万世之利。故而，李冰在蜀地地位崇高，被蜀地人民崇奉为水神，自东汉以来，香火不断。随着李冰治水传说的不断层累，原本的水神崇奉从李冰变为了李冰父子，"蜀中灌口二郎庙，当初是李冰因开离堆有功，立庙，今来现许多灵怪，乃是他第二儿子出来"②。到北宋时，蜀地关于李冰父子的祭祀依然非常兴旺，曾敏行《独醒杂志》载："有方外士，为言蜀道永康军城外崇德庙，乃祠李太守父子也……有功于蜀人，至今德之。祠祭甚盛，每岁用羊四万余。凡买羊以祭，偶产羊羔者，亦不敢留。永康藉羊税以充郡计。江乡人今亦祠之，号曰'灌口二郎'，每祭，但烹一膻，不设他物，盖自是也。"③宋初一度对李冰父子多有推崇④，可自王小波、李顺起义后，因其内含水神崇奉因素⑤，故而很长一段时间，宋廷对于蜀地崇奉水神之事十分警惕，常常封禁之，以至于宁枉勿纵。

"宋初三先生"之一的石介，在其文集当中撰有一篇《记永康军老人说》的文章，文章中主人公刘随在宋真宗大中祥符中曾为永康军判官⑥，在其任上，对于永康军民众崇奉水神的活动，曾下令禁止。

> 蜀人生西偏，不得天地中之正气，多信鬼诬妖诞之说。有灌口祠，其俗事甚谨，春秋常祀，供设之盛，所用万计，则皆取编户人也。然官为之聚敛，盖公私受其利焉。民苦是役，过于急征暴赋。公曰："聪明正直谓神，彼国能神，则既聪明且正直也。岂有聪明正直之神，椎剥万灵之肤血以为己奉哉！国不能神，又何祀焉？"遂止之。⑦

虽然号称此篇内容为"永康军老人"口述，自己记载，然而在通篇文章中所反映的思想倾向来看，很能代表当时朝廷对蜀地的看法。刘随似未在深入考察的基础上，强行以己意体察永康军水神崇奉习俗，进而摧折之，所谓不得"天地之正气"，显然也是站在"中央本位"的立场。

仁宗天圣六年（1028），程琳知益州期间，"蜀州妖人有自号李冰神子者，署官属吏卒，聚徒百余人，公命捕置之法。而谗之朝者言公安杀人。蜀人恐且乱矣。上

---

① 司马迁撰，裴骃集解，司马贞索隐，张守节正义：《史记》卷29《河渠书》，北京：中华书局，1982年，第1407页。

② 黎靖德编，王星贤点校：《朱子语类》卷3《鬼神》，北京：中华书局，1986年，第53—54页。

③ 曾敏行著，朱杰人标校：《独醒杂志》卷5《崇德庙》，上海：上海古籍出版社，1986年，第46页。

④ 李焘：《续资治通鉴长编》卷13，开宝五年冬十月乙酉载："秦蜀守李冰有庙在永康军，伪蜀初，封大安王，又封顺应灵感王。蜀平，诏长吏增饰其庙。乙卯，改封广济王，岁一祠。"

⑤ 参见吴天墀：《水神崇奉与王小波、李顺起义》，载氏著《吴天墀文史存稿》，北京：北京师范大学出版社，2016年，第239—247页。

⑥ 可参看脱脱等：《宋史》卷297《刘随传》，北京：中华书局，1985年，第9888页。

⑦ 石介著，陈植锷点校：《徂徕石先生文集》卷9《记永康军老人说》，北京：中华书局，1984年，第105页。

遣中贵人驰视之，使者入其境，居人、行旅争道公善"①。程琳扑止迅速，俨然是对于水神崇奉所引发的动乱心有余悸。

宝元二年（1039），益州发生特大火灾，烧毁民舍三千余区，"时火起南市，知州张逸心疑有变，与转运使明镐夜领众往，而实不救火，故所焚甚众"②。地方长官面对大火，派人前往火灾现场却不救火，实在是令人捉摸不透。或许是明镐等此行目的在于维持治安，至于火灾所造成的伤亡及财产损失就不在其考虑范围之内。

刘浦江先生在《"五德终始"说的终结——兼论宋代已降传统政治文化的嬗变》一文中虽基本肯定在宋儒的冲击下，五运说失去了其存在价值。不过，刘浦江先生仍然认为："不过，在宋代来谈五运的'终结'，未免为时过早。实际上，宋儒对五运说的质疑和批判，仅仅是少数思想先行者的先知先觉罢了。在宋辽金时代，五德转移的传统观念仍顽固植根于世俗社会中，尚未退出儒家政治文化的主流，从政治舞台到社会意识形态层面，随处可见他的影响。"③以此角度来思考宋廷对于蜀地水神崇奉的打击，或许可以寻找到深层次的原因。

按照五运之说，北宋刚一建国，即宣布定国运为"火德"，"壬戌，定国运以火德王，色尚赤，腊用戌"④。前已述及王小波、李顺起义与水神崇奉关系密切，陆游在《老学庵笔记》曾载："成都江渎庙北壁外，画美髯一丈夫。据银胡床坐，从者甚众，邦人云：'蜀贼李顺也。'"⑤

据吴天墀先生考证，李顺建立之后，建元"应运"，也就是以大蜀之水德代替赵宋之火德。⑥帝制时代对于此种欲颠覆政权的举动绝不能容忍。镇压了王小波、李顺起义之后，与宋朝的"五德终始"有千丝万缕联系的水神崇奉自然也就无法再得到政府的认可了。前述知益州张逸在火灾面前的反常举动，联系当时蜀地的社会环境，借此以彰显大宋"火德"之意，以"五德终始"视角来看，未必完全没有可能。

北宋最终恢复对于蜀地水神崇奉的支持，或许已经到了宋仁宗末年，"郎军神祠。永康崇德庙广祐英惠王次子。仁宗嘉祐八年八月，诏永康军广济王庙郎君神特

① 欧阳修撰，李逸安点校：《居士集》卷31《镇安军节度使同中书门下平章事赠中书令谥文简程公墓志铭》，《欧阳修全集》第1册，北京：中华书局，2001年，第463页；亦见李焘：《续资治通鉴长编》卷109，天圣八年十月癸卯，北京：中华书局，2004年，第2547页。此事南宋江少虞《宋朝事实类苑》也有类似记载，见江少虞：《宋朝事实类苑》卷23《官政治绩·程文简》，上海：上海古籍出版社，1981年，第273页。

② 李焘：《续资治通鉴长编》卷123，宝元二年六月丁丑，北京：中华书局，2004年，第2913页。

③ 刘浦江：《正统与华夷：中国传统政治文化研究》，北京：中华书局，2017年，第67页。

④ 脱脱等：《宋史》卷1《太祖本纪》，北京：中华书局，1985年，第6页；《东都事略》也言："有司言：'国家受周禅，周木德，木生火，当以火德王。'"见王称撰，孙言诚、崔国光点校：《东都事略》卷2《本纪二》，济南：齐鲁书社，2000年，第7页。

⑤ 陆游撰，李剑雄、刘德权点校：《老学庵笔记》卷5，北京：中华书局，1979年，第66页。

⑥ 吴天墀：《水神崇奉与王小波、李顺起义》，载氏著《吴天墀文史存稿》，北京：北京师范大学出版社，2016年，第245页。

封灵应侯，差官祭告"①。那时距王小波、李顺起义已过去半个多世纪，北宋蜀地治理已多有成效，动乱的烟云逐渐驱散，朝廷也就不再对水神崇奉心存芥蒂，能够转反对为支持。

宋廷对于蜀地水神崇奉的警惕，隐藏着宋廷对蜀地民众的态度，而这一态度往往倾向于邻父之疑。北宋前、中期"中央本位"士人与蜀地士人就蜀民的看法问题展开了一场激烈争论，折射出政治对于社会心态的影响。

三、"喜奢好乐""喜乱易摇"：士大夫对于蜀民的争论

自唐末王建建前蜀一直到后蜀灭亡，蜀地割据半个多世纪，北宋虽仅用六十六日即将蜀地重新归于中央的统治之下，但形式上的统一并不意味着意识上的接受。从王小波、李顺起义之后，不到十年时间，蜀地相继爆发刘旰叛乱、王均兵变，搅得蜀地天翻地覆，北宋中央为此劳心费力，苦不堪言。由此，在中央眼中，蜀地成为极为特殊的地域，"成都……列城观望，有唐藩镇之遗风"②。所谓"藩镇"遗风，即难以"王化"、易于割据，蜀地民众也被贴上了"好乱"的标签。这一刻板化的印象，多次出现于代表中央官方立场之士大夫的言论当中。

曾两度知益州的张咏，在《益州重修公署记》中谈道：

> 州郡兴修，无足纪录且欲隆其削伪为正，无惑远民，使子子孙孙不复识逾僭之度。夫九州之险，聚于庸蜀，为天下甲也。五方之俗，擅于繁侈，西南为域中之冠也。多犷骜而奸豪生，因庞杂而礼义蠹。朝廷精求良牧，忧在远人，每难其材，颇精厥虑。亦时有违咈上意，侵铄下民，理丝而数紊，澄水而屡挠。③

"削伪为正，无惑远民，使子子孙孙不复识逾僭之度"虽未明言蜀人"好乱"，但言语中很明显透露出张咏对于蜀地再度割据的担忧，希望借重修公署，引导蜀民"向化"，不再有僭越的企图。两度知益州的张咏，每一次上任都与蜀地的动乱相关（第一次任知益州，是在王小波、李顺起义期间；第二次上任，恰逢王均兵变甫平），对于蜀人"好乱"有极为深刻的体会。朱熹在《尚书张忠定公》一文中记载了张咏知益州任上的一件逸事："李顺、王均乱蜀，张公镇成都。一日，见一卒抱小儿在廊下戏，小儿忽怒批其父。张公见之，集众语曰：'此方悖逆，乃自习俗，幼已如此，

① 刘琳、刁忠民、舒大刚、尹波等校点：《宋会要辑稿》礼20之141，上海：上海古籍出版社，2014年，第5884页。

② 范镇：《吕惠穆公神道碑》，杜大珪编：《新刊名臣碑传琬琰之集》上集，卷26，影印宋刻元明递修本，《中华再造善本》，北京：北京图书馆出版社，2003年，第2页。

③ 张咏撰，张其凡整理：《张乖崖集》卷8《益州重修公署记》，北京：中华书局，2000年，第80页。

况其长成，岂不为乱！'遂令杀之。"①故事虽非必为真，却又很能代表张咏对于蜀民的态度。所谓"以小看大"不过是张咏内心对于蜀民"好乱"的忌惮与嫌隙。

真、仁之际，士大夫眼中的蜀民多与张咏类似。欧阳修曾多次在文章当中谈到"蜀人好乱"：

> 蜀人喜乱而易摇，公既镇以无事，又能顺其风俗，从容宴乐，及其临事，破奸发伏，逆见随决，如逢蒙之射而方朔之占，无一不中。蜀人爱且畏之，以比张尚书咏而不苛。②

> 蜀人轻而喜乱，公常先制于无事，至其临时，如不用意，而略其细，治其大且甚者不过一二，而蜀人安之，自察吏皆不能窥其所为。③

> 蜀民易摇，喜倡事以相惊呼，遂缘为乱。公为兵马监押，旁郡呼曰："盗将大至。"公能以重镇之，州卒无事，民恃以安。④

作为正统意识极为强烈的士大夫代表，欧阳修对于割据政权向来持批判态度。对于曾割据数十载、入宋后又始终叛服无常的蜀地与蜀民，欧阳修自是难以用平等的眼光看待。

与欧阳修合作修撰《新唐书》的宋祁，在对蜀民的看法上，与其如出一辙："蜀人喜乱易摇，皆相怖亡匿。君斥左右、缚叱之，以令市人。"⑤"喜乱易摇"成了蜀民的代名词。

除了"好乱"，士大夫群体亦普遍认为蜀民"喜奢好乐"。尹洙曾在《赵公墓志铭》中言道："蜀最远，民富侈，吏易以扰，是尤欲闻者。"⑥胡宿在《吏部侍郎蒋公神道碑》中也说："蜀人偷浮，不识敦本。"⑦即便到了北宋末期，这种偏见依然存在⑧。两宋之交的邵伯温在其《邵氏闻见录》当中记载了文彦博出知益州的一件

---

① 朱熹：《五朝名臣言行录》卷3《尚书张忠定公》，朱杰人、严佐之、刘永翔主编：《朱子全书》第12册，上海：上海古籍出版社，合肥：安徽教育出版社，2002年，第90页。

② 欧阳修撰，李逸安点校：《居士集》卷26《资政殿学士尚书户部侍郎简肃薛公墓志铭》，《欧阳修全集》第1册，北京：中华书局，2001年，第403页。

③ 欧阳修撰，李逸安点校：《居士集》卷31《镇安军节度使同中书门下平章事赠中书令谥文简程公墓志铭》，《欧阳修全集》第1册，北京：中华书局，2001年，第463页。

④ 欧阳修撰，李逸安点校：《居士集》卷13《内殿崇班薛君墓志铭》，《欧阳修全集》第1册，北京：中华书局，2001年，第920页。

⑤ 宋祁：《景文集》卷60《宋府君墓志铭》，《丛书集成初编》，北京：中华书局，1985年，第804页。

⑥ 尹洙：《河南先生文集》卷13《故推诚保德功臣金紫光禄大夫守太子少傅致仕上柱国天水郡开国公食邑四千二百户食实封一千户赵公墓志铭》，四川大学古籍研究所编：《宋集珍本丛刊》第3册，北京：线装书局，2004年，第41页。

⑦ 胡宿：《文恭集》卷39《宋故朝散大夫尚书礼部侍郎致仕上柱国乐安县开国侯食邑一千三百户赐紫金鱼袋赠吏部侍郎蒋公神道碑》，《丛书集成初编》，北京：中华书局，1985年，第463页。

⑧ 徽宗朝的苏元老曾在《送成都师席晋仲序》中谈道："成都之俗，吏猾而民奢，遇利则訹而为奸，值害则逸而为盗。"参见苏元老：《送成都师席晋仲序》，袁说友等编，赵晓兰整理：《成都文类》卷22，北京：中华书局，2011年，第465页。

逸事：

> 文潞公庆历中以枢密直学士知成都府。公年未四十，成都风俗喜行乐，公多燕集，有飞语至京师。御史何郏圣从，蜀人也，因谒告归，上遣伺察之。圣从将至，潞公亦为之动。张俞少愚者谓公曰："圣从之来无足念。"少愚自迎见于汉州。同郡会有营妓善舞，圣从喜之，问其姓，妓曰："杨。"圣从曰："所谓杨台柳者。"少愚即取妓之项上帕罗题诗曰："蜀国佳人好细腰，东台御史惜妖娆。从今唤作杨台柳，舞尽春风万万条。"命其妓作《柳枝词》歌之，圣从为之霑醉。后数日，圣从至成都，颇严重。一日，潞公大作乐以燕圣从，迎其妓杂府妓中，歌少愚之诗以酌圣从，圣从每为之醉。圣从还朝，潞公之谤乃息。事与陶谷使江南邮亭词相类云。张少愚者，奇士，潞公故重其人也。[①]

文彦博以张俞性贿赂何御史之法方解流言之困。一则显示流言威力，非以特殊之法不可破；二则，蜀民"喜奢好乐"的特殊风俗使得守蜀大臣不得不对自身做出改变，以顺应风俗。这一故事即便到了南宋前期依旧流传甚广，可见蜀民"喜奢好乐"在士大夫心中印象之深。"喜奢好乐"本身不是问题，但联系到蜀地长官因"禁游乐"而刺激了"甲午之乱"的爆发，那么与"好乱"有内在关联的"喜乐"也就不得不使士大夫对其提高警觉。

既然认为蜀民"好乱"，那么在"甲午复乱"流言涌起之时，朝廷及站在朝廷立场的士大夫更多选择相信"甲午复乱"之说，之后一系列修筑城池、调兵遣将的做法[②]，均透露着其对于蜀民的猜嫌与不信任。

不同于持中央本位立场的士大夫，蜀地本土士大夫对于此种偏见一致颇有微词。从北宋中期开始，蜀地士大夫不断为蜀人、蜀地发声，希冀可以将负面形象有所扭转。

《蜀梼杌》作者张唐英在自序中，曾说：

> 尝观自古奸雄窃据成都者，皆因中原多故而闭关恃险，以苟偷一时之安……盖是时朝廷清明，刑政修举，贤智在位，纪纲整葺，彼虽欲不臣，势不能为也。使皋、辟在五代时，其为恶必有过于王、孟者。以此知朝廷治，则蜀不

---

① 邵伯温撰，李剑雄、刘德权点校：《邵氏闻见录》卷10，北京：中华书局，1983年，第101页。同在两宋之交的吴曾在《能改斋漫录》中提到："姚令威宽记陈德润云：'一贵人知成都，朝廷遣御史何某人蜀按事。贵人遍召幕客，询何人与御史密者。有贤良某人，令出界候迎，兼携名妓玉宫花往。候其宴狎，出家姬以佐酒，善舞。何醉，喜题其项帕云："按彻《梁州》更《六幺》，西台御史惜娇娆。从今改正王宫柳，舞尽春风万万条。"至成都，此娟出迎，遂不复措手而归。'余按，邵伯温所载详且尽，疑得其真。"参见吴曾：《能改斋漫录》卷5《辨误·题妓项帕》，上海：上海古籍出版社，1979年，第126页。所以这一故事有一定可信度。

② 关于修筑城池与调兵遣将，《续资治通鉴长编》载："诏益、梓州路转运使司渐修筑诸州军城池，勿致动民。诸谓蜀之城池，久废不治，甲午再乱，不可不预备也。"见李焘：《续资治通鉴长编》卷175，皇祐五年八月戊午，北京：中华书局，2004年，第4230页；"移兵屯边郡，益调额外弓手"，见李焘：《续资治通鉴长编》卷178，至和二年正月丁亥，北京：中华书局，2004年，第4306页。

能乱，朝廷不治，则不惟蜀为不顺，其四方藩镇之不顺亦有不下于蜀者。①
在此，张唐英将蜀之易于割据的原因归结于朝政混浊，况在朝廷"不治"之时，不仅仅是蜀地"不顺"了，四方藩镇之"不顺"或许不在蜀地之下。张唐英的看法为所谓"蜀人好乱"提供了一个新视角，即蜀地动乱、割据与否，更多地取决于中央，这样一种看法也基本成为蜀地本土士大夫回击中央士大夫的共同之声。

为蜀人鸣不平最不遗余力的，当属张俞。作为北宋中期在蜀地颇有声望的士大夫，中央派遣的守蜀大臣在就如何治理蜀地的问题上，多会询问他的意见。张俞借机上书阐述自己对蜀民"多怨易动"的判断：

> 益为西南之都会，外戎内华，地险物侈，俗悍巧劲，机发文诳，窥变怙动，湍涌焱驰。岂其性哉？守之者非其道也。②

> 维昔蜀侈而慢，内溃下防，将顽卒骄，民毒厥命，故有三盗乘而为乱，则非蜀之辜，守将之辜也，吾蜀何有于不事哉？③

> 蜀世有货泉储蓄为用，自昔王室不纲，则权臣因而据有。是知蜀之可疑，而不知蜀之顺逆系中国盛衰也。④

> 淳化之际，精制烬矣。赋税不均，刑法不明；吏暴于上，民怨于下；武备日废而不知讲，盗贼日发而不知禁……然则甲午之乱，非蜀之罪也，非岁之罪也，乃官政欺懦而经制坏败之罪也。⑤

作为土生土长的蜀人，张俞对于蜀地政局情况非常了解，蜀民自宋初以来饱受朝廷压榨、官吏不合时宜"猛政"的压迫，揭竿而起几乎成了时势所然。张俞在此说明这一问题，不仅是希望新任的益州知州思考如何为政治蜀，同时也是想要打破朝廷对于"蜀民易动"的固有印象，调和双方的关系。"非蜀之罪"是张俞最希望能上达天听之语。

既认为蜀民"好乱"为妄词，那么对于"甲午复乱"之流言，蜀地士人多认为不应该过分紧张，如张俞在给张方平上书建言献策时说道："方今主上神圣，法制纯一，恩霂德流，浃民骨髓，择守而统之，制兵而维之，蜀故不足疑也。而岁凶之说，其亦怪乎！"⑥显然，张俞对于蜀地不会再度出现叛乱是非常有信心的。苏洵亦言道："编籍之中，不能无凶民；军伍之中，不能无悍卒……御得其道，则敛足屏气，皆吾臣、皆吾妾；御失其道，则圜视而起，皆吾雠、皆吾敌：此闲人君子之所尤畏者也，

---

① 张唐英撰，王文才、王炎校笺：《蜀梼杌校笺》，成都：巴蜀书社，1999年，自序第1—2页。

② 张俞：《送杨府公觐序》，袁说友等编，赵晓兰整理：《成都文类》卷22，北京：中华书局，2011年，第457页。

③ 张俞：《送田府公入觐序》，袁说友等编，赵晓兰整理：《成都文类》卷22，北京：中华书局，2011年，第458页。

④ 张俞：《送张安道赴成都序》，袁说友等编，赵晓兰整理：《成都文类》卷22，北京：中华书局，2011年，第459—460页。

⑤⑥ 张俞：《送张安道赴成都序》，袁说友等编，赵晓兰整理：《成都文类》卷22，北京：中华书局，2011年，第460页。

惟明公以此思忧。"①虽然苏洵较张俞看待"甲午复乱"更为谨慎，不过苏洵认为"凶民""悍卒"等不过是正常事物，对他们应该高度重视而非惊慌失措，要控御有方而非作茧自缚。

北宋中后期，伴随着蜀地文教事业的重新兴盛，在中央终于有了代表蜀地立场的蜀地本土士人，他们努力诉说着蜀民的不易：

> 故夫庚子之小变，起于兵离。而甲午之大乱，出于民怨。由此观之，故有本末也。而为政者，徒知畏其易除之近患，而不知畏其难救之远忧，而有志于民者。则或因以生事，非当世大贤，孰能使之两存而皆济？此其所以为难者一也。蜀人之为怯，自昔而然矣。民有抑郁，至此而不能以告者。且天下未尝无贪暴之吏，惟幸其上之明而可以诉，是以尤有所恃。今民怯而不敢诉，其诉者又不见省幸，而获省者，指目以为凶民，阴中其祸。②

> 淳化之际，吏暴于上，泽壅不流，经制烬矣。民心怀危，盗乘而作。起甲午距庚子，七年三乱，狂夫一呼，群应如响，今日取某州，明日陷某县，向风辄靡，何啻卷席之易？③

吏治败坏、有冤无处诉，成为蜀民"多怨易动"最为重要的原因。"蜀人好乱"，更多的是不得已的无奈。

应该说来，随着宋廷统治蜀地逐步走向稳定，加之蜀地本土士人的努力，中央对于蜀民的看法也在不断改观。

首当其冲的当属自中央差遣益州知州的士大夫们，多年的蜀地治理，让他们真正有机会去接触蜀民，体会蜀地的风土人情，"理解之同情"在此之中得以慢慢衍生开来。

田况在仁宗朝曾知益州，治绩卓著，故而其对于蜀地风俗有着深入的了解，他曾在《成都遨游诗》中谈道：

> 四方咸传蜀人好游娱无时，予始亦信然之。逮悉命守益，枇辕逾月，即及春游，每与民共乐，则作一诗以纪其事。自岁元徂景至，止得古律、长调、短韵共二十一章。其间上元灯夕、清明、重九、七夕、岁至之类，又皆天下所共，岂曰无时哉！传之者过矣。蜀之士君子欲予诗闻于四方，使知其俗，故复序以见怀。④

"蜀人好乐"是中央士大夫对于蜀民的一种共识，但田况以亲身经历说明了所谓"蜀

① 苏洵：《上张文定公书》，袁说友等编，赵晓兰整理：《成都文类》卷21，北京：中华书局，2011年，第437页。

② 苏轼撰，孔凡礼点校：《苏轼文集》卷48《上王龙图书》，北京：中华书局，1986年，第1389页。

③ 吕陶：《净德集》卷14《成都新建武备堂记》，《丛书集成初编》，北京：中华书局，1985年，第144页。

④ 田况：《成都遨游诗》，杨慎编，刘琳、王晓波点校：《全蜀艺文志》卷17，北京：线装书局，2003年，第429—430页。

民好乐"实属夸大其词，四方亦是如此而已。

到北宋中后期，代表中央官方立场的士大夫对于中央过去的治蜀之策、蜀民的偏见进行了一番反思：

> 世以为蜀人好乱，殊不知公孙述及刘辟、王建、孟知祥辈，率非土人，皆以奸雄乘中原多事，盗据一方耳。本朝王小波、李顺、王均辈啸聚西蜀，盖朝廷初平孟氏，蜀之帑藏尽归京师，其后言利者争述功利，置博易务，禁私市，商贾不行，蜀民不足，故小波得以激怒其人曰："吾疾贫富不均，今为汝均之。"贫者附之益众。向使无加赋之苦，得循良抚绥之，安有此乱！①

蜀民是否"好乱"、蜀地是否"太平"，在"统一"意识已经深入人心的北宋，关键在于朝廷的治蜀成效，而中央也在不断摸索着有效的治蜀之策。

四、结语：作为经历、神话的"甲午之乱"

北宋前期蜀地连续三次的地方作乱，对于亲历的蜀民和朝廷影响巨大。对于朝廷而言，蜀地的特殊性使得中央派遣治蜀大臣之时必须慎重，所谓"益为蕃捍西南隅，物众地大称名都。择守来颁兹土政，治人颇与他邦殊"②。从皇祐四年（1052）下半年起，在新一个"甲午岁"即将到来之时，有关于"甲午之乱"的流言在蜀地广泛传播开来。

> 丁丑，枢密直学士、给事中程戡为端明殿学士、知益州。初，孟知祥据蜀，李顺起为盗，岁皆在甲午。或言明年甲午岁，蜀且有变，上谓宰相庞籍曰："朕择重任之臣以镇抚西南，莫如戡者。"遂再使守蜀，且谓籍："戡还当置之二府，可预告之。"籍曰："陛下面谕戡则可，臣不敢私与戡言也。"戡卒不知。他日，上果面谕戡，戡谢曰："臣亡状，蒙陛下委任，其敢要宠而后行。"③

面对非常局势，宋仁宗任命程戡为知益州，为了安抚程戡、不使其因畏难而请辞，宋仁宗甚至向程戡许以二府之高位，足见其对于蜀地的重视。

对于蜀民而言，连年动乱使得蜀民饱受兵燹之苦。乱后蜀地长期流传的"甲午之乱"，就如柯文所言"谣言（一种形式的叙事或故事）传递了信息，谣言的大范围传播反映了与社会危机中民众的群体性忧虑相关的重要且具有象征意义的信息"④，其实透漏出的是蜀民对于兵燹的恐惧。

而甲午乱后，士大夫们怀揣着不同的目的，将"经历"的"甲午之乱"变为了

---

① 王辟之撰，吕友仁点校：《渑水燕谈录》卷8《事志》，北京：中华书局，1981年，第105页。
② 何郯：《益州州学对训堂》，《全宋诗》第5册，北京：北京大学出版社，1998年，第3454页。
③ 李焘：《续资治通鉴长编》卷173，皇祐四年十二月丁丑，北京：中华书局，2004年，第4182页。
④ 柯文：《历史三调：作为事件、经历和神话的义和团》，杜继东译，北京：社会科学文献出版社，2015年，中文再版序第12页。

"神话"的"甲午之乱","他们的目的不在于扩大或加深这种理解,而是要使之为政治、意识形态、自我修饰和情感等方面的现实需要服务"①。从而使之变得妖魔化。

事实证明,"甲午之乱"再起确实只是一则谣言,并没有演变成动乱,有此结果,临危受命的益州知州张方平厥功至伟。苏洵曾在《张益州画像记》中说道:"未乱,易治也;既乱,易治也;有乱之萌,无乱之形,是谓将乱。将乱难治,不可以有乱急,亦不可以无乱弛。"②虽然张方平《乐全先生张公行状》对于其治蜀业绩大为称颂,但在文末却说"在蜀几二年,以三司使召还"③。不到两年的任职时间,很难有许多作为。张方平最大的功绩,即在于将"既萌又将行"的"甲午复乱"淡化。他在综合张俞、苏洵两位蜀地大儒的建议后,制定"以静镇之"的总方针,最终使得蜀地重归安宁。而"甲午之乱"的记忆随着时间的推移终被人遗忘。

如何看待"甲午复乱"的流言及其所引发的危机,或许从政治看社会这一角度可以给我们一些启发。

"甲午复乱"的前身——宋太宗淳化年间蜀地的"甲午之乱"给蜀地乃至整个宋廷都带来了极大的震撼,之后又接连爆发兵乱。在宋廷眼中,蜀地是一个难对付的烫手山芋。"甲午之乱"所带来的后遗症极大左右着蜀地在真、仁之时的局势,宋廷对于水神崇奉的警惕、中央本位士大夫对蜀民的偏见,在其背后都能看到"甲午之乱"的身影。而真、仁之时,尤其是宋仁宗皇祐末年至至和初年广为传播的"甲午复乱"流言,喧嚣之下,反映的是政治动乱牵动着社会。

当仁宗朝新的"甲午岁"到来之时,从中央到蜀地,似乎均因一个不存在的危机而神经过敏,上演了一出"闹剧"。但这一出"闹剧"并非毫无收获,至少对于宋廷而言,就如何有效治蜀,张方平为其寻找到了一条路径,这对于北宋后期蜀地相对平静局面的出现,多有裨益。

(本文作者为西北大学历史学院中国史专业硕士研究生)

① 雷颐:《史家就是翻译家》,柯文:《历史三调:作为事件、经历和神话的义和团》,杜继东译,北京:社会科学文献出版社,2015年,第5页。
② 苏洵著,曾枣庄、金成礼笺注:《嘉祐集笺注》卷15《张益州画像记》,上海:上海古籍出版社,1993年,第394页。
③ 王巩:《乐全先生张公行状》,张方平撰,郑涵点校:《张方平集》,郑州:中州古籍出版社,1992年,第798页。

清代漕运剥船水手与地方社会

徐宝成

摘　要： 作为一种"流动"的群体，清代漕运剥船水手为多种文化的交流与融合提供了契机。剥船水手是从运河沿岸临时雇觅而来，迫于漕运诉求以及生存需要，一方面将每年漕船北上旗丁所携带的土宜商货贩卖到华北平原各地，既促进了运河沿岸以及华北平原地区市镇经济的发展，同时也将运河沿岸的官方信息及非官方信息传播至各地；另一方面，剥船水手的宗教崇祀以及风土人情文化，对沿河沿岸地方社会影响甚远，其中包括语言、宗教、饮食、习俗、建筑、戏曲等。剥船水手在商业沟通与交流过程中所形成的信息传播、人口流动和民间信仰，恰好反映了运河沿岸地方社会的变化，形成一种特有的运河文化"景观"。

关键词： 清代；漕运剥船；剥船水手；地方社会；文化景观

京杭大运河不仅在地理位置上沟通了南北之间的交通，而且在文化上也繁荣了运河沿岸独具特色的漕运文化习俗。清代漕运剥船的设立和发展促进了南北之间的交流，使运河沿岸流动人口不断增加。此外，明清以来，运河河道还成为南北方士绅、商人、平民之间沟通的媒介。漕运剥船水手进行官方信息以及非官方信息的传播，使近畿沿河州县的商业得以发展繁荣，而一些非官方信息也引起了当时社会上下层的恐慌。再有就是群体内部所孕育的独特文化将各地风俗民情融合，形成一种漕运剥船水手特有的文化象征。因此漕运剥船水手不仅促进了运河沿岸地方社会的发展，还丰富了漕河沿岸特有的风俗民情。鉴于此，本文以漕运剥船水手为视角，梳理清代漕运过程中剥船制度与船户水手的演变，进而揭示剥船水手与地方社会之间的互动与联系。[①]

---

① 学界目前关于漕运剥船水手研究成果较少，对剥船水手与地方社会之间互动、联系的研究亦较少。现有研究主要对清代漕运旗丁进行论述，如沈胜群：《清代京杭运河沿线民间信息传播与扩散——以漕运旗丁为载体的考察》，《聊城大学学报（社会科学版）》2017年第1期；《清代漕运旗丁挽运中社交网络与信息传递》，《新闻与传播评论》2018年第4期；《"泊船祭祀"与"人神互惠"——清代漕运旗丁崇祀文化的规制与功效》，《民俗研究》2018年第5期。沈胜群主要以清代漕运旗丁为视角，对运河沿岸旗丁的信息传播、宗教信仰进行论述，通过研究清代漕运中传播民间信息的方式与途径，多层面考察旗丁群体本身与地方社会秩序的影响。胡梦飞：《保漕与祈雨：明清时期山东运河区域的龙神信仰》，《华北水利水电大学学报（社会科学版）》2017年第1期。胡梦飞则对明清以来运河沿岸的信仰进行了系统的梳理和研究，包括金龙四大王和妈祖等信仰，进而揭示明清以来漕运对运河沿岸带来的影响和作用。

一、纷杂的"网络"：运河沿岸信息的传播

中国古代交通较为闭塞，通过大运河进行信息的传播成为当时最直接有效的方法之一。有清一代，各地的商货信息、物价的变动情况、政府的官方信息等，都会通过大运河进行传播。而每年数以万计的漕运剥船水手来往于运河沿岸，他们便成为这类信息传播的媒介。由于剥船设立具有较强的临时性，所以他们对信息的传播更加趋向于下层社会，也就是说，剥船水手传播信息具有小范围的性质，而且扩散更快，流传更广。

迫于生计，剥船水手在出运过程中，往往会携家带口。一方面是因为清政府的金派致使这些船户原有土地和家园的丧失；另一方面，船户水手常年生活在船上，对水域环境以及漕粮的挽运更加谙习和便利。因此，一些剥船水手甚至将整个家都搬到了船上。道光十六年（1836），黄爵滋在上奏剥船积弊的同时指出："漕船拨运到通，水手偷窃无弊不作，请严禁剥船携带妇女等语，此等船户，类多以船为家，概行禁止，不准携带家口。"①

图片来源：金国强等主编：《杭州运河船民习俗》，杭州：西泠印社出版社，2008年，第4页。（注：该船只是普通渔民船只，但是也能反映当时船户将整个家搬到船上来谋生的情况。）

图1 船户船居图

其实早在明代，剥船水手就有携带船户家口的记载，《金瓶梅》中载：

---

① 《清宣宗成皇帝实录》卷288，道光十六年八月壬戌，台北：华文书局，1970年影印本，第5150页。按：还有许多时人对粮价上涨所作的诗歌，如赵执信的《水车怨》："水车哑哑昼夜忙，新秧参差青间黄。踏车儿女汗如雨，恨不成流入田去。我来田畔每低徊，何术驱日呼云雷。老农在傍长太息，纵有甘霖亦无益。凭君为忆一月前，二麦街头不值钱。典衣未及买升斗，数日化作云中烟。天心沉沉应不改，被陇连云秋可待。但愁雨足水增波，无限帆樯指沧海。"再如查慎行的《赈饥谣》："官仓征去粒粒珠，两斛米充一斛输。官仓发来半栖谷，一石才舂五斗粟。然糠杂秕煮淖糜，役胥自饱民自饥。吁嗟乎，眼前岂无乐国与乐土，不如成群去作仓中鼠。"

　　　　一日经济在楼窗后瞧看，正临着河边泊着两只剥船，船上载着许多箱笼卓凳家活，四五个人尽搬入楼下空屋里来。①

又《喻世明言》载：

　　　　且说吴山每日蚤晨到铺中卖货，天晚回家，这铺中房屋只占得门面，里头房屋都是空的。忽一日，吴山在家有事，至晌午才到铺中，走进看时，只见屋后河边泊着两只剥船，船上许多箱笼、桌、凳、家火，四五个人尽搬入空屋里来。船上走起一个妇人、一个中年胖妇人、一个老婆子、一个小妇人。②

　　因此到了清代，剥船上携带家口的情况更是时常发生。清朝入关后大肆进行土地圈补，致使船户赖以生存的土地被非法占有，生存成为他们不得不面临的问题，故而一些船户就将整个家都搬到了船上，并且将自身的生计与船紧密地联系在一起。船户作为特定身份的群体，一方面被清政府控制在手中，另一方面也在一定程度上试图去打破这种固有的阶层划分，因为他们无法决定自身的生活方式，从雇募到剥运，剥船船户水手一直处在"底边社会"中的"底边阶级"周围③，他们只能不断突破这种生存方式以及身份阶层，以便于获得官府的认同。作为一种流动的社会群体，船户水手扮演着清代京杭大运河沿线信息传播的角色。清代东西南北交通较为闭塞，各地信息流通困难，而大运河成为其信息传播最主要的渠道之一，"四通八达的交通网络，利于各类商品的集散与流通，也利于政府了解和收集各地的信息"④。信息传播的媒介是"人际"，也就是漕运水手旗丁。清代北运河段的剥船大抵是以二千五百只为率，其中又以天津和杨村的剥船最为集中，每年剥船闲时至少有三个月的时间可以揽载营生，他们一方面负责把天津附近的商货运输到华北平原，另一方面也把近畿沿河上下的信息传播至北运河各地。

　　一般来说，信息的种类又可分为商业信息和非官方信息。其中，商业信息大抵就是指运河沿岸商品价格的变动、区域货物短缺、政府对某些商品价格的调整等。漕运剥船水手又是如何获得这类信息的呢？乾隆五十年（1785），清廷下令将一千二百只剥船交由天津、静海、青县、沧州、南皮、交河、东光、吴桥、通州、武清、香河、文安、大城、任邱、雄县、新安、霸州、安州等十八州县经管，每年漕船北上在天津需要剥卸，其所携带的土宜经这些剥船转运至漕河沿岸的乡村和城镇，一方面促进了各地商货的交流，另一方面也使得华北平原各地商业得以迅速地发展。剥船船户在这个过程中既扮演了揽载营生的中间人角色，也成为许多商业信息的传

---

　　① 兰陵笑笑生：《金瓶梅词话》（万历本），第九十八回：陈经济临清开大店　韩爱姐翠馆遇情郎，香港：太平书局，1982年影印本，第1页。

　　② 冯梦龙著，孙红颖解译：《喻世明言全鉴》卷3《新桥市韩五卖春情》，北京：中国纺织出版社，2016年，第62页。

　　③ 乔健：《底边阶级与边缘社会》，台北：立绪文化事业有限公司，2007年，序言第9—12页。

　　④ 沈胜群：《清代京杭运河沿线民间信息传播与扩散——以漕运旗丁为载体的考察》，《聊城大学学报（社会科学版）》2017年第1期。

播者之一。其实类似于物价变动等信息是与当时社会的实际情况息息相关，一般灾祸之后，物价会出现上涨现象，而米价的波动恰巧能说明这个问题。水旱等情况是米价变动的前兆，某地发生旱灾或者水灾，此地的米价多会腾涨，如乾隆二十年（1755），江南四府发生虫灾，流民遍地，此地米价直接从雍正末年每升十文，上涨到三十五六文；嘉庆九年（1804），江南吴县遭遇水灾，"使田不能插莳，米价飞涨，乡民无以为生，被迫揭竿而起"①。米价不断上涨会带来社会动荡，清政府往往会采取漕粮截拨的方法，以此来赈济发生灾害的地区。乾隆五十二年（1787）四月间京城的麦价昂贵，调拨河南、山东各商运来麦二十余万石于京师救济，但是因河水浅阻，在德州一带需要起拨，清政府下令"现有官造拨船一千三百只，以备将来拨运南粮之用，此时南粮抵直尚早，此项拨船正当闲空之时，自应令其前赴德州一带，起拨粮米既可省封雇之烦，而商贩更无阻碍，自属一举两得"②。随后，剥船船户就将京师麦价昂贵的信息传播到各沿河州县，致使河南、山东等地区的商人纷纷携带大量的米麦前往京城贩卖。贱籴贵粜也是清政府经常采用的方法之一，清政府试图用这种方法来控制物价。雍正八年（1730），湖广南北二省丰收，为防止临时出现灾害致使物价上涨等情况，雍正帝下令将此地粮食收购储仓，以备不时之需，"动支五万两，遴选贤员分往所属丰收价平之处，籴买新谷，暂行收贮，俟邻省需米平粜"③。实际上，平粜法是清廷最常用也是最为直接有效的方法，如乾隆七年（1742），扬州的米价骤贵，清廷下令"拨发江都、甘泉两县，于城外四厢设厂平粜，比照市价每石减银二钱"④；嘉庆十五年（1810），京师米价昂贵，嘉庆皇帝下令"于五城适中处所，分设厂座，发给米麦共十万石，平价粜卖"⑤。实际上，类似于这种官府引导的官方信息，清廷在很大程度上是采取默认支持态度的。灾害致使物价出现大幅度的变动，自然会引起下层民众的恐慌，此时政府采取平粜法以及修建仓廒储米等方法来平衡物价是最直接有效的方式。剥船水手常年行走于运河之上，一旦运河沿岸发生灾荒，水手船户就会将这类消息以及官府的政策措施传播到下层社会中。这样，一来可以打破一些商人借此机会囤积居奇的非法行为；二来，在一定程度上可以降低地方社会民众的恐慌心态。但是在传播过程中肆意散布流言者，政府也会进行严厉的打击。此外，政府治理灾荒的政策措施也会通过张贴告示等方式来晓谕受灾地区的官员百姓，因此这也属于官府传播信息的手段之一。

除了与百姓日常生活息息相关的米价之外，盐价的变动也显得尤为重要。清代食盐的价格始终由政府掌控，所以临时调整盐价的信息对百姓的日常生活影响甚大。

---

① 郭蕴静：《清代商业史》，沈阳：辽宁人民出版社，1994年，第48页。

② 《清高宗纯皇帝实录》卷1279，乾隆五十二年四月壬辰，台北：华文书局，1970年影印本，第18805页。

③ 允禄：《世宗宪皇帝上谕内阁》卷101，雍正八年十二月初十日，文渊阁《四库全书》本，台北：台湾商务印书馆，1982年，第3页。

④ 《清高宗纯皇帝实录》卷171，乾隆七年七月戊午，台北：华文书局，1970年影印本，第2528页。

⑤ 《清仁宗睿皇帝实录》卷158，嘉庆十五年三月甲辰，台北：华文书局，1970年影印本，第2281页。

康熙二十二年（1683），"癸亥春，积雨。三月，每斤纹银三分二厘，皆从郡邑贩来官盐，私盐绝响，亦变局也。二十七年戊辰，每斤不过6、7厘"①。当然康熙年间的盐价还较低，所以临时性的盐价上涨也不会产生太大的影响。但是从乾隆晚期开始，私盐贩卖逐渐超出了官盐，大批私盐贩卖者以略低于官盐的价格大量销售食盐。道光十年（1830），"淮南盐收价每斤不到10文，运到汉口，每斤售40—50文，远者竟达90文"②。而关于盐价各地不一的信息经水手传播到盐价较高的地区，往往会引起市场的滞销与混乱。清末，政府为了解决财政问题，不断向食盐加税，"至光绪二年，办西征粮台，户部侍郎袁保恒奏请各省一体加二文，以两江总督沈葆桢力争乃寝。……二十年因日本拘衅设防，部咨各省每斤加收二文。二十七年因筹赔款，加四文。三十四年因抵补药税，又加四文"③。政府对盐加税政策的信息通过各种渠道传播到地方社会，导致各地盐价飙升，"河北文安县，由于盐行加价，每斤盐价，1895年为28文，1902年为32文，1905年为36文，1907年为40文，1909年为44文"④。据于素云等人统计，清代河北文安、交河等县的盐价从咸丰年间到光绪年间一直在上涨，河北文安县的盐斤售价，太平天国革命前每户为制钱23文，1858年增至25文，1874年又增至27文；河北交河县的盐斤售价，原为每斤23文，1874年增至25文，以后每隔5年加价一次，至1905年增至34文；又如销路最广的淮盐，1850年每斤34文，1875年涨至60至70文，"盐价之昂，由于盐课之增"⑤。

清代剥船水手本身就皆有食盐剥运的任务，早在乾嘉年间，长芦以及两淮盐商捐巨资造办剥船，目的就是防止剥船剥运食盐不敷的情况。因此，剥船水手将各地盐价临时变动的消息进行传播，极大地缓解了盐的临时短缺现象；此外，由于盐价南贵北贱的原因，大批船户水手参与到食盐的盗卖活动中，甚至一些剥船水手与盐商相勾结，共同谋利。

非官方信息大抵就类似于谣传或者讹传，例如乾隆年间最为著名的两大案件："叫魂"案件和"孙嘉淦伪稿"案件。乾隆年间"孙嘉淦伪稿案"是最为典型的非官方信息讹传的案例。"孙嘉淦伪稿案"是从被斩首的卢鲁生和刘时达的"五不解十大过"开始流播的。乾隆五十年，抚州守御所千总卢鲁生、南昌前卫守备刘时达冒名撰写奏稿，借机评论乾隆帝巡幸的"五不解十大过"。这件事经由《京报》刊刻发行后，引起了当时社会上的巨大轰动，时人或有赞许迎合者，或有反对者，但是毫无疑问地成为当时人们茶余饭后讨论最为激烈的话题。关于这件事情的谣言便沿着运河开始传播，其中又以江西为中心，"向西经由湖北汉口传向四川，进而经云南直到

① 叶梦珠撰，来新夏点校：《阅世编》卷7《食货六》，上海：上海古籍出版社，1981年，第159页。

② 陶澍：《敬陈两淮盐务积弊附片》，转引自林文益编著：《中国商业简史》，北京：中国展望出版社，1985年，第367—368页。

③ 赵尔巽等：《清史稿》卷123《食货四》，北京：中华书局，1998年，第21页。

④ 李文治编：《中国近代农业史资料》（第一辑），上海：生活·读书·新知三联书店，1957年，第358页。

⑤ 于素云、张俊华、周品威编著：《中国近代经济史》，沈阳：辽宁人民出版社，1983年，第107页。

贵州；经由湖北，奏稿也传向湖南；江西向南传向两广；江西向东传至安徽、江苏，经由江宁传向浙闽两省，进而至直隶"①。消息传到北京城后，乾隆帝知道这件事情已经到一发不可收拾的地步，故而下令，凡是参与此次《京报》传阅、抄送的官员都撤职重办，抚州卫千总卢鲁生被凌迟处死，南昌守备刘时达被斩首。

从伪稿案传播的途径可以看出，大多数地区都是交通较为便捷的地区，其中多数地区又是漕运沿河省府州县，所以消息多是通过运河渠道进行传播的。与伪稿案直接有关的人员除了卢鲁生和刘时达之外，还有饶州府水次总漕的领运千总尹凯、赣州卫千总李世瑞、千总石曾宪。而千总以及河兵、汛兵从乾隆年间开始负责掌管运河段剥船水手的撑驾、偷盗等情事，如乾隆五十五年（1790），清政府下令，"船户驾驶损坏无力赔修，非经久之计，遂改拨河兵经营，即令该兵雇觅水手，督同驾驶，如有私离船所任意损坏，即将该兵严行责惩，该兵知有责成，自应加谨小心，可免偷盗迟延之弊"②。嗣后，直隶及通、永等地剥船一只，要设立兵丁一名承管，并且由该弁员负责水手的雇觅。河兵平时督令船户驾驶，负责查验每年剥船是否按时抵达该水次，剥船有无损坏，中途有无偷盗潜逃的情况，并且查验每船的船板是否存在，各剥船归何州县所管，某船户所领，等等。船户水手皆听从兵丁的管理，原本给予船户守拨之时的津贴银两停止给发，将此项费用作为河兵丁看护剥船的名粮。河兵的主要来源有三种：一是绿营兵直接改为河兵，康熙三十七年（1698），"永定河筑堤以后，从绿营军拨战守兵2000名作为河兵"③；二是从河夫中选取，一般是从技术较好的河夫中选拔河兵，如浅夫、溜夫等，雍正二年（1724），河东副总河嵇曾筠在一份奏折中提到"堡夫中有能跟随河兵习学桩埽工程，谙练明白者……即拨作河兵"④；三是"余丁"，"余丁"就是候选的河兵，河兵一旦缺额，就用余丁来填补。所以该案所牵涉的千总兵丁众多，成分较为复杂，无论是河兵，还是兵丁，他们都负责运河沿岸剥船的剥运任务，因此在传播过程中，一定会有汛兵以及千总的推波助澜，继而传播到剥船水手群体之中。剥船水手又将此类消息传向更为低层的社会，以致当时的火夫郭庚都感慨道："这稿如今连街上脚夫都是知道的。"⑤

明清时期京杭大运河贯通南北，许多人的出行都是沿着运河水道南下北上，所以对于消息的传播更为便利。大运河上什么人都有，如商人、士绅、下层百姓、漕运旗丁、剥船水手，甚至外国人，所以运河两岸的城市就成为这些消息讹传的发源地，正如特哈尔所说的"在交通和贸易发达的人口稠密地区，谣言传播的速度更快，

① 詹佳如：《悖逆的"幽灵"——清朝孙嘉淦伪稿案的媒介学研究》，上海：上海交通大学出版社，2017年，第10页。
② 陈昌图：《南屏山房集》卷21，乾隆五十六年陈宝元刻本，第197—198页。
③ 金诗灿：《清代河官与河政研究》，武汉：武汉大学出版社，2016年，第54页。
④ 《钦定大清会典事例》卷903《工部·河工·河兵》，《续修四库全书》第811册，上海：上海古籍出版社，2002年影印本，第1页。
⑤ 詹佳如：《悖逆的"幽灵"——清朝孙嘉淦伪稿案的媒介学研究》，上海：上海交通大学出版社，2017年，第14页。

谣言引发恐慌的次数更多"①。特哈尔强调环境对谣言信息传播的作用，尤其是长江中下游地区，水网密布，信息多是通过水路进行传播。当然这与清廷的政策以及民众对未知信息的恐慌和肆意讹传有关，无论是"叫魂"案件，还是"孙嘉淦伪稿案"，清廷起初对这些谣言都采取摇摆不定的态度，直到事件扩大，影响到全国各地，才开始大加干预和制止；其次是民众对于这类谣言信息的反应，谣言导致恐慌，而最基本的原因其实是对死亡的恐惧，所以一旦发生自然灾害或者是瘟疫流感，就会出现谣言的流布，类似于"在罗马，人们曾指控第一批基督徒犯有井中投毒和其他类似的罪行，在中世纪黑死病流行时期（1348），犹太人成为谣言的攻击目标"，再例如"1832年巴黎流行霍乱时，有谣言说，毒粉已被投入全市的面包、蔬菜、牛奶和水中"②。漕运剥船水手长期处于社会底层，对于此类消息的掌握甚是清晰，因此便成为消息发散的中介。剥船水手和船户往往会参与到信息流通的环节中来，漕船每运抵起剥的地点，需要截卸漕米到剥船上，这个过程是需要一定时间的，剥船水手与漕运旗丁或多或少会产生联系。清嘉道以后，由于大批剥船船户的逃亡，再加上剥船船只的损坏，往往漕船抵达拨运地点时，剥船以及水手短缺的情况常有发生，所以清政府往往会临时派遣江南各漕帮旗丁负责拨运的任务。而这个时候旗丁本身作为一种"信息源"，将沿河信息传播到各个地区。但漕运旗丁水手对各地信息的传播具有大范围性质。漕船历来北上，它的停泊是有限制的，只能在规定的水次停留，如淮安、德州、临清、天津等，所以信息的传播也就到各水次这一层面。而剥船水手则对信息进行第二次传播，由于剥船起剥的地点具有临时性，如杨村、武清、清江口等，所以他们对信息的传播更加趋向下层社会，也就是剥船水手传播信息具有小范围的性质，而且扩散更快，流传更广。

实际上，具有时效性的信息，也都是通过运河传播至地方社会的。每年漕粮运抵北运河等拨浅之地以及闸坝时，需要靠人力将漕粮转输至剥船上，剥船水手长期游走于各闸坝及备剥之地，所以京报、邸报、塘报等发出的消息通过各类人散布，或多或少成为消息的直接感知者。在这个过程中，剥船水手成为下层民众获知社会事件最主要的来源，他们将普通民众所感兴趣的话题加以升华，便成为谣言流布的起源。

二、危险的"旅程"：宗教信仰与崇祀

京杭大运河全长约3500里，运道最是险阻，尤其是长江以北的运道，地势较高，河道九曲十八弯，水流又多不畅，因此经常会出现淤浅的情况。江北黄淮交界的地段更是凶险万分，漕船北上时常会受影响，出现漕船搁浅甚至直接船覆人亡的情况。虽然剥船体型较小，底部平缓，但是也经常会出现倾覆的现象，再加上剥船剥挽漕

---

①② 柯文：《历史三调：作为事件、经历和神话的义和团》，杜继东译，南京：江苏人民出版社，2000年，第144页。

粮还经常会出现盗匪劫掠粮船的情形，有时甚至会危及性命。所以在这种自然因素以及人为因素的破坏下，剥船船户水手经常会举行祭祀以及演戏酬神等活动，希冀通过这种形式，一来可以保佑剥船能顺利航行，二来祈祷粮船能躲避过盗匪的洗劫。长此以往，剥船水手之间逐渐形成了具有特色的宗教信仰和崇祀文化。

清代剥船的起拨地点多是运河淤浅以及多有闸坝之处，例如黄河口、临清、德州等地，而这些地区向来也是运河险峻之处，无论漕船还是剥船经过这些地区势必要进行"泊船祭祀"[①]，演戏酬神。"乾隆戊午，运河水浅，粮艘衔尾不能进，共演剧赛神，运官皆在"[②]，通过祈求神灵保佑剥船能安全渡过该段起拨地点。往往运河水浅，也会致使剥船难以轮转，这个时候祈神求雨对清政府和地方官员来说就显得尤为重要。顺治十五年（1658），临清知州郭鄂主持修建大王庙，州人王介锡作《重修金龙四大王庙碑记》：

> 北地土高风燥，暵干即水涸，漕艘啯泥而至，胶滞不前，则必须挑濬之役，农夫废其业以从事于畚锸，而岸不加阔，流不加溢，致督漕使者催符如雨，当事者于炎风烈日之下弗获休息，疾声相呼，篙者殚厥力，榷者焦厥杓，牵挽者汗浃厥肤，徒有仰天嗟叹。……戊戌夏，郡侯郭公来牧兹土，正当来牟将登，需甘雨。公虔祷之，立应。独河涩如故，公乃斋戒而告于神。读其檄词严义正……不愈期，澜翻浪涌增半尺，舳舻千计汩汩然顺流行矣。[③]

致使水浅最主要的原因就是气候干旱少雨，即使剥船足够使用，但运河水位急剧下降，连剥船都难以承担漕粮的转输。祈神求雨是当时最为普遍使用的方法之一，由负责漕河两岸的官绅阶层直接捐款修建庙宇，并且通过封神这一措施抬高地方神的信仰，来达到降雨的目的。乾隆二年（1737）六月，山东兖州总兵李建功奏称：

> 临清板闸外有漳河一道，与漕河合流，济运最为紧要。……近因天时亢旱，漳河水甚涸浅，于五月初二、三等日已得大雨，水将沙土冲至河中，是以板闸迤北各处淤沙浅阻，昼夜设法挖浅、起拨，每日只过船十余只。因思雍正十二年间，漕船浅阻，奴才等祷于漳神庙，即时水深数尺。今（奴才）于五月三十日由阿城汛抵临清，即赴漳神庙，将世宗宪皇帝敕封恩典祀告。是夜，水长五寸，六月初一日，（奴才）又率临清司漕文武各官赴该神庙内竭诚演戏祭祷，即时仰荷神贶，于一日一昼夜水长二尺余，连前存河之水，共深六尺之深。从前浅处亦不知觉毫无阻碍，粮艘遂得遄行。[④]

乾隆五十四年（1789），漕船重运在卫河搁浅，虽然雇募官民剥船转输，奈何卫

① 沈胜群：《"泊船祭祀"与"人神互惠"——清代漕运旗丁崇祀文化的规制与功效》，《民俗研究》2018年第5期。

② 纪昀著，韩希明译注：《阅微草堂笔记》卷15《姑妄听之》，北京：中华书局，1984年，第363页。

③ 《临清州志》卷4《艺文志》，康熙十二年刻本，第24—25页。

④ 山东兖州总兵李建功：《奏为漳河神庙请赏给匾额事》，《宫中朱批奏折》，乾隆二年六月十六日，档号04-01-14-0003。

河水势微弱，再加上运费昂贵，闸坝年久未修，时不得过卫河，导致漕船北上迟滞两个月之久。因此特祈求神明，"乃虔祷告临清之神祠。越日澍雨从西南来，自朝即太行山以西即河北三郡皆以时雨报。……次日，乃九尺有余，不漫不消，三日之内漕自出闸"①。

剥船剥运载重较大，水程较险，船户水手在剥运过程中经常会遇到一些危险的因素，如河道中的暗石、浅滩等。道光五年（1825）十月，漕船回空之时在武城县搁浅，"捞浅，则大不胜其寒冱也；起剥，则船既回空，无物可起矣；守冻，则来年正供必于是船以起运，尺水不波，一筹莫展，弁若丁有束手已耳。乃隆冬之初，陡然长水，滞漕克济，岂非神之力为之哉？"②于是，漕运总督讷尔经额与当地士人捐银四百九十两，重修大王庙。又道光三十年（1850）十二月初六日，漕运总督杨殿邦奏请酬神报功，如下：

> 山东临清闸外为汶、卫两河交汇之处，乃通漕利运要津。……本年二三进两船因渡黄羁阻，入东较晚，比及驶至临清，距霜降仅止数日，卫河存水深处仅三尺余寸，浅处不足三尺，江广各帮船身重笨，吃水至五尺以外，虽经臣与山东抚臣奏明，在该处拨运，而水势浅塞，拨船亦难畅行。济东道花咏春等在河干办理起拨事宜，目击情形，深虞贻误，日赴金龙四大王庙暨漳神祠竭诚默祷。数日之间，历昭显佑，自九月十一日至十八日，卫河水势骤涨三尺，各帮军船或仍以原船北上，或在闸外起拨，均各畅行无阻。回空军船亦乘此连樯南下，并无冻阻之虞。若非河神默佑，安克致此。……臣查各处水势，每致春秋间，即形消落而漕船北上，非河流充足不能挽行。本年军艘驶抵临清，正水落归漕之候，及数日之间陡增一倍，俾各帮漕粮北运无误，实为从来所未有。臣寅感之余，倍深欣幸，仰恳皇上酌加酬锡以答神庥。③

漕运沿河上下的水神信仰，分布广泛，一方面由于水资源与人们日常生活息息相关，另一方面通过水路运送漕粮以及旅程出行、走马上任等情况屡见不鲜，因此，祭祀和崇拜水神文化在运河沿线显得尤为重视。清代的"金龙四大王"崇祀和信仰遍及整个北方地区，尤其是黄河沿岸。赵翼在其《陔余丛考》中记载"江淮一带至潞河，无不有金龙大王庙"④，清人仲学辂在其《金龙四大王祠墓录》中载："我国家长运特仰给于河，而役夫皆兵，沙梗风湍，岁以为患，四百万军储舳舻衔尾而进，历数千里始达京师。缘是漕储为命脉，河渠为咽喉，兵夫役卒呼河神为父母，蔑不

---

① 乾隆五十四年《晋漳神封爵碑》，转引自吴欣：《明清山东运河区域"水神"研究》，《社会科学战线》2013年第9期。

② 《武城县志续编》，《中国地方志集成·山东府县志辑》，南京：凤凰出版社，2004年，第479页。

③ 漕运总督杨殿邦：《奏为临清闸外河神灵应请各加酬锡以答神庥事》，《宫中朱批奏折》，道光三十年十二月初六日，档号04-01-35-0285-028。

④ 赵翼：《陔余丛考》，石家庄：河北人民出版社，1990年，第626页。

虔戴而尸祝之"①。因为"金龙四大王"本就是黄河地区的河神，同时漕运的行业神也是"金龙四大王"，特别是运河和黄河上从事剥运和捞浅的船工和漕运从业人员，他们更将"金龙四大王"视为"北方河道尊神"。关于"金龙四大王"的研究已有学者进行了翔实的考证和论述，按下不表②。其实除了祭祀漕运行业神"金龙四大王"之外，还有与之相关的仓储行业神的崇拜，清人管同在其《因寄轩文初集・德州廒神庙碑》中记载："惟嘉庆十五年春二月既望，山东济、武二府运粮官吏、旗丁等，奉醴牵牲致祭于德州水次廒神之庙。"③漕粮在剥运过程中时常被盗，而且临时储存在水边的粮米又容易受潮，所以祈求廒神保佑是最为常见的方式。庙碑中指出，所祭祀的廒神有萧何与刘晏一说，"二公转漕于当年，以足厥国用"。萧何在楚汉战争中运筹帷幄，刘晏则在唐朝时期以理财出名，所以萧何和刘晏得以被崇祀。

图片来源：金国强等主编：《杭州运河船民习俗》，杭州：西泠印社出版社，2008年，第26页。（注：船户在祭祀"金龙四大王"。）

图2　船户祭祀"金龙四大王"图

还有许多自然因素，包括大风大浪、暴雨、冻阻等，对漕运剥船的影响巨大。每年遭受大风袭击致使剥船损坏、水手淹毙的现象也经常发生，如嘉庆二十二年（1817）江淮九兴等帮行抵杨村起剥，突遭暴风，致使剥船沉溺二只，水手淹毙一名。清人俞樾在其《右台仙馆笔记》中载：黄桂圃之子黄启勋于光绪四年海运之役

---

①　丁丙：《武林掌故丛编》第21集第11册，《金龙四大王祠墓录》卷2《祠墓》，南京：江苏广陵古籍刻印社，1985年，第13页。

②　关于明清时期运河沿岸的"金龙四大王"信仰可参考胡梦飞：《明清时期徐州运河漕运与地方信仰风俗的嬗变》，《淮阴工学院学报》2011年第4期；《明清时期苏北运河区域的金龙四大王崇拜》，《江西教育学院学报（社会科学版）》2013年第1期；《明清时期淮安地区水神信仰初探——以淮安府辖区为中心》，《淮阴师范学院学报（哲学社会科学版）》2013年第2期；《明清时期宿迁地区的金龙四大王信仰》，《湖北职业技术学院学报》2015年第1期；《明清时期聊城地区的金龙四大王信仰》，《山东青年政治学院学报》2015年第6期；《明清时期杭州地区的金龙四大王信仰》，《淮阴师范学院学报（哲学社会科学版）》2016年第1期；《明清时期苏南运河区域的金龙四大王信仰》，《淮阴工学院学报》2017年第4期；《保漕与祈雨：明清时期山东运河区域的龙神信仰》，《华北水利水电大学学报（哲学社会科学版）》2017年第1期；《明清时期济宁地区水神信仰史考》，《浙江水利水电学院学报》2017年第1期。

③　管同：《因寄轩文二集》卷七《德州廒神庙碑》，光绪五年刻本，第1页。

中，溺死于天津金溪，时人深感痛惜，于是有"筱舫之弟筱珊太守，时为江苏海运津局总办，命以纸作灵位，备书官职姓名，置木盆中，旁设羹饭匕箸具焉。浮之天津插口，使人驾小舟从之。初入水，其盆向北逆流，及小舟解维，盆即顺流下行。约二里许，至宝林庵前，木盆忽自就岸，则尸已出自水中，面貌虽改，衣装宛然。乃厚敛之，并请于朝，得优恤焉。筱舫问弟何处得此法，曰：咸丰八年七月，有直隶广文忘其姓名，奉檄押送南漕剥船，舟中携有一子，以便旋失足入水，欲觅其尸，有土人传此法云。鬼神之事诚有不可解者，此法屡试屡验，则亦奇矣。惟启勋殁于王事，其遗魄自不应葬之鱼腹，或有神物护持，亦未可知也"。①黄启勋是在海运漕粮剥运过程中不慎溺水身亡，而且连尸首都被冲走，时人深感惋惜，特用此法来寻得尸身。

　　除了自然因素，剥船水手还面临着剥运漕粮被抢劫和盗卖等风险，如嘉庆二十年（1815），江西九江后帮旗丁徐甲魁剥船于六月二十七日夜，在万年闸遭众贼抢，致使船户水手被贼赶下河道淹毙。

图 3　盗匪劫船图②

　　剥船剥运本就是一项烦琐而且又需要船户水手随时保持高度警惕的任务，每年漕粮抵达拨浅之地需要起剥之时，也正是各地无赖、盗匪活跃之时，他们利用起剥以及拉纤的机会，混杂其中，进行漕粮的偷盗。所以各剥船船户水手在剥运过程中既要担心运河是否通畅，又要防止盗匪沿途偷盗漕米，久而久之，就会产生一种心理上的压抑及焦虑。而此时漕运沿岸各地方的保护神便成为这些船户水手虔诚信仰的对象，拨运过程中对神灵的祭祀和崇拜也就显得尤为重要。明清时期的"天后信仰"达到了顶峰，而官府也将"天后信仰"列为官祀，整个清代，从康熙、雍正、乾隆一直到嘉庆、道光时期，都有给"天后"封号的记载，其主要目的是护漕、保漕，因此全国各地建立了许多规模不一的"天后"宫，尤其是天津。清代天津城内流传着这样一句话，叫做"先有天后宫，后有天津城"。天津地区的皇会又被称为

①　俞樾著，梁脩校点：《右台仙馆笔记》卷7，山东：齐鲁书社，2004年，第121-122页。

②　徐吉军：《杭州运河史话》，杭州：杭州出版社，2013年，第54页。

"娘娘会"或"天后圣会"。每年漕船北上,在天津截剥,无论是水手、船户,还是商贾、官员,都要到此祭祀海神"天后",主要是酬谢"天后"的保佑。这些信仰,促使运河沿岸的水手群体拥有了共同的神灵祭祀和精神上的"寄托"。一般来说,剥船船户水手在漕运过程中所崇祀活动与文化形式又可以分为以下三种情况:第一,船舱内供奉神龛,船首尾绘制神兽飞禽等图案;第二,船只抵达运口、河流险峻处的庙宇时,要赴岸祭拜;第三,途遇雷电、大风等不可抗拒因素致使船毁人亡时,泊船演戏以赛神。①

图片来源:金国强等主编:《杭州运河船民习俗》,杭州:西泠印社出版社,2008年,第24页。(注:船户遇到灾祸时进行祭祀的习俗。)

图4　船户遇灾祭祀图

三、地域的"景观":运河文化特色的形成

京杭大运河的自然环境孕育了一批具有鲜明特色的漕运剥船水手群体,他们常年行走于运河沿岸,大运河河畔的风俗人情也潜移默化地影响着这些人,所谓"千里殊风,百里异俗"②。大运河南起杭州,北至京师,沟通了钱塘江、长江、淮河、黄河、海河五大水系,流经浙江、江苏、山东、河北、天津、北京等地区,也将自北向南的燕赵文化、齐鲁文化、荆楚文化、吴越文化连接起来。千百年来,运河区域因漕运而兴起的船舶文化、码头文化、仓储文化、商业文化、街巷文化、建筑文化、民俗文化、宗教文化等共同促成一种特有的区域"景观",形成一种特色的漕运文化。

每年上百万石漕粮运往京师,运河沿岸设立许多储存、截留漕粮的仓储,这些机构分布在运河沿线市镇,增加了运河沿岸的人口。而剥船水手常年游走于运河沿岸,除了负责剥运漕粮任务之外,清政府还允许他们在闲时在外揽载营生以养活自身,因此他们成为一种流动的群体,在运河沿岸的市镇码头逗留,揽载商人货物。

---

① 沈胜群:《"泊船祭祀"与"人神互惠"——清代漕运旗丁崇祀文化的规制与功效》,《民俗研究》2018年第5期。

② 民国《阳信县志》卷2《户口志·风俗》,《中国地方志集成·山东府县志辑》,南京:凤凰出版社,2000年,第120页。

与此同时，这些流动的人口也形成了一种特殊的消费群体，使得运河沿岸的商业经济得以发展。京杭大运河不仅发挥它的漕粮以及货物运输的功能，而且还扮演着南北风俗文化沟通和交流的角色，使得漕运沿河上下形成一种文化交流与碰撞，其中包括民间的信仰、具有特色的地方戏曲和庙会、运河区域的尚武习俗以及嗜酒之风等。历来撑驾剥船的水手船户、纤夫以及负责剥船漕粮转运的扛夫都需要身强力壮者来担任，包世臣在《闸河日记》中记载："卫河与汶河的交汇处有钳口草坝，坝内有江西粮艘搁浅，冠盖四五事，络绎严催，用五六十人引缆，缆绝而船不行，乃于口外提拨船入拨米。予上坝东南行五六十步至头闸，闸外浅船三，闸内浅船四。"①五六十人就可以将搁浅的漕船拽出浅滩处，因此只有这些人才能获得沿河负责雇觅官员的青睐，但是他们同时也逐渐形成一种地缘性的组织，属于水手、扛夫等团体。

此外，剥船水手的祭祀活动使得运河沿岸的民间习俗得以传播，他们将各个地区不同的信仰传播至运河沿岸，其中京杭运河北段的天津、通州成为南来北往漕运旗丁以及各地商人聚集的场所，所以其语言和习俗难免会产生变化。歌谣是最能体现当时运河沿岸文化信息传播的象征之一，运河上船户水手起拨时所吟唱的号子成为大运河上显著的景观。

　　　　仨儿来吧，一个的呀儿啰。又来了来哎呀嘿呀。你扭扭捏捏吧你就爱死了人儿溜，苇子要开花儿吧，你就报了完，哎嘿嘿嘿。

　　　　仨儿来吧一拉个的呀儿啰。哟来了喂哎嗨嗨呀，哎嗨嗨呀。仨儿来吧一个劲儿的起来了，喂嘿了喂哎嗨嗨呀哎嗨嗨呀。小红鞋儿可就八根带儿，男女那个打扮儿来溜。苇子那个开花儿来可就报了完来溜。②

图片来源：金国强等主编：《杭州运河船民习俗》，杭州：西泠印社出版社，2008年，第16页。（注：船户在拉纤时吟唱号子。）

图5　船户拉纤图

"据运河号子的演唱者听其先辈们说，流行在通县的'运河号子'，是和南方漕

---

① 包世臣撰，李星点校：《包世臣全集》，合肥：黄山书社，1993年，第149页。

② 周青青：《北京通州运河号子中的山东音乐渊源》，《中央音乐学院学报》2012年第1期。

运船民学来的。"①根据周青青考证，这些南方漕运船民，既可能指浙江、江苏，也可能指山东，因为这些歌谣中呈现出明显的宫调式和徵调式的特点②，所以这些歌谣很有可能是从山东运河沿岸或者是长江流域一带传播到通县地区的。和通州运河上的号子相比，黄河船工的号子显得更为雄厚有力，黄河船工号子又分为"拨船号子""行船号子""推船号子"等类别，黄河上的拨船号子多是由船工水手们自身演绎生活窘迫自喊、自编的一种歌唱艺术，每年大量的船户水手集聚黄河口，等待漕船抵达，然后进行剥运。黄河水流湍急而且水中又多有暗礁杂石，所以触礁沉船的事情经常发生。船工水手以及纤夫们在渡黄河时，务必要齐心协力，所以他们往往喊出一种粗犷而又带有节奏的韵律，这也反映了黄河在流经地势险峻地区水流湍急、谷深凶险的景象。黄河拨船号子几乎不用歌词，只用"嗨、吆"等词组成，曲调也多呈现出敦厚质朴、雄劲开阔的样貌。

戏曲的传播也通过漕河沿岸向南北各地深入，其中既包括对本地戏曲的传承，又在此基础上加入其他地区的戏曲特色，形成一种具有地域性且又迎合地域人群的文化特点，如安徽地区的"高拨子"。相传"高拨子"源于运河支脉边的江苏高淳县境内，"高淳县内有石臼湖、丹阳湖，湖中渔民时常需要剥船过坝。他们在剥船时众人会齐唱，用歌声来鼓力，因为是在剥船时所唱，因此，他们合唱的这种歌就被称作为'拨子'。此腔调传出高淳县后，人们又在'拨子'前面加了一个'高'字，这就有了'高拨子'一称"③。再有就是明清时期昆曲北上与乾隆年间的"四大徽班进京"，促使了京剧的形成。漕运剥船水手在这个过程中也确实起到了不可忽视的作用，他们将各地不同的戏曲特色进行改编，形成一种适合他们在剥运漕粮时所需要的曲调，一方面进行传承和吟唱，另一方面也使得戏曲在经过各地文化特色的浸润后得以快速发展。当然还有许多运河沿岸地区特有的民间曲艺，如北京相声、天津评剧、山东大鼓、江苏琴书、扬州评话等。

每年漕船北上至北运河段，经常发生河道流沙众多，淤浅阻隔的情况，这时候便需要转换小型的剥船转运，这就使得大量的漕船以及剥船一时之间聚集在北运河段，尤其是天津和杨村等地，而这一情况在许多清人诗歌中多有体现，如：

> 野水千帆集，人声沸暮烟。
> 楼台两岸寺，灯火一河船。
> 邻舫多欢笑，深更尚管弦。
> 我怀念故土，秉烛照愁眠。
>
> ——清 梅成栋《夜泊杨村》④

---

① 《中国民间歌曲集成・北京卷》，北京：中国ISBN中心，1994年，第13页。

② 周青青：《北京通州运河号子中的山东音乐渊源》，《中央音乐学院学报》2012年第1期。

③ 蔡桂林：《千古大运河》，北京：文化艺术出版社，2007年，第273—274页。

④ 天津市文史馆编：《天津文史丛刊》第5辑《天津风物诗选》，天津市文史研究馆1985年刊印，第268页。

残冰消尽绿波晴，小艇如鱼乱逐行。

两耳不闻欸乃闹，满河都是舨船声。

　　　　　　　　　——清 张霔《春日天津竹枝词》①

客怀如败叶，步步认秋痕。

水落无完寺，林疏露古村。

河烟千舰聚，墟口万鸦翻。

马上成新句，留题觅店垣。

　　　　　　　　　——清 梅成栋《杨村题壁》②

诗中的"千帆""舨船""千舰"都是形容当时聚集在天津数量庞大的漕船。清咸丰五年（1855），黄河在铜瓦厢决口，致使内河航运彻底淤塞，所以漕运河道改为海运。漕粮海运需用沙船，但是向来沙船不入河，河船不放洋，每年沙船抵达天津，必须要换用体型较小的剥船转输，故而每年云集于天津的剥船数量庞大，"每当沙、卫船只抵津之际，清廷都钦派大臣前往，负责漕米验收和在当地收购余耗，江浙粮道也须亲自前来，使得围绕验收工作而来的剥船、水师、经纪人等，云集一时"③。每年沙船北抵天津携带大量的土宜，这些土宜在天津等地卸货，在当地贩卖或者转贩至华北平原各地，其中包括江浙一带的绸缎、茶叶，绍兴地区的酒，闽浙地区的蔗糖以及各种调味料、刺绣、腊肉等。所以作为中转站的天津，商业得以迅速地发展。同时，剥船水手、扛夫等大量的集聚也使得天津等地的手工业、餐饮业迅速发展。通州等地商业的发展也与海运漕粮密切相关，在通州，有许多为漕运服务的人员，"通州城设有专管漕运、仓储和验收的官吏和兵士，总数在一千人以上，剥船户人数则更多"④，当地还有许多专门收售和贩卖的粮食店铺，每年剥船将漕粮运抵土石两坝交兑时，会有成千上万的扛夫负责漕粮的截卸，因此通州码头上也逐渐兴起专为这些扛夫服务的行业，如茶馆、酒楼等饮食业，通州码头大顺斋的糖火烧、咯吱盒、通州烧锅，当然还有许多休闲娱乐行业，如旅馆等。

　　北运河天津以及近畿沿河上下，历经金、元、明、清四代漕运的积淀，所形成的不同宗教信仰也多体现在寺观、庙宇的修建。据统计，天津、通州等地大大小小的寺观庙宇大概有上百处，其中大多数庙宇又都是为漕运顺畅而建，其中包括天后庙、金龙四大王庙、水神庙、龙王庙等。如潞河神庙建在城东北的护城石阶上，目的是祈求通州城内不闹水患。葫芦头建立江河龙王庙，目的是保障葫芦头内有便于剥船停泊的水位。通惠祠，是为纪念吴仲所修建的祠庙，其中有祠三间，坐北朝南，构造全是高屋大脊，门前有隔扇门，中间一间前边有活扇门，祠内三面都是活门窗。

---

① 天津市文史馆编：《天津文史丛刊》第5辑《天津风物诗选》，天津市文史研究馆1985年刊印，第5页。

② 天津市文史馆编：《天津文史丛刊》第5辑《天津风物诗选》，天津市文史研究馆1985年刊印，第268—269页。

③ 倪玉平：《清代漕粮海运与社会变迁》，上海：上海书店出版社，2005年，第434页。

④ 倪玉平：《清代漕粮海运与经济区域的变迁》，《石家庄学院学报》2005年第4期。

祠内正中间北边墙壁上绘有穿着明代官服，纱帽圆领，正襟危坐的四名官员，其中吴仲居中，何栋在左，尹嗣忠在右，陈璠在后侧，这四人是疏浚通惠河的功臣，时人为祭奠他们，特此建立通惠祠。供桌上也分列着四人生牌，排列顺序也如画像一般，生牌高近一米，宝蓝色，生牌正中前面写有"大明"，中间是姓氏官职，末尾有"之生位"的墨书。东、西壁间，由西向东，连续绘着自朝阳门外大通桥，经庆丰闸，平津上、下闸，普济闸，至通州北关石坝葫芦头剥运漕粮的场面。通惠河段葫芦头是整个清代漕粮挽运最为繁华的地点之一，漕船抵达葫芦头，会有成百上千的剥船在此等候剥运漕粮，每逢遇坝，剥船要提前侧泊等候。所谓"临闸有厅，楼粮有房，障堤有桩，跨岸有桥，远近相望，联络不绝"。但是据当地人称，他们并不知道什么通惠祠，只知道有个蜈蚣祠。传说很久以前有个金头的蜈蚣，拱开了通惠河，供出了石坝，所以北关的人才能将漕粮运输过坝。对于蜈蚣祠来说，很有可能是时人对吴公的误传，不过也能从侧面说明吴仲在当地的影响颇深。每年通州码头上下都要举行声势浩大的开漕节活动，其中祭坝有春祭、秋祭之分，春祭又有公祭、民祭之别，官府举行公祭，向疏浚通惠河的功臣祭拜。民间举行民祭，剥船水手船户参与到民祭活动中来，主要是为酬谢吴仲等人疏通惠河之功。每年清明节前后，便会有商民等组织春祭，也就是所谓的开漕节，开漕节这一天，天津、通州码头上的所有剥船船户水手都不需要守拨，清廷允许他们参与到当地的开漕节活动中去。届时，通州码头上到处都有舞龙舞狮以及高跷会、耍棍、地秧歌等表演，来自南北的文化元素融入在一起，包括河南的坠子表演、安徽等地的凤阳花鼓等。

总体而言，在看到漕运给大运河带来文化繁荣的同时，也要重视运河沿岸的自然风景和人文风景。如果从景观历史学家的角度出发，可能会呈现多元的视野，就像他们在研究森林时，可能从物种构成和过去的管理体系的角度去研究，并且关注历史上人类活动的证据。但是文化地理学家则不同，他们所关注的可能是人类对森林的反应与关系所体现的不同社会意义。森林可以被视为天堂般的、与灵魂有关的或是神话的景观，也可以被视为能够吸收大气中二氧化碳、生态友好的景观。森林也可以是具有强烈性别特征的，如森林引起女性的恐惧，而适合男性开展活动。除此之外，运河两岸的其他景观也在凸显历史的记忆性，其中包括：运河沿岸城镇空间的形态构成、民居建筑环境的分布、会馆的建立、书院学堂以及藏书楼等建筑，还有至今屹立在运河两岸的鲁西运河区域的清真寺、扬州运河东岸的普哈丁墓以及德州大运河畔的苏禄国王墓。

结　语

明清以来，漕运剥船成为一种文化信息，不断向地方社会传播，而作为流动性较强的船户水手群体，他们本身就是一种文化符号的象征，再加上剥船具有临时停泊的特点，很容易就会使不同地域的文化产生交流。同样，这种"运河河道及其独特的工程设施、城镇网络、社会结构与产业结构、商业发展等方面的特点及运河区域民众的心理意识、宗教信仰、生活习俗等方面的趋同，形成运河区域文化的基本表现形态。开放性与凝聚性的统一，流动性与稳定性的统一，多样性与一体性的统一，是运河文化的突出特点"①。同时，剥船水手与地方民众的互动也恰好反映了运河沿岸地方社会的不断变迁。

此外，大运河不仅承载着数以万计的剥船水手，还扮演着神祀信仰的襁褓。无论是来往的水手，还是商民，对运河沿岸的神祇信仰都会有一种虔诚的祭拜和深厚的敬仰。同一条河道，不同的地域，河神的信仰也各不相同，但主要的目的都是保证航行的顺利以及自身的安全。有清一代，黄河沿岸的"金龙四大王"信仰通过运河传播至北运河各地，官府也极力推崇此类河神信仰，包括妈祖信仰也是如此。剥船水手常年行走在大运河畔，他们主要负责漕粮的转输，但是一般转输的地点又经常发生灾害，或是船覆人亡，或是偷盗盛行，又或是劫匪横行。长此以往，在他们的内心世界早已把对运河沿岸的神祀崇拜当作是自身慰藉的对象，他们一方面对漕运神进行祭拜，一方面也将运河沿岸的各类信仰传播至各地区，形成一种以运河为纽带的水神信仰文化带。总而言之，明清时期运河沿岸的景观呈现的是一种多层次的"记忆载体"，无论是语言风俗，还是寺观庙宇，它们都无时无刻不在彰显着各个阶段的历史。多重的语言习惯，厚重的运河号子，层累的寺观建筑，繁华的万舟骈集，都在记录着运河两岸地域社会的变迁。当然还有运河上的津梁关隘、运河水质的变化、运河的风浪险阻、运河的九曲十八弯、运河的落日等，这些应当构成我们对明清时期大运河沿岸的历史记忆。

（本文作者为华中师范大学历史文化学院中国古代史专业硕士研究生）

---

① 罗衍军：《二十年来的运河学研究》，《地方文化研究》2015年第6期。

近代城市帮口械斗与管制：
以上海码头工人为中心的讨论

朱　焘

摘　要：近代城市的工人受地缘和工种等因素影响，往往形成聚集把持的帮口现象，其中上海的码头工人尤具代表性。由于帮口制极强的排他性，这往往会导致多种形式的工作纠纷，码头工人为争夺搬运业务，常出现普遍性的械斗现象。为了稳定搬运秩序，各方都企图制止械斗以恢复物资流转，然而在械斗的背后涉及政党、政府、帮会、租界、工人组织等多重力量，善后处置极为复杂。械斗是多种因素嵌入工人组织而致使纠纷迭起的集中体现，其产生的根本原因在于势力复杂的都市涌入大量农民，弱势政府无法在纠纷中协调各方，苦力之间的争执更多是依靠民间优胜劣汰的方式解决。械斗之平息很难寄希望于官方，主要依靠近代城市中的各种非正规制度。

关键词：帮口；帮会；码头工人；械斗

前　言

上海开埠以后，商业运输日趋繁荣，尤其在1898年，《内港行船章程》颁布①，清廷正式承认了外国轮船在中国内港行驶的权利，此后，以上海港为重点，专营内河航线的外国轮船公司相继设立，上海的码头也迅速增多②，可以认为港口、码头及仓库是近代上海城市的重要组成部分，码头工人也逐渐成为上海不可或缺的重要行

---

① 《内港行船章程》又称《华洋轮船驶赴中国内港章程》，参见中国社科院近代史所编、虞和平主编：《近代史所藏清代名人稿本抄本》（第1辑第135册），郑州：大象出版社，2011年，第331—341页。

② 据民国初年的《上海县续志》记载，仅黄浦西岸就有江边码头、南码头、油车码头等73个码头，不过这些码头大都规模较小。1923年9月，日本的埠头事务所上海支所对上海的码头进行了广泛的调查，他们认为上海港由44个重要码头组成。抗战胜利后，上海市政府曾对上海码头数量进行统计，即便历经战争损耗，很多码头难以运营，但黄浦西岸仍有68个码头在运作，而整个上海市则存有346个码头，长度总计37840尺，相比民国初年，这些码头的吞吐量有了很大提升。除此之外，很多码头还附有仓库，据国民政府在1949年的统计，上海的码头仓库也有几百个，从现存的1911至1947年共13种《上海指南》中，基本感知上海码头、仓库数量的变迁。

业群体。①搬运业在中国存在已久，从事搬运的人群主要是码头工人，往前追溯又可称之为脚夫或箩扛，而后在租界一般称之为docker或longshoreman，有时也会直接以coolie代称。该群体常以籍贯、工种等形式分帮成派占据一方，至迟在嘉庆六年（1801年），上海县开始查禁这种帮口把持行为。②然而，官方的禁令并未起到作用，此后更成为该行业最鲜明的特征之一，不论是租界还是华界，码头工人"帮口化"已是常态，即以籍贯或工种之别，在工头和领班的安排中于固定码头长期从事搬运业务。

　　与其他行业从业者不同的是，"帮口化"后的码头工人可能是上海工人中最复杂的群体之一。他们数量众多，难以被定义为"产业工人"，只能从事着较低技术含量和职业门槛的苦力业。其在乡村出现，却涌向城市，当城市时局动荡则又回到乡村，是一群流动性极强的常在农民与工人身份之间转换的群体，且具体管理者与背后操控人势力复杂，这导致码头工人往往是城市械斗的主要群体，若无行规，必起纠纷。

　　在一些劳工史研究的作品中，很多学者都关注到了工人的纠纷问题，但他们主要在做纠纷类型化分析，尤其以劳资纠纷居多③，或者讨论纠纷的原因与产生的影响④，很少注意到工人纠纷的过程，尤其底层工人之间的械斗。而一些讨论械斗的研究，其械斗的对象主要是宗族和乡村势力。⑤城市劳工的械斗问题鲜有学者涉及，一方面是由于现有劳工史研究大多痴迷于纠纷原因的解释，而忽视了纠纷的行动；另一方面可能是城市劳工大规模械斗的情况不多，因为很多纠纷导致的是罢工，械斗需要"械"，一些工人从事的工作难以接触到可用于斗殴的器械，而码头工人装卸时

---

　　① 工人的具体数量虽然考证不易，但曾众说纷纭：19世纪末期至20世纪初期，上海码头工人的数量约已在2万人以上，在1928年有人说上海码头工人有8万以上，也有精确到9万的，在1933年时则称有数10万，1938年有人称"码头苦力从业者在20万上下"，1946年则有报纸称码头工人约3.5万左右。这些数据都不一定准确，因为这大都是码头工会为壮势而称，或是相关舆论的大概统计。具体参见《上海港码头的变迁》编写组编：《上海港码头的变迁》，上海：上海人民出版社，1975年，第37页；《各工会消息》，《申报》1928年10月15日，第13版；《码头总工会整理委员会宣言》，《申报》1928年10月22日，第16版；《汪精卫今日午后可到沪，院属各部会长来沪欢迎，码头工人宣言促汪复职》，《申报》1933年03月17日，第10版；《码头苦力包工头》，《东方日报》1938年3月6日，第2版；《从码头现状谈到码头管理》，《上海警察》1946年第1期，第67页。

　　② 《上海县为禁脚夫人等分段把持告示碑》，上海博物馆图书资料室编：《上海碑刻资料选辑》，上海：上海人民出版社，1980年，第433—437页。

　　③ 关于劳资纠纷的研究，可以参考田彤：《民国时期劳资关系史研究的回顾与思考》，《历史研究》2011年第1期。

　　④ 这类研究以王奇生的研究为代表，可参考王奇生：《工人、资本家与国民党——20世纪30年代一例劳资纠纷的个案分析》，《历史研究》2001年第5期。

　　⑤ 如郑振满通过清代闽南的乡族械斗讨论社会控制权由官方向民间转移，徐斌从宗族争夺香火庙的械斗过程探讨地域社会中人们为各自生存空间和精神世界的拓展而争斗不休，刘平则是梳理了广东在咸同年间的土客大械斗与地方军事化过程。以上研究可以参考郑振满：《清代闽南乡族的械斗演变》，《中国社会经济史研究》1998年第1期。徐斌：《香火庙：诉讼与械斗——以晚清黄冈县个案为例》，《武汉大学学报（人文科学版）》2005年第2期。刘平：《被遗忘的战争：咸丰同治年间广东土客大械斗研究（1854—1867）》，北京：商务印书馆，2003年。

大多携带扛棒、扁担或小车，皆可作为随时械斗的工具，甚至搬运的货物也能作为"武器"，这也是该群体成为城市械斗的主要人群之基本前提。近代上海码头工人械斗现象之背后，涉及政党、政府、帮会、租界、工人组织等多重因素。从帮口械斗的讨论中，或可对这些受多因素嵌入的群体有新的认识。

一、上海码头工人帮口的形成

关于上海码头工人籍贯问题，以往的研究大都是沿着《上海港史话》的叙述[①]，对于码头工人籍贯来源上语焉不详，而后的研究也大都是大而化之般论述。笔者在虹口区档案馆发现1946年提篮桥区公所和上海市警察局提篮桥分局组织调查制成的《户口登记表》，从这些户籍档案可以看出，当时居住在提篮桥区沙虹路、张桥路等棚户区的码头工人们，主要在太古码头与公和祥码头做工，他们之中绝大部分来自江苏地区，主要为高邮、盐城、阜宁等苏北区域，另外还有零星来自山东、浙江、安徽的工人，仅有1户为上海本地籍。[②]当然，提篮桥区的样本并不能完全代表整个上海码头工人的籍贯来源，这主要反映了苏北工人在提篮桥区棚户的群聚现象。在上海其他地区的码头工人，则是其他情况。

表1　1946年提篮桥区棚户居住码头工人籍贯统计

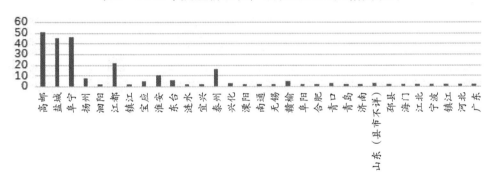

■ 来源：笔者整理自虹口区档案馆藏《户口册：档案棚户卷案》，1946年，档号：41-1-506.1至47-1-529.2，共32卷。

如表1所示的提篮桥区部分码头工人籍贯，也体现了工人们的势力范围，他们

---

① "根据调查，1918年在码头上做工的85名工人中，来自本地的49名，占58%，来自外地农村的33名，占39%，外地城镇3名，占4%。外地的占将近一半，到1937年情况则发生了更大的变化。在码头做工的271名工人中，来自本地的10人，占4%；来自外地农村的233人，占86%；来自外地城镇的28人，占10%。来自外地的已占绝大多数。"类似的研究代表为黎霞：《近代上海的码头工人》，《周口师范学院学报》2010年第6期。其史料来源大都为《上海港史话》编写组：《上海港史话》，上海：上海人民出版社，1979年，第275—276页。

② 《户口册：档案棚户卷宗》，1946年，虹口区档案馆藏：（档号）47-1-506.1至47-1-529.2，共32卷。

的早期分布情况，有极强的地缘因素。在法租界，由于与法国人打交道的买办多为宁波商人，这些商人又发展了不少同乡工头，也使得法租界的码头上有许多来自宁波的码头工人。①而在浦东各码头，一开始主要是当地农民前去做工，逐渐形成了"浦东帮"。②随后，浦东帮以做工码头的区位分为南中北三帮，其中南北帮势力最盛。③因为浦东本籍势力的分化，从江北、山东而来的码头工人于浦东乘虚而入，在多场械斗的冲突下，浦东的"山东帮"和"江北帮"开始兴起。④浦东大部分码头逐渐开始成为山东、江北籍码头工人的势力范围。浦东码头众多，也成为湖北籍难民的主要谋生之地，一些湖北逃难的农民大都往浦东高庙区域流动，希望在那边做码头临时工谋生。⑤抗战胜利后，已经有很多湖北籍的码头工人开始成为固定码头的专职工人，在美孚油栈码头的443名码头工人中，有316名来自湖北黄陂，他们都住在浦东居家桥。⑥到国共内战末期，美孚公司清退了63名码头工人，都是非黄陂籍的工人。⑦湖北帮的到来，开始挑战了山东帮的势力，他们常因为三井、蓝烟囱等码头纠纷而大打出手。⑧同样在吴淞地区，安徽籍的码头工人势力庞大而复杂，近代来往上海的移民中，安徽人的数量仅次于江浙人、广东人、福建人，明清时期，徽商主要在松江活动⑨，而近代很多安徽灾民也往往集聚于吴淞地区，尤其以虬江码头安徽籍工人居多。⑩

　　通过大量个案的分析，基本可以认为上海的码头工人主要来源为江苏、山东、湖北、安徽、浙江和上海郊县。其中上海乡村的农民是上海码头工作的最早从业者，随着码头数量的扩张，码头控制者也开始考虑来自外省的劳动力，江北人开始逐渐兴起，在每个行政区的码头基本都有江北帮的身影，其他省籍的码头工人数量少于江苏籍，他们往往有固定的集聚地和工作码头。复杂的地缘关系进一步促进码头工人群体以籍成帮。笔者认为以距离上海远近为参考，距离上海越远，交通条件越差，如苏北、山东、安徽等地，这些码头工人往往是由于生态灾害、破产、罪行等不可

①　《上海法租界公董局警务处关于上海领港公司集会及宁波帮、湖北帮冲突事》，1933年9月18日，上海市档案馆藏：U38-2-134。

②　《小工压毙》，《申报》1896年08月15日，第3版。

③　《浦东南北帮现形记》，《民国日报》1916年2月14日，第10版。

④　《浦东两帮小工械斗，事因争夺营业而起，山东帮受伤十余人，追获凶手四十九名》，《民国日报》1929年10月23日。

⑤　《浦东高庙到有大帮鄂籍难民》，《时报》1925年12月19日，第7版。

⑥　《上海市浦北区码头运输业职业工会筹备二分会、二支部会员名册》，1947年4月1日，上海社会科学院历史研究所资料室藏。

⑦　《上海市劳动局关于美孚公司码头工人失业登记表》，1950年，上海市档案馆藏：B128-2-363-14。

⑧　《码头小工之械斗，湖北帮斗胜山东帮检厅押工头交凶手》，《时报》1925年2月7日，第6版；《吃饭难：山东湖北两帮，工人舍命血斗，伤者累累，已死一人》，《新闻报》1933年5月23日，第12版。

⑨　徐松如：《都市文化视野下的旅沪徽州人（1843—1953年）》，上海：上海人民出版社，2015年，第2页。

⑩　《安徽江北，两帮小工械斗》，《新闻报》1935年8月30日，第13版。

抗拒原因而入行[1]，他们只能成为职业苦力；反之，像浦东、宁波等地而来的码头工人，则是受到农业闲忙的影响[2]，可能还兼有农民的身份。

而通过工头的整合，则进一步促使码头帮口化工作模式的形成。上海社会科学院中国企业史资料中心藏的《刘鸿记账房档案》为我们揭示了一个码头的人事运作，以董家渡码头为例，它的人事由买办、副买办、写字、算租、账房、收账、管煤、管铁、茶房、茶夫、巡更、学徒、跑码头（即驳船头目）组成。[3]在码头的搬运业务中，一般由买办联系工头，工头去招募码头工人，实行严格的"包工制"，即"划有地段，各依籍贯，结成帮会"，在外滩一般有青口、盐城、湖北三帮，各有工头统率其众，各码头工头其实也是帮会中的重要人物。[4]包工头都拜有"老头子"，他们自己也是"老头子"，包工头之下还有小头脑，并且背后还有更大的势力撑腰，有的同巡捕房有关系，有的是杜月笙、黄金荣、张啸林等人的"学生"，他们既"包打听"，也是包工头，所以码头工头不是什么人都能做的。[5]一般而言，工头都有较多元的势力背景，否则难以驾驭良莠不齐的码头工人，同时对于资方还得信用昭著，若无资方的信任和支持，其难以成为"包工"。工头还有很强的继承关系，往往父亲传给儿子，师傅传给徒弟或"学生"等。换言之，某人如果想入行成为码头工人，必须通过工头。与工头接触上后，往往需花一定价格向行会购买一根扁担或其他扛具，表明取得搬运的资格[6]，入行的仪式可能各地均有差异，但毋庸置疑的是工头在工人入行中起到很重要的枢纽作用。而在具体业务上，码头工人听从工头安排，赶往工头指定的码头做工，扛力工资由工头向资方议定承包，工头承包下来后再叫工人来干。[7]工头一般不会直接参与到扛运，只是充当中介和监工角色，其更多时间在与资方接洽，在管理码头工人方面则是通过任命和委托领班。[8]领班是从码头工人中产生

---

① 《解放前上海码头工人的生活——上海市青年宫阶级教育辅导讲座记录》，1963年4月18日，上海市档案馆藏：C26-2-87-1。

② 《中共上海市委劳动工资委员会关于江苏泰县姜埝人民公社农民盲目流入上海市的调查报告》，1959年3月16日，上海市档案馆藏：A11-1-34-44。

③ 《董家渡码头职员薪水单》，《刘鸿记账房档案》，1925年，上海社会科学院中国企业史资料中心藏：07-066。

④ 《取缔"贴力"陋规——招商局招待参观码头后记》，《前线日报（1945.9—1949.4）》1947年3月8日，第4版。

⑤ 刘念智口述（1959年12月），载于上海社会科学院经济研究所编：《刘鸿生企业史料（上）：1911—1931》，上海：上海人民出版社，1981年，第315页。

⑥ 江阴市政协学习文史委员会编：《江阴市建国后"三亲"史料集粹》，上海，上海古籍出版社，2012年，第423页。

⑦ 《码头苦力包工头》，《东方日报》1938年3月6日，第2版。

⑧ 《码头上的人物："杨爸爸"脾气大，"水老鼠"吃得开，"野鸡工"最可怜》，《文汇报》1946年8月5日，第4版。

的，又称大班，其与资方、工人都没有直接关系，只对工头负责。①

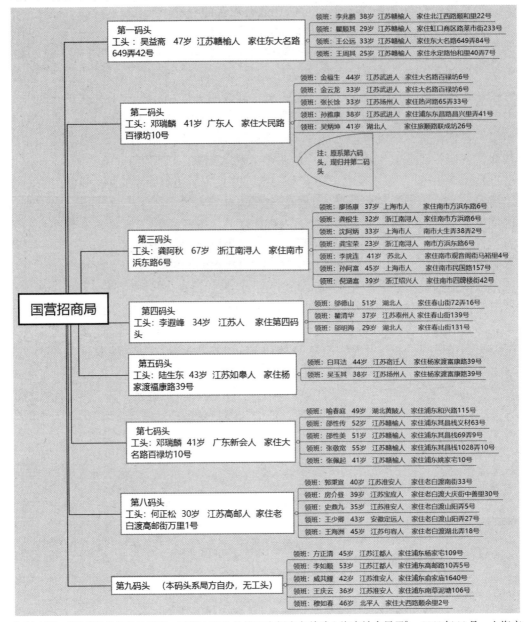

资料来源：《招商局栈埠处为送第一至第九码头外档工头领班名单致上海市社会局函》，1948年10月，上海市档案馆藏：Q6—6—691—41。

图1　国营招商局上海第一至九码头工头与领班关系及名单

---

① 《亚细亚火油公司制听部职工找阿根关于请调解张阿妹工作所雇工人赵国良纠缠复工问题的呈》，1949年9月12日，上海市档案馆藏：B128-2-98-51。

如图 1 所示，较为清晰地反映了工头的地位。可以看出每个码头只有一个工头，如果是局方自营，则没有工头，而领班则有多个，但不会超过十个，这与工人的数量呈一定比例。码头工人、领班、工头构成了码头扛运业务的基本链条。通过工头，码头工人方能入行，工人为了能够得到酬劳，在工作业务上一般会与工头会共进退，当工头消失，码头工人则会无工可做。因为资方只承认与工头的劳动关系，当资方解除与工头的关系，也代表着工头下面的码头工人面临失业境地。[①]码头工人与工头之间极为紧密的人身依附关系，围绕着码头工头，形成了码头搬运业务的雇佣关系和劳资关系，实际上很多工头也是帮会大佬，也可能是地方社会的头面人物，从而能够招募到大量的码头工人，其复杂的背景也为码头工人提供了庇护。譬如民国时期上海有多个政治势力所组建的"码头工会"[②]，但无论是国民党还是汪伪政府所组织的码头工会，都是以工头为核心，可以注意到在战前的码头工会负责人为柏晓岚、吴耀廷、陈德永、龚少五、陈海秋等人，而在上海沦陷后，汪伪政府所组织的码头工会的理事中，同样是这些人为主，即便是此时打着抗日旗号的国民党上海的"地下工会"，也是这些工头再次身兼，而在战后，这些工头并未受到清算，反而再次以国民党的名义继续组织码头工会，足以见得帮口与工头势力之强。

码头工人入行后，内部也有较为鲜明特征的不同工种。在以往的研究，有学者认为码头工人的种类分为"水码头工人、陆地搬运工人、行李及信货搬运工人、竹

---

① 《中美火油公司关于说明与包工头马银荣的关系、其所用的工人与公司无关请速考虑决定的报告》，1950 年 10 月 12 日，上海市档案馆藏：B128-2-351-68。

② 国民党曾于 1927 年 5 月在浦东其昌栈大街南首三三四号组建上海特别市码头工会，由李登顺、常玉清等人所主持，设会所于浦东杨家渡，"清党"后改称为上海特别市码头工会整理委员会，该工会享中央党部之津贴，办理工会事宜，后又因有纠纷，改称码头业务所，由杜月笙出面组织。淞沪抗战后，则停顿多时，1939 年 12 月 28 日由蓝烟囱码头王庚等召集负有组织工会者多人（如李登顺、陈宗棠等），集议着手筹组工会，并认定分区组织，定名为上海特别市浦东区码头业工会常务理事一人，理事五人，候补理事二人，雇员二人，监事三人，理事下设总务、财务、调查、建设、组织等五股，最终常务理事为翟八来，理事为陈宗棠、李登顺、陈杏林、江汉卿、吴锦堰等。事实上，1927 年成立的码头工会是一个反共堡垒，具有很强的帮会色彩，主要是为了"清党"，随后多次干扰工人运动，是国民党政府所控制的黄色工会。而 1939 年后改组的工会则是亲日组织，主要是为了帮助日军与汪伪召集搬运工人，而在汪精卫等人的授意下，于 1941 年 8 月 31 日又改组成立了"上海特别市码头工会"，柏晓岚、吴耀廷、陈德永、龚少五、陈海秋为主席团。其实在沦陷时期，国民党也在法租界巨籁达路福海里十二号成立上海码头工人协会，用以组织搬运工人，希望工人参与抗日之中，并联合工头徐万元、李贵廷、吴耀廷、彭德生等四人对抗汪伪成立的码头工人联合会、上海特别市水陆码头肩运工会、中华码头工人福利会、中国码头扛驳会社等五种组织，自行宣布在本上海从事码头工作满十八岁者均为会员，但在 1939 年 12 月 27 日汪伪在法租界环龙路将负责人朱春驹等人逮捕后，该组织也逐渐瓦解。最终在抗战胜利后，上海国民党政府让柏晓岚等人在 1945 年 9 月 13 日基于汪伪所组织的搬运类工会再次接受改组为上海市码头工会整理委员会。参见《国民党中央训练会刘家树调查上海码头工会清党情形报告》，1928 年，中国第二历史档案馆藏：11-2-1802；《上海特别市浦东区码头业工会概况》，1940 年，上海市档案馆藏：Q7-1-133-32。具体参见《日伪上海特别市政府关于本市码头工会的文件》，1940 年，上海市档案馆藏：R1-17-230；《上海特别市码头工会昨举成立大会》，《上海时报》1941 年 9 月 1 日，第 3 版；《上海码头工人协会章程草案及发起人履历表有关文书》，1938 年 5 月，中国第二历史档案馆藏：11-2-1806。

木业码头工人"①，也有研究认为码头工人应该分为"传统的脚夫、行帮下的码头苦力、轮船公司的码头苦力、野鸡挑夫"②。这些研究似乎只看到了码头的种类和工人的依附关系，而忽略了工人的主体性，因此对于码头工人内部的情况语焉不详，误以为码头属性即工人种类。战后国民政府做了大量的工会统计工作，其中上海市码头运输职业工会对于码头工人的统计调查，揭示了码头小工内部不同的工种，从这些工种差异也能分析出技艺、籍贯对码头工人的影响。仅虹口区和外滩区的码头工人就可分为：堆装、推车、肩运、杠棒、平秤、橡皮车、挑蛋、进出货背扛、里外档行李夫、装卸、挑夫、客货、验关房、上下货。③从搬运的方式上看，有使用工具的码头工人，其中又分为使用推车和扁担、杠棒的工人；也有纯粹凭借人力的，直接使用肩膀装卸的肩运工人。其中肩运工人是码头工人中最普遍的工种，而使用工具的工人往往需要一定的技术和经验，以"挑蛋"为例，这是码头工人中较为代表性的技术工人，并且大都是宁波籍贯，他们一般在固定的码头从事鲜货的挑运，尤其以蛋类为主，因此被称为"挑蛋"。从这些工人的籍贯可大致推测，使用推车的工人很大机率是来自上海或者浙北，不依赖工具的纯粹码头工人则多数来自苏北、湖北和山东。

在地缘、工种及"包工制"的影响中，码头工人逐渐形成了一种以工头为核心的帮口关系，开始把持各固定区段长期做工。而当工头未受到资方青睐，其所带领的工人也将无固定工作，此时这些工人一般被称为"野鸡工"。为了获得工作，"野鸡工"常会去寻衅，而有固定工作的工人则会守卫地盘，双方之间的洽谈往往不欢而散，因为很少有工头愿意让出自己的盈利，在双方皆不退让的情况下，最终可能会走向械斗。④

二、"帮""行"相争下的工人械斗

码头工人一般因乡成帮，在一个工头下面，大多是相同籍贯的工人，由此也常被称为"湖北帮""山东帮"……在码头械斗案中，主要是不同帮口之间的互殴。其中，湖北帮出现在现存"械斗案"的频率最高，而湖北帮与山东帮、江北帮械斗的记录也是最多。1919年的最后一天，上海很多地方的人们在迎接新的一年到来，但在浦东烂泥渡华通码头发生了一场规模宏大的械斗。起因是山东籍的码头工人对该码头湖北帮三百余人的长期垄断表示不满，希望也加入这个码头，但湖北帮工头常

① 黎霞：《负荷人生：民国时期武汉码头工人研究》，华中师范大学博士学位论文，2007年，第38页。
② 李雪雁：《近代宁波码头苦力问题研究（1844—1949）》，宁波大学硕士学位论文，2016年，第29—31页。
③ 《上海码头工会会员名册》，1946年1月至1947年7月，上海社会科学院历史研究所资料室藏。
④ 《大达码头工人械斗》，《申报》1932年10月22日，第11版。《招之使来挥之使去，浦东野鸡小工不满南市一带码头小工，械斗两败俱伤》，《时报》1932年10月22日，第5版。

老四认为自己人多势众，毫不理会，结果双方各持铁钩煤块互斗，很多人被殴至不省人事，直至附近警察署长曾永奎派全体警察到场，始告平息。①尽管这一次械斗被警察强力制止，但湖北帮和山东帮之间的纠纷从未停止，几乎每年都有几场缘自两帮之间的械斗，仅1921年规模较大的有：1921年1月，浦东洋泾镇码头工人约架，由于扰民，附近居民报告巡警；②1921年2月，浦东太古码头的湖北帮肩运小工关永高与山东帮小工夏亭柱因为工作摩擦，双方各纠数十人在码头大械斗，三区巡官李鹤鸣等全体警察到场后才弹压，并将滋事山东人、湖北人小工共八人拘押至地方检察厅讯办；③1921年7月，张庆祥在竹行码头新泰酒店吃饭，楼上正洗澡的王福生渗水至其饭菜中，双方因为赔偿问题发生纠纷，约定次日在万裕码头东兴园老虎灶啜茶，依旧协商未果，导致双方械斗，最终在警察的调查下，发现实际上是湖北帮与山东帮的恩怨发酵。④

湖北帮与江北帮的械斗也时有发生。1926年5月，浦东隆茂栈码头的江北、湖北两帮小工因争夺生意，互约同乡在该码头械斗，江北帮小工计到五百余人，湖北帮亦有三百余人，各执木棍、扁担等物互斗。⑤因为有举报，警察迅速到厂，当天没有发生伤亡，但当警察退去后，双方又迅速集结械斗，伤亡惨重，均有欲复仇之势。这种恶性循环的械斗，警察都难以处理。伤亡较大的湖北帮工人均选择罢工、绝食，希望给予警方压力，迫使其严惩对方工头及参与械斗者。⑥码头罢工，这对资方也造成了极大的损失，在多方协调下，最终江淮同乡会董事顾竹轩、成燮春和湖北同乡会董事周霁光的出面调解，该码头才恢复运转。⑦

湖北帮与其他帮口的冲突也常有记录，但没有与山东帮、江北帮械斗频率之高。如车站码头一般是本地帮（即生于当地的工人，主要指当时浦东之外的上海人）和湖北帮共同做工，但双方水火不容，在1927年6月，由永泰隆栈转运业务的争执而爆发剧烈械斗，最终由工联总会调停，双方才继续搬运。⑧湖北帮与浦东帮、常州帮、清江帮也发生过械斗：因湖北帮的大工头杨发银将一些搬运业务转承给了浦东帮工头李秉义，但除忙碌的舱口肩运工作外，李秉义希望再承包舱口业务，杨发银拒绝，由此双方械斗。⑨浦东三井洋栈扛煤炭小工主要是湖北帮与常州帮，两名工人因为行路相撞，各召集同乡人持木棍、砍刀在洋栈左门互斗，管门的印度人进去排解也被殴伤，洋栈经理知道后，与湖北帮头目李春金、常州帮头目奚玉达将两帮相

---

① 《华通码头小工械斗》，《民国日报》1920年1月1日，第11版。

② 《浦东码头小工又械斗》，《民国日报》1921年1月18日，第11版。

③ 《码头小工械斗解送法庭》，《新闻报》1921年2月25日，第10版。

④ 《追究万裕码头械斗案》，《民国日报》1921年7月31日，第11版。

⑤ 《码头小工大械斗由警驱散》，《时报》1926年5月15日，第5版。

⑥ 《浦东码头工人械斗案五志》，《新闻报》1926年5月20日，第14版。

⑦ 《浦东码头小工械斗案六志：湖北江北两同乡会派代表调停》，《时报》1926年5月21日，第5版。

⑧ 《码头工人之械斗惨剧》，《时报》1927年6月17日，第4版。

⑨ 《夺码头工人械斗，大队警察以武力制止殴伤已有十余人》，《时报》1932年11月4日，第6版。

关小工共十四人及印人二名一并拘送警署。①南市码头的搬运业务，主要由湖北帮承包，一般而言，轮船到该码头即由该帮工人卸货，但由于潮水原因，名为建兴轮的轮船略驶往北，泊在浦中，于是杨家渡码头的清江帮工人主动前来搬运，这导致湖北帮大为不满，于是双方并以扁担、木棍相见。②

其他帮口之间的械斗，和湖北帮与诸帮之间的械斗情况基本类似，大都是由于争夺码头工作引发大规模械斗，或者同个码头不同帮口工人间的摩擦引发小械斗，笔者不再一一列举。当然，械斗并不只是双边的，也会有多边参与，这一般涉及某区域两个稍弱的帮口联合驱逐一个势力较大的帮口，在虹江码头就发生过本地帮和江北帮联合与安徽帮械斗③，陆家嘴码头的浦东帮和盐城帮联合与溧阳帮械斗④。

其实除同业之间的械斗，码头工人还会和其他行业发生冲突。在上海，码头工人与不同行业之间的械斗早在战前就存在，如在1927年金利源码头，招商局的嘉禾轮抵沪后，突然码头工人与水果行之间发生械斗。究其原因，原来是水果行为避免过高税务，常向海关与轮船少报装载量，因此在卸货时与码头工人间常因为模糊不清的重量而争执。与此类似，码头工人还会与公司正式职工发生械斗，一些轮船公司自己也会招募职工负责部分搬运业务，甚至有"搬运部"，但在码头工人看来，这是对他们力资的侵占，在大统码头和建源码头的械斗，就是如此。⑤此外，码头工人还会因为个人纠纷，而导致与水手、摇船小工、巡夫、小贩的群体性械斗。⑥值得一提的是，与巡夫之间的械斗也包含与"红头阿三"的械斗⑦，即印度的锡克教人在上海担任低级别警察，常会在街道巡逻，监视码头工人也是他们的职责，因此双方会发生摩擦。⑧这些工人的械斗案基本都是发生在战前，当然在战后不同行业之间的械斗仍会存在，但并不能认为是政局影响了不同行业械斗的发生，战前的械斗与政治统合并无直接联系，他们也无意于挑战政府权威，码头工人殴打公司正式职工，这是行业排他性使然，可以理解为报复式行为。而与水手、小贩之间的械斗，这主要

① 《码头小工械斗》，《新闻报》1914年9月16日，第10版。
② 《码头小工械斗案解送法庭》，《新闻报》1924年4月4日，第14版。
③ 《虹江码头械斗案获二十四人解究》，《时报》1935年8月31日，第2版。
④ 《陆家嘴码头小工械斗斧棍之下四人伤》，《时报》1934年8月9日，第4版。
⑤ 《大统码头械斗为出货问题大统四小工陷入重围结果俱受重伤》，《时报》1933年8月29日，第6版；《建源码头械斗另讯》，《新闻报》1934年11月12日，第10版。
⑥ 《华安轮役与大通码头小工械斗，水战继以陆战》，《时报》1931年4月8日，第7版；《浦东华栈码头械斗，本有嫌疑一触即发》，《时报》1934年5月9日，第7版；《浦东烂义渡鸿升码头巡丁小工大械斗，小工误碰巡丁身体起衅结果一小工四巡丁受伤》，《立报》1937年1月22日，第3版。
⑦ 《公和祥码头之械斗案》，《民国日报》1926年10月15日，第6版。
⑧ Yin Cao, *From Policemen to Revolutionaries: A Sikh Diaspora in Global Shanghai, 1885-1945*, Leiden: Brill, 2017, p59.

是由于一些工作摩擦，与行业竞争无关。[①]

据周琳的研究，由地缘纽带而成"帮"之间的械斗，在清代乾隆至嘉庆年间可能就已自发形成。[②]巴县档案中记载的脚夫械斗主要是异帮械斗，而在二十世纪上海的码头工人中，能看到很多同帮口之间的械斗，笔者目力所及，认为共六种情况：其一，同帮争货。浦东鸿升码头数百名湖北籍工人发生大规模械斗，起因是工头分配岗位不同，有的工人事情较多，有的工人很快就无事可做，空闲的工人欲与忙碌工人均分工量。[③]其二，内部工资不平等。在新三井码头的扛煤小工领取工钱时发现工资不均，由此引发内部械斗。[④]其三，同业不同工种间摩擦。前文已述，码头工人内部实际上分为不同的工种，一般同帮口的肩运工人和小车工人容易发生冲突，这尤其体现在米业码头[⑤]，尽管社会局划定了运米界限，但是二者常因为越界而产生纠纷。这主要是围绕"斛"的问题而引起：每袋一斛（计五斗），故名为五斗头小袋口（亦名三角包），而此项小袋口之肩运工作属于人力小车运输，但随着"斛米"重量的改制，肩运工人认为他们也应该加入装卸，由此双方会产生械斗冲突。[⑥]其四，"拜老头子"[⑦]冲突。很多工头也是帮会的"老头子"，工头为了扩大影响，经常会要求工人"拜老头子"，青口帮的两个工头在公和祥码头偶尔带领工人做事，二人一开始门徒势力差不多，业务基本均分，刘四偷偷多收工人，双方矛盾遂起而械斗。[⑧]其五，新旧势力更迭。在同一个帮口之中，总会有新的工人加入，新、旧工人之间也会由于各种矛盾而械斗，在战后这种矛盾更为普遍，因为一方在日伪时期回乡，现在希望复工成为"新工人"，没有回乡坚守于此的工人一般都不愿意有人均分其力

[①] 关于战后不同行业之间的械斗缘由，胡悦晗认为是"战后城市劳动力人口供给超过行业承载力的问题导致行业生存竞争加剧，行业利润被整体摊薄，从业者的边界收益递减，陷入了'内卷化'的停滞状态。劳工群体因日趋惨烈的生存竞争和工资差别而产生内部分裂。与工商业市场整体的'内卷化'停滞相对的是各个行业在微观层面重新洗牌、划分行业边界、确立行业规范和建构市场秩序的过程，这一过程必然伴随着行业之间基于生存利益之争的大量摩擦碰撞。"具体可参考胡悦晗：《市场、职业工会与行业秩序重建（1945—1949）——以杭州脚夫业纠纷案为例的分析》，《开放时代》2018年第4期。

[②] 周琳：《殴斗的逻辑——乾隆至同治时期重庆的脚夫组织》，《清史研究》2018年第3期。

[③] 《鸿升码头工人械斗，起因……争夺轮船下货结果……双方各伤两人》，《民国日报》1931年7月31日，第8版。

[④] 《新三井码头小工械斗两人伤拘获疑犯》，《时报》1931年9月1日，第7版。

[⑤] 《苏州河米业码头，工人昨因争肩械斗》，《民报》1934年1月31日，第7版。

[⑥] 《上海市社会局关于米车工人与码头工人工作界限问题与苏州河区码头运输工会的来往文书》，1946年8月，上海市档案馆藏：Q1-12-930。关于由斛司业的量、衡之争导致米业工人与码头工人之间的械斗，可参考马军：《1945—1949年上海米业的内纷争》，上海市档案馆编：《上海档案史料研究》第6辑，上海：上海三联书店，2009年。

[⑦] 据曾经的青帮分子洪维清回忆："拜老头子有两种方法：一种是送帖子，称为门生；一种是开香堂，由引见人先介绍，经过老头子的同意，开具本人年庚八字，然后定期开香堂，经过三跪九叩首，吃血酒、发誓、请客等重大礼节，才录为徒弟。"（洪维清：《青帮大字辈的张锦湖》，《传记文学》1999年第75期），在码头工人中的"拜老头子"更多是"送帖子"，辈分极低，有的是模仿青帮做法，表示更为紧密的人生依附关系。

[⑧] 《浦东公和祥码头，野鸡工头械斗酿命案》，《新闻报》1934年5月14日，第9版。

资，双方往往会发生械斗。①其六，工头恩怨。在搬运工作中，工人常认为工头剥削，而工头觉得工人偷懒，双方容易产生纠纷。如一个码头工人曾在搬运间隙抽烟，工头干涉并扣了其半天力资，工人与工头便从扭打发展到械斗。大量同帮械斗的案例，不禁让我们怀疑同乡的纽带作用，笔者认为，在二十世纪的上海码头工人中，同乡情谊固然存在，但在生存与利益面前，孰轻孰重？这也许是苦力群体的一种政治文化，遇到难处可能会寻求同乡团体帮助，但在同业竞争之下，而更推崇生存之道。

三、殴斗前后：干预、处理与善后

当械斗发生之后，怎么收场、如何处理？通常在械斗后，是警察迅速赶到，将工头或是有刺伤、杀害行为的工人拘押，但在码头买办和资方的协调下，很快就被放出。不过码头械斗之间的恩怨依旧存在，若是工人之间摩擦而引起的小规模械斗，则在工头、警察的调解下，能够缓解双方情绪。山东帮和湖北帮在蓝烟囱码头的械斗，就是通过警察逮捕工头，工头再化解矛盾。②而一些因为争夺码头引起的大规模械斗，出现了大量伤亡后，双方工人陷入复仇械斗的循环，这时候警察与工头皆无法控制局面，并伴随着工人罢工，码头无法运转，资方、警察、工头等则会向帮会、旅沪同乡会求助。杜月笙在帮会协调中是关键人物，1947年9月，大达码头的南北两帮因为争夺生意发生械斗，甚至汇山码头三百多人坐卡车过来加入械斗，大达轮船公司及其码头的实际控制者是杨管北，杨在1927年经过陈群、杨虎介绍成为杜月笙的门生，杨管北也无法处理此械斗，最终是请杜月笙斡旋，双方才停止暴力行为，码头得以重新运转。③同乡会的调解则更为普遍一些，1927年5月，浦东隆茂栈湖北帮和江北帮的械斗，参与者数千人，死亡达几十人，警察在码头及工人住处布防都难以平息复仇气氛，也导致了多个码头停工，最终在双方旅沪同乡会的抚恤和调停下才得以平息。见下：

昨晚湖北旅沪同乡会与江北旅沪同乡会为隆茂栈码头两帮工人械斗事、特开联席会议，江北到者沈卓吾、郑缄三、丁振亚，湖北帮到者孙松年、高鉴清、常彩臣、卢星阶等十余人，推李尧钦为主席，周霁光报告与卢星阶、彭云岑赴肇事地方调查情形，并出示湖北工人李宗贵、李学林生前因伤落水毙命死后小影二张，谓李

① 《扁担铁尺作武器，码头小工械斗》，《新闻报》1946年8月9日，第4版。

② 《蓝烟囱码头山东湖北工人两帮大械斗因工资争执起衅受伤十四人·工头被捕》，《时报》1933年5月22日，第4版。

③ 黄国栋口述、俞官文整理：《杜月笙与大达码头》，载于吴汉民主编：《20世纪上海文史资料文库（3）》，上海：上海书店出版社，1999年，第420页。杜月笙参加了不少码头业务，除了调解码头工人械斗外，还常参与到码头职工的劳资纠纷调停，具体参见《招商裁码头职工案由杜理事调停解决，每人再给退职金一个月今日具领但限工会会员》，《上海商报（1932—1937）》1933年2月4日，第2版。

学林黄陂人，年二十八，家中父母寡妻男儿女一；李宗贵黄陂人，年二十八，家中有老母寡妻男儿女二，均寓于浦东云。沈卓吾提议二种办法：（一）查明此次被押各工人，多属无辜受累，应由两会呈请警厅保释，可决，呈文推周霁光、丁振亚起草。（二）由两会组织工人专断处，以杜后患，可决，组织大纲推沈卓吾、周霁光、李尧钦、丁振亚起草。常彩臣提议抚恤死伤工人案，结果，经众讨论，此案已由地检厅提起公诉，静候法庭解决。主席主张组织工人专断处，由两会代表及两帮工头联席会议决定，如何组织法，然后向官厅备案，众赞成。郑缄三提议组织公断时，先期印告白传单散给各工人，并派员到工人处演说，使其了然同归和好，通过决议散会。①

    "八一三"战后，上海多处码头停运，大量码头工人逃难回乡，但抗战胜利后，他们又开始回流上海，希望复工谋生。②不过工作机会毕竟有限，因此战后的械斗案更多，不同于战前主要依靠工头、同乡会调解，战后官方开始更大力度介入到劳工械斗之中。在1946年4月，宋子文便向蒋介石汇报："各地劳资纠纷迭起，必须迅速处理以安定生产。"③次月2日，上海便成立了劳资评断委员会，由上海市工商团体、参议会、治安、卫生、救济、粮食等有关机关负责人组成，共计委员15名，社会局局长吴开先兼主任委员，主要负责交通、公用、公营事业和其他行业重要劳资纠纷的紧急处理及工人待遇的调整事宜。④紧接着在1946年9月，社会局设置第八科，专门负责关于劳资纠纷的调解，其中也包括对码头工人械斗的管治。⑤在李铠光的研究中，他认为劳资评断委员会和社会局之间最大的区别在于前者设有调查科，而后者则没有调查的权力，只能邀请劳资双方进行调解。⑥他主要是依据上海社会局编的《社会月刊》中的细则归纳出了二者的差异，而忽视了具体的纠纷案卷，在码头工人械斗的调解之中，二者很多时候是"两个班子，一套人马"。⑦因此，笔者认为战后的劳工械斗问题，主要是由社会局管治和调解，但随着国民党政府的战败，上海社

①《浦东码头小工械斗案六志，湖北江北量同乡会派代表调停》，《时报》1926年5月21日，第5版。
②《上海市参议会关于码头工人请复工及登记纠纷各案的文件》，1946年，上海市档案馆：Q109-1-1445。
③《行政院长宋子文呈国民政府主席蒋中正为呈送复员期间劳资评断办法并请从速公布》，1946年4月22日，台北"国史馆"藏：001-055000-00002-009。
④《上海市劳资评断委员会、市劳工状况调查委员会关于劳资纠纷评断办法、劳工状况的训令及其他有关文书》，1946年1月，上海市档案馆藏：Q201-2-136。
⑤《上海市社会局局务章程》，《社会月刊》1946年第1卷第5期，上海市档案馆藏：Y15-1-312。
⑥ 李铠光：《内战下的上海市社会局研究（1945—1949）》，政治大学历史研究所博士学位论文，2009年，第159页。
⑦《上海市社会局关于浦北区码头运输业凶殴、工资问题文件》，1947年6月，上海市档案馆藏：Q6-8-2386；《上海市社会局关于苏州河码头工会会员与粪船工人争执酿成流血命案问题文件》，1947年10月，上海市档案馆藏：Q6-8-2433。

会局也不复存在，码头上的各种纠纷则是由中共的劳动局调停。①

　　就战后而言，如果出现影响极大的码头械斗，市长吴国桢都会出面协调，据笔者目力所及，至少有两例这样的情况。其一，是前文已述太古码头"周陈案"的械斗纠纷，由于械斗后，工头周瑞荪与陈善余各执一词，甚至互相攻讦对方为"三十六股党"和汉奸，而手下工人蠢蠢欲动，持续时间极长，舆论报道极多，使得警厅和检厅均无良方，因此吴国桢约双方共谈。②其二，新闸桥码头工人与米车工人械斗纠纷，也是由吴国桢调停。③为何一个普通码头的械斗，会让上海市长亲自出面？因为在吴国桢看来这可能会对"米潮"问题牵一发而动全身，他不敢让米业码头因械斗循环而停运，认为"必须让买卖做起来"。④

四、比较的视野：战后之变与华洋之异

　　经过以上的讨论，大概可以发现码头工人的一些械斗逻辑。械斗并不是"乱斗"，而是有组织、有规模、有器械、有约定的斗殴，即发生冲突之后，双方或多方约定某个时段在码头附近成群地用扁担、扛棒、铁棍等互殴，在人数较多的时候，为避免同帮误伤，还会佩戴有辨识度的牌子。⑤因此械斗不会有太大规模的死亡事件出现，这也在某种程度导致警察只会拘押几个为首者，大部分码头工人不会得到惩戒。而在战后，可能是受到战争的影响，械斗开始出现了枪支、手榴弹等杀伤性较强的热兵器⑥，并且有卡车跨码头拉人支援的情况⑦，使得械斗的组织时间、规模、破坏力都大为增强，这在战前都是较为罕见的。

---

① 《上海市私营合昌公司码头解雇职工争议申请书及上海市劳动局调解报告》，1949年7月22日，上海市档案馆藏：B128-2-52。

② 《上海高等法院检察处关于周瑞芮（荪）诉陈善余办案发生疑义调卷案》，1947年6月，上海市档案馆藏：Q188-2-2076。笔者按："（荪）"为笔者所加，原档计算机系统标题有误。

③ 《上海市社会局关于新闸桥米船码头争夺业务纠纷的文件》，1946年3月，上海市档案馆藏：Q6-8-3827。

④ 裴斐、韦慕庭访问整理，吴修垣译，马军校注：《从上海市长到"台湾省主席"（1946—1953年）——吴国桢口述回忆》，上海：上海人民出版社，2015年8月，第56页。

⑤ 《三泰码头械斗》，《时报》1926年5月12日，第7版。

⑥ 《上海市警察局调查大达码头张金鼎与张长松为按收搬运费纠纷开枪互殴案》，1946年4月1日，上海市档案馆藏：Q131-5-679；《江北宁波两帮工人争夺码头发生械斗，开放机枪一百余响，死伤工人卅余人，开打场面伟大，参加四百余人，拘获大批凶犯，缴得枪械多种》，《和平日报》1946年4月2日，第3版。

⑦ 《大达码头小工，南北两派冲突，数百人准备械斗，经军警赶到制止》，《新闻报》1947年9月21日，第4版。

资料来源：《上海市参议会为苏州河等七区码头运输职业公会联名诉请取消码头工人治备"水"字布质臂章事给上海市政府的公函及市府的复函》，1947年9月11日，上海市档案馆藏：Q109-1-1444。

图2　上海码头工人佩戴臂章①

　　因此，战后对码头械斗的惩戒更为严厉，抓捕的人数更多，庭审也更为规范，并且械斗组织者难以被保释，同时警察对于码头械斗的巡视频率也不断提高。②1946年10月1日，上海港务整理委员会成立，该机关由二十一个机关③加入而成，其中专门设置了"查缉警卫组"，现有研究认为这主要是纠察码头的盗窃之风④，而笔者认为这事实上也是对码头械斗等陋习有了专门的严查机构。⑤在查缉警卫组的主张下，要求码头工人佩戴臂章（如图2），并对一些码头的工人开始编号（如表2），以提升准入门槛，避免登记之外的工人混入其中，从而能对械斗较为准确地追责。

---

　　①　《上海市参议会为苏州河等七区码头运输职业公会联名诉请取消码头工人治备"水"字布质臂章事给上海市政府的公函及市府的复函》，1947年9月11日，上海市档案馆藏：Q109-1-1444。

　　②　《上海市警察局行政处关于防止码头力夫抢夺工作纠纷案》，1946年1月10日，上海市档案馆藏：Q131-4-50。

　　③　二十一个机关为：交通部、财政部、内政部、水利委员会、资源委员会、善后救济总会、上海市政府、上海市社会局、上海市警察局、上海市公务局、上海市公用局、上海航政局、上海海港检疫所、江海关、苏浙皖区敌伪产业处理局、濬浦局、国营招商局、全国引水管理委员会、上海轮船商业同业公会。具体可参见《交通部上海区航政局、上海航政局、上海港务整理委员会议记录及有关文书》，1946年11月，中国第二历史档案馆藏：20-2-1071。

　　④　宋钻友：《战后上海港的整治与国民政府的经济复兴计划》，《二十一世纪》2015年第151期。

　　⑤　《上海市公用局关于上海港务整理委员会会议记录议程查辑警卫组工作报告案》，1946年11月，上海市档案馆藏：Q5-3-5523。

表2　上海部分码头行李夫数量及编号情况

单位	黄浦码头	吴淞码头	招商局第一码头	公和祥码头	招商局第二码头	招商局第六码头	外滩各码头	招商局第三码头	宁绍大达码头	中兴码头	大来码头	复升公栈	招商局第五码头	招商局第九码头	隆茂栈
现有行李夫人数	70	45	100	60	50	50	220	150	200	50	70	70	50	50	5
编定号码	7-70	71-115	116-216	217-277	278-328	329-379	380-600	601-751	752-953	953-1003	1004-1074	1075-1145	1146-1196	1197-1247	1248-1253

资料来源：《港务警政当局管理码头劳力和费率的规定暨有关会议的记录及来往文书》，1947年7月，上海市档案馆藏：S157—1—28。

　　战后虽警政和司法系统常干预工人械斗，但往往又不得不与一些非正规制度妥协。其中典型案例为"殷海泉杀人未遂案与妨害自由案"。该案缘起为国民党政府资源委员会所属中国石油公司搬运业务从黎平码头转移到复兴岛码头，该公司与黎平码头工人张孝三继续签订了承揽协议，但在不久，复兴岛码头工人领班殷海泉也来申请，该公司认为此前与张已经订立合约，在殷海泉工作区域之身份未得证明前，不可轻易更换，殷海泉认为中国石头公司和张孝三破坏行规，于是该公司只能请虹口区码头运输业职业工会仲裁，工会认为"殷海泉系复兴岛码头领工并为复兴岛码头分会常务干事，张孝三是黎平码头领工，按照本市各码头习惯，不论何人承揽，应尽先雇用当地码头工人。此项工作应交何人承揽，似可由该公司自行斟酌"，然而三方均不满意职业工会的消极调解。由于复兴岛仓库主要供应军工，不能因为码头工人的争执而停顿，继续交由张孝三，但是殷海泉常率人阻碍码头搬运工作。[①]据人证江刘柳所述，张孝三在1947年12月上旬承揽资源委员会中国石油有限公司搬卸工

---

　　① 《资源委员会中国石油公司上海营业所关于复兴岛仓库码头工人装卸油料发生争执事与上海社会局的往来文书》，1948年1月，上海市档案馆藏：Q6-6-703-7。

作，12月下旬殷海泉第一次阻止工作，中石油公司请杨树浦警察保护，1948年1月22日第二次阻止张孝三率领的工人卸货，并将工人郭万福打落至黄浦江中。[①]最终石油公司与工头张孝三将殷海泉诉至上海高等法院，三方进行了相当长时间的诉讼与辩解，最终法院认为郭万临与江刘柳的证词，难以确定殷海泉杀人未遂，最终判定殷海泉无罪。[②]但此事并非就这么简单处理，法院之所以不愿将殷定罪，一方面是由于此次械斗并未造成工人伤亡，另一方面法院也注意到殷某一直是复兴岛一霸，其帮口巨大，一旦骚动，将影响到军工装卸业务。[③]最终我们可以发现，由于一些特殊情形，司法与警政最终不得不与行规妥协，复兴岛的装卸业务因械斗而走上诉讼，但最终被告方并未得到惩处，只能走向调解之路。

　　除战后与战前械斗规模、管治有别外，在华界与租界的械斗处置也有一定的差异。关于华界的情况笔者在上文已有所讨论，而在租界，公共租界从1855年开始陆续设有一总四区共十四处巡捕房，大都设置在沿江交通便利之处，直至今日有半数以上仍作为治安机构驻地，当码头发生械斗时，巡捕能迅速赶往制止。仅1930年就报告殴打案488起[④]，其中部分是码头械斗。在美国国家档案馆藏的公共租界警务（*Policing the Shanghai International Settlement*，*1894—1945*）档案中，能看到不少租界对于码头工人械斗的调停与强力拘押。[⑤]法租界则有六处巡捕房，麦兰分捕房设在外滩附近，英商太古码头、美商罗斯福码头、招商局码头一旦发生纠纷，其均能立刻赶往控制。[⑥]据曾任法租界巡捕房政治处特级督察长薛耕莘回忆，在上海沦陷后，法租界巡捕房专门成立马龙特务班，会同日军与汪伪政权协查租界犯罪，械斗也包含其中。[⑦]租界对于械斗基本是零容忍，认为这极大地威胁到租界内的治安环境，因此巡捕房成为管治工人械斗的主要机构，他们主要依靠拘押并送至法院严判，另外也会依靠租界的铁门，将械斗隔离在租界之外。[⑧]

---

　　① 《上海地方法院关于张孝三诉殷海泉妨害自由案的文件》，1948年1月，上海市档案馆藏：Q185-2-40075。

　　② 《上海地方法院检察处关于殷海泉杀人未遂案》，1948年1月，上海档案馆藏：Q186-2-31210。

　　③ 《上海高等法院检察处关于殷海泉诉周毅等妨害自由案》，1948年，上海档案馆藏：Q188-2-3720。

　　④ 蒯世勋等编著：《上海公共租界史稿》，上海：上海人民出版社，1980年，第126页。

　　⑤ Fight Amongst Casual Wharf Coolies on French Bund（1936.10.19），*Policing the Shanghai International Settlement*，*1894—1945*：*Shanghai Municipal Police Files*，*1894—1945*. National Archives（United States）. Archives Unbound：SC5100279581. Labour Dispute At The Pootung Plant Of The China Printing And Finishing Company（1939.5.28）. *Policing the Shanghai International Settlement*，*1894—1945*：*Shanghai Municipal Police Files*，*1894—1945*. National Archives（United States）. Archives Unbound：SC5100439349.

　　⑥ 《上海特别市警察局有关法租界巡捕房组织机构情况》，1944年，上海市档案馆藏：R36-1-139。

　　⑦ 吴汉民主编：《20世纪上海文史资料文库（10）》上海：上海书店出版社，1999年，第58页。

　　⑧ 马军：《铁门内外：对上海两租界一项公共防卫措施的研究（1925—1946）》，上海：上海社会科学院出版社，2020年，第125页。

结　论

其实码头工人的械斗，不仅会发生在上海，笔者在搜集阅读资料时也注意到大量关于武汉、重庆、南京、九江、厦门等地的码头工人械斗，也有国外学者研究过1930至1960年代南非德班码头（Durban Docks）械斗案例[①]，这样的苦力纠纷问题有很多讨论，比较有代表性的还有新加坡的中国人力车夫械斗[②]。这些暴力史（History of violence）呈现的面相基本一致，即械斗的事实是无可辩驳的，但暴力产生的原因与影响却各不相同。

上海码头工人的械斗根本原因在于势力复杂的都市涌入大量农民，当时政府无法在纠纷中协调各方，苦力之间的争执更多是依靠民间优胜劣汰的方式解决。苦力抱团所形成的群体与民国的同乡、同业组织密切相关，当他们被政党动员，从械斗到罢工，直接影响到上海的经济与生活，也动摇了国民政府的统治基础。上田清将苦力械斗称为欺凌团体（Bully Groups），认为这种团体的形成需要两个条件：一是农民阶层分化，二是他们有了城市生活方式。[③]在上海的案例中，还应该看到政治力量的介入，加剧了械斗的发生。

（本文作者为华东师范大学历史学系民间记忆
与地方文献研究中心博士研究生）

[①] Ralph Callebert, Working Class Action and Informal Trade on the Durban Docks, 1930s–1950s, *Journal of Southern African Studies*, Vol. 38, No. 4（December 2012）, pp. 847–861.

[②] James F. Warren, *Rickshaw Coolie：A People's History of Singapore, 1880-1940*, Singapore：Singapore University Press, 2003, pp.105–130.

[③]　上田信：《明末清初江南の都市無頼をめぐる社会関係——打行と脚夫》,《史学雑誌》90卷11号, 1981年。

满铁对井陉煤矿的掠夺（1937—1945）

白鹏晓

摘　要： 九一八事变后，日本鲸吞中国东北，将东北众多煤矿纳入满铁控制之下。但东北所产原煤并不适宜炼钢铁，而作为华北最大的煤矿——开滦煤矿已处于英国控制之下，多种因素使日本聚焦华北煤矿。因井陉矿出产炼钢的主焦煤，当时日人对该矿很感兴趣。1936年后日本国内煤炭严重匮乏，且满铁在东北控制的抚顺煤矿已难以满足日本需求，井陉、正丰矿富含冶金用的黏结性煤炭，故成为满铁子公司即兴中公司首攻目标。卢沟桥事变后不久，日军侵占井陉、正丰两矿，委托兴中公司经营。日本强行侵占并开凿井陉煤矿八年，掠夺大量煤炭，给井陉矿区社会经济带来巨大灾难。

关键词： 满铁；井陉；正丰；煤矿；掠夺

一、井陉煤矿曲折发展

井陉煤田东连微水，南达南关，北邻赵庄岭，西靠清凉山。南北长20余千米、东西宽约6千米的狭长地堑。西界是落差800—1700米向东倾斜的井陉断层，东界为落差300—700米向西倾斜的赵庄铺断层。[①]矿区位于太行山一山间盆地，其地质构造复杂，对煤层开采造成严重影响。该矿总储量为2.5亿吨，可开采量为1.65亿吨。[②]煤质上乘，以生产优质主焦煤而享誉海内外，被誉为"北方最良之煤田"[③]。井陉以其险要地势自古以来成为兵家必争之地。井陉煤田以生产优质主焦煤著称，其开采可追溯至宋代，其大规模开采亦有近百年历史。

20世纪初，井陉县内的大小煤矿或因资金不足，或因被列强、军阀官僚资本排挤，"均以办法不善，以致资产荡尽"，所存数家煤矿"为经济所限，产量无几。其产量最大者，惟井陉、正丰两矿，每年约可产煤百万余吨"[④]。需要指出的是当时井陉、正丰两矿投靠了帝国主义与封建官僚势力，这也是其得以生存的重要原因。其中，井陉煤矿创办于清光绪二十四年（1898），从开办到1937年七七事变，井陉矿经历了四个时期。井陉县创办的多家公司（见表1）及井陉矿四个时期（见表2）具体内容如下所示：

---

① 井陉矿区地方志编纂委员会编：《石家庄市井陉矿区志》，北京：新华出版社，2007年，第85页。
② 《井陉县志》编纂委员会编：《井陉县志》，石家庄：河北人民出版社，1986年，第215页。
③ 井陉矿区地方志编纂委员会编：《石家庄市井陉矿区志》，北京：新华出版社，2007年，第334页。
④ 井陉县史志办公室：《井陉县志料》（民国二十年修），1988年整理重印，第205页。

表1　20世纪初井陉县创办的采煤公司统计表①

公司名称	矿址	开办时间	最高年产量（万吨）	大股东	总股本（万元）
井陉	横涧	1898年	64	汉纳根 徐世纲	450
正丰	凤山	1905年	30	段祺勋	660
宝昌	郝家台	1917年	24	陈楚	100
民兴	南井沟	1912年	10	高策遗	50
协和	李家庄	1920年	1	冯恩昆	20

　　井陉煤矿资源丰富，煤质优良。帝国主义觊觎井陉煤矿已久，德日两国先后对其进行了掠夺。1898年，井陉县南正村文生张凤起创办井陉煤矿公司；1902年德人汉纳根了解到井陉煤矿后，立刻派技师亚克德赴井陉勘察，后与张凤起合资创办，双方经两次会谈后，签订共同办矿草约，1903年成立井陉矿务公司；1908年北洋大臣袁世凯设井陉矿务总局，并与汉纳根改订官商合办合同，取消张凤起的矿权；1917年中德宣战，北洋政府收井陉矿归农商部、直隶省合办，战后直隶省署继续与汉纳根合资，改订井陉矿务合同。②

　　正丰煤矿，前身为华丰煤矿③，由绅商杜希五、杜欣斋联合正定府商人吴雪门、江北提督王聘卿筹资5万元建立。后因汉纳根无端干涉、朝廷不济，经营惨淡。1911年吴雪门联合军阀官僚段祺瑞三弟段祺勋筹资17.82万元，改华丰公司为正丰公司，成为"井陉近代资金设备最雄厚的官僚资本企业之一"④。段祺瑞家族出资背后实质上是日本大仓组出资经营。

　　在旧中国，井陉虽然经济萧条，文化落后，交通闭塞，但因其丰富的煤炭资源而被列强觊觎。英国的煤商曾经致函中国农业部："德人辞退后，该矿开采营业等事，拟请敝局承办代办……"法国银行致函中国外交部："该矿厂系作抵押品，未经该银行之允许，不得将该场现时形势变更。"日本政府致函中国外交部："德人汉纳根对于井陉炭所，曾言明将让诸日人，特为声明。"⑤资源缺乏的日本蓄谋已久，做了大量调查工作，继而发动七七事变，日军占领井陉煤矿。

---

　　① 资料来源：井陉矿区万人坑纪念馆馆藏资料。注：此外，矿区还曾先后出现裕兴、和记、永兴、中华、井昌、东山、民生等煤厂，但不久停办。

　　② "井陉矿务局历史概要"，井陉矿区档案局藏档案，档案号517。

　　③ 起初称"黄沟煤矿"。

　　④ 《井陉县志》编纂委员会编：《井陉县志》，石家庄：河北人民出版社，1986年，第242页。

　　⑤ 中共石家庄市井陉矿区委宣传部：井陉矿区万人坑纪念馆宣传资料。

表2　井陉矿四时期办矿情况表[1]

时间	矿名	一般被称作	合办人	备注
1898—1902年	井陉县煤矿局	试办时期	井陉乡绅张凤起与德人汉纳根	签订草约十二条
1908—1918年	直隶井陉矿务局	中德合办时期	北洋大臣杨士骧与汉纳根	签订中德官商合办合同
1918—1922年	井陉矿务局	部省合办时期	由农商部、外交部、财政部、直隶省署成立的五人清理委员会管理	中方废止中德合办合同
1922—1937年	河北省井陉矿务局	改办合同时期	直隶省长王承斌、外交部交涉员祝惺元与德人保尔、汉纳根	签订中德改办合同

二、满铁对井陉煤矿的掠夺

(一) 满铁攫取井陉煤矿利权

日本对井陉煤矿垂涎已久，在其占领井陉煤矿之前，已做了大量的调查、谈判等筹备工作。早在1918年，日本大使致函中国外交部，直言欲从德人汉纳根手中夺取井陉煤矿利权。之后，日方不断调查该矿并与德方交涉。1935年12月，在大连成立的满铁子公司兴中公司，暗中策划掠夺该矿。1936年，满铁与日本大藏省先后派人调查该矿。同年2月，兴中公司社长十河信二在会见宋哲元后，提到关于"井陉煤矿……的开发……受到了宋委员长的委托"[2]。9月，宋哲元在日军威胁下私自与日本华北驻屯军达成《中日华北经济提携协定》，日本企图通过该协定增加井陉、正丰煤矿产量。但是该协定严重损害中国主权，遭到包括南京中央政府在内的中国各界的坚决阻止。宋哲元意识到问题严重性后，以各种理由拖而不办，最终使谈判不了了之。当月，十河信二与井陉矿德方代表巴尔·巴乌耶尔交涉。9月8日双方签订"井陉矿务局德方股份让渡预备合同书"与"追加合同书"，合同规定兴中公司用满

---

① 资料来源：井陉矿区万人坑纪念馆馆藏资料。

② 依田憙家：《日本帝国主义的本质及其对中国的侵略》，卞立强等译，北京：中国国际广播出版社，1993年，第84页。

铁债券支付德方股份135万元（其中德方持有井陉煤矿运营资金约110万元、持有正丰煤矿运营资金约25万元），并获取井陉煤矿及德方原有相关特权。为表赔偿与酬谢，兴中公司追加给巴尔·巴乌耶尔10万元中国法币。①1936年9月，满铁制定"华北开发"5年计划，在确定的14个项目中包括"开发"井陉与正丰煤矿各100万吨并预计两者共增产到300万吨，建设包括井陉煤矿新设线在内的津石铁道338千米，用于外运当地煤矿资源。②

　　1937年10月10日，石家庄沦陷后，大批日军沿正太路西进。次日占领正丰煤矿，12日占领井陉煤矿，当月日本将收买德方股份及德方一切权益交由兴中公司操办。在德方坚持用现金收款的情况下，1937年10月27日兴中公司在贝岛炭矿株式会社协助下以135万元现金正式收购德方股份。③日本占领新井（即现在一矿）后，改称之为运输部。④日德擅自签订让渡合同，违反了中德于1922年9月30日签订的契约⑤款项，故遭到冀察政务委员会的反对。于是，1937年11月16日，巴尔于天津以兴中公司为其代理人的形式，通过"机密契约"将井陉煤矿德国股份正式让渡于兴中公司。⑥12月6日，委托兴中公司经营正丰、井陉煤矿，井陉煤矿被纳入兴中公司，改称兴中公司井陉采炭所，由兴中公司委托贝岛炭矿株式会社经营。1938年5月17日，兴中公司受日军委托，将正丰煤矿改称兴中公司正丰采炭所，交贝岛炭矿会社协助经营。⑦

（二）满铁调查井陉煤矿

　　1936年11月，满铁经济调查委员会调查井陉煤矿销售渠道与交易量，调查发现1935年该矿将产煤销往平津21万吨、保定10万吨、平汉沿线15万吨，其余平汉、正太铁路用煤20万吨，石家庄焦炭原料煤3吨，自家用煤10吨，共计79吨。同时，该委员会提出兴中公司出资264万元收购井陉矿务局1/2的股份时，兴中公司经营的井陉煤矿会有四种收支预算方案，方案一是津井铁路完成后，若向八幡提供煤50万吨，兴中公司会收入1128.8万元，支出1010.488万元，收益118.312万元；方案二是

---

① 十河信二、ボウル·バウエル："井陉礦務局獨逸側持分讓渡関前契約書""付加契約書"，1936年9月8日，井陉矿区档案局藏，民国档案2057-972-148。

② 树纯：《满铁对华北工矿资源的掠夺》，《兰台世界》1996年第6期，第2页。

③ 华北开发株式会社：《井陉炭矿株式会社（假称）案参考附书》，1939年4月，井陉矿区档案局藏，民国档案2057-972-155。

④ 《井陉矿务局第一矿八十年》，石家庄：河北井陉矿务局印刷厂，2005年，第178页。

⑤ 即"直隶井陉礦務局处理改變契約"，1922年9月30日，井陉矿区档案局藏，民国档案2057-972-149。

⑥ ボウル·バウエル、平山敬三："机密契约"，1937年11月16日，井陉矿区档案局藏，档案2057-972-148。

⑦ 井陉矿区地方志编纂委员会编：《石家庄市井陉矿区志》，北京：新华出版社，2007年，第342—343页。

津井铁路完成后，向八幡提供煤100万吨时，兴中公司会收入1502万元，支出1406.42万元，收益95.58万元；方案三是津石铁路修缮后，向八幡提供煤50万吨时，兴中公司会收入1157.8万元，支出1094.096万元，收益63.704万元；方案四是津石铁路修缮后，向八幡提供煤100万吨时，兴中公司会收入1512万元，支出1498.84万元，收益13.16万元。①

自1939年4月至1941年1月，满铁华北经济调查所就华北炭质适性问题对井陉煤矿进行了四期调查，分别从井陉与正丰矿整体概况、黏结性、液化及低温干馏等方面进行深入探究。从1939年4月末至5月中旬，满铁华北经济调查所重点调查并研究了井陉、正丰两矿的概况，并作印有"极秘"字样的"河北省正丰炭矿及井陉炭矿概况报告（华北炭质适性调查资料一）"②。1940年，满铁华北经济调查所对该矿煤质适性作了进一步调查，并作印有"极秘"字样的报告"关于井陉、正丰煤矿煤质适性调查（二）"。同时进行骸化性试验、黏结性试验、配合试验等一系列试验。"综合诸试验结果，井陉、正丰（煤炭）都属于强黏结性炭，不论弱黏结性炭或无烟煤等都适宜于与之调配。"③1940年11月，满铁华北经济调查所进行了第三期调查，主要依据大连满铁实验所煤炭液化试验，研究结果认为"井陉、正丰煤炭可能比抚顺煤炭液化困难"，最终形成印有"极秘"字样的"北支那诸炭田炭质适性调查——井陉、正丰炭矿第三报"④。1941年1月，满铁华北经济调查所进行了第四期调查，重点进行低温干馏⑤试验，并作印有"极秘"字样的"北支那诸炭田炭质适性调查——井陉、正丰炭矿第四报"⑥。满铁华北经济调查所的深入调查与研究，为兴中公司掠夺井陉、正丰煤炭奠定基础。

此外，1939年5月6日，满铁参股的华北开发株式会社调查局对正丰煤矿进行实地调查结束，6月7日至12日对井陉煤矿进行了调查。井陉煤矿和正丰煤矿在采掘与出炭方面类似，为避免重复记录，参照"正丰煤矿报告书第一报"，该报主要收录了工业、元素及灰分析等方面的结果。⑦1943年，满铁在华北开发株式会社委托下，对

---

① 满铁经济调查委员会："兴中公司经营的井陉煤矿收支预想"，1936年11月，井陉矿区档案局藏，档案2057-995-184。

② 满铁华北经济调查所："河北省正丰炭矿及井陉炭矿概况报告（华北炭质适性调查资料）"（极秘），1939年8月，井陉矿区档案局藏，档案2057-973-156。

③ 满铁华北经济调查所："关于井陉、正丰煤矿煤质适性调查（二）"（极秘），1940年，井陉矿区档案局藏，民国档案2057-974-157。

④ 满铁华北经济调查所："北支那诸炭田炭质适性调查——井陉、正丰炭矿第三报"（极秘），1940年，井陉矿区档案局藏，民国档案2057-975-158。

⑤ 低温干馏法是煤炭液化法的一种。

⑥ 满铁华北经济调查所："北支那诸炭田炭质适性调查——井陉、正丰炭矿第四报"（极秘），1940年，井陉矿区档案局藏，民国档案2057-976-159。

⑦ "华北诸炭田炭质适性调查报告书井陉炭矿第一报"（极秘），井陉矿区档案局藏，1940年2月，民国档案2057-991-169。

井陉煤矿再次进行了调查。

（三）满铁经营井陉煤矿

1935年，满铁子公司兴中公司成立，1937年12月，日军委托兴中公司经营井陉煤矿。兴中公司接手井陉煤矿后，制定经营计划，改造交通路线，加强管理。1938年，华北开发株式会社成立，满铁参与投资，成为华北开发株式会社主要股东，1939年，满铁将兴中公司股份移交华北开发株式会社，华北开发株式会社逐渐统制华北经济。

兴中公司制定经营计划。井陉、正丰煤矿富含冶金用的黏结性煤炭，是优质的主焦煤。从井陉煤矿年均产量来看，20世纪初约4.2万吨，一战后约为18万吨，三十年代至1945年日本投降约为98万吨。兴中公司控制井陉、正丰煤矿后，加强对其开采，制定了印有"极秘"的"井陉、正丰煤矿运营事业计划案附石家庄骸炭工场"。该方案从七个方面作了安排，分别是煤炭资源调查、产煤与焦炭生产目标、收支预算、利润处理方案、资金计划案、炭矿关系、焦炭工场关系。[①]通过调查，兴中公司对两矿煤炭作了以下估计（见表3）：

表3　井陉与正丰煤炭量与营业年数估计[②]

炭矿名	剩余储量（万吨）	可采炭量（万吨）	营业年数
井陉	约7000	约4000	约25年
正丰	约3000	约1800	约25年
合计	约10000	约5800	

该方案中，兴中公司对井陉与正丰煤矿的储量、可开采量与可经营年数作了估计，当年均产量井陉约150万吨、正丰约70万吨，两矿约220万吨时，5800万吨的可开采量需25年有余即可采完。预计1939年煤炭与焦煤纯收益为8.6万元，1940年为72.4万元，1941年为135.9万元。[③]

修缮与改造正太铁路运煤线。日军占领井陉煤矿后，当地铁路与煤矿分别由华北交通株式会社[④]与兴中公司管理。1938年11月，日军投资107.98万元，改石太路石门至张村支线段为标准轨，且加大曲线半径，降低坡度；建221.6米大桥。至此，

---

① "井陉、正丰煤矿运营事业计划案（事业说明）附石家庄骸炭工场"，井陉矿区档案局藏，民国档案2057-972-148。

② 资料来源："井陉、正丰煤矿运营事业计划案（事业说明）附石家庄骸炭工场"，井陉矿区档案局藏，民国档案2057-972-148。

③ "井陉、正丰煤矿运营事业计划案（事业说明）附石家庄骸炭工场"，井陉矿区档案局藏，民国档案2057-972-148。

④ 华北交通株式会社，1939年4月成立。不久，满铁撤销华北事务局，并出资资助该社一亿二千万日元，以40%的股份成为仅次于华北开发株式会社的第二大股东。满铁以股东方式间接控制华北交通。

井陉、正丰煤车自由出入于京汉铁路间。[①]自1939年起，日军为加强掠夺山西与井陉煤炭，把石太铁路、凤山与新井支线同时改成宽1.435米的标准轨并进行技术改造；同时新建10孔20米总长211.6米的上板桥；封闭南正站，增设三角线。1939年已有4台25吨宽轨机车和28台5吨宽轨煤车。[②]1939年10月改造后的正太铁路开始试运营。交通的修缮也壮大了兴中公司掠夺井陉煤矿的野心，1939年4月、5月分别计划生产6万吨、5万吨[③]，1939年10月计划产煤达9万吨（实际产煤5万吨），11月又计划生产9万吨（实际产煤6.2023万吨），12月计划生产10万吨[④]。设施修缮后，煤炭运量提高到每月6.1万吨。[⑤]1940年8月，八路军发动百团大战的第一阶段作战即正太破袭战，攻克井陉新井，炸毁设备，烧毁存煤，打击日军的掠夺计划。正丰煤矿附近的铁路及煤矿分别由华北交通株式会社与兴中公司正丰采炭所管理。改造后正丰煤矿年产量由七七事变前二三十万吨[⑥]增至1941年的74.6万吨。[⑦]

1939年1月，满铁将兴中公司股份移交华北开发株式会社，兴中公司逐渐成为华北开发株式会社的子公司，只直接经营煤与焦炭、铁矿石与生铁、港湾三部门。为增加产量，"确保对日供给"，1939年4月，华北开发株式会社制定印有"极秘"字样的"井陉、正丰煤矿开发要纲案"，其目的是在华北开发株式会社统制下，"作为中国普通法人设立井陉炭矿株式会社（即井陉煤矿股份有限公司）"[⑧]。资本为2000万日元，总部设于北京，必要时在他处设立分店与办事处。华北开发株式会社出资30%即600万元，"贝岛炭矿会社"与其他公司出资20%，中国方面出资50%。设社长1名，由华北开发株式会社代表担任；董事6名，其中中方3名，日方3名（华北开发株式会社1名，"贝岛炭矿会社"与其他公司共2名）。[⑨]企图通过统制，使井陉煤矿1941年产量达到220万吨。[⑩]虽然经营形式为"中日合办"，但两矿完全被

①　《井陉县志》编纂委员会编：《井陉县志》，石家庄：河北人民出版社，1986年，第242—246页。

②　井陉矿区地方志编纂委员会编：《石家庄市井陉矿区志》，北京：新华出版社，2007年，第257—258、372页。

③　"井陉煤矿业务月报1939年4月"，井陉矿区档案局藏，民国档案2057-993-173。

④　"井陉煤矿业务月报1939年10月"，井陉矿区档案局藏，民国档案2057-993-179；"井陉煤矿业务月报1939年11月"，井陉矿区档案局藏，民国档案2057-993-180。

⑤　井陉矿区地方志编纂委员会编：《石家庄市井陉矿区志》，北京：新华出版社，2007年，第257—258页。

⑥　正丰煤矿在年产量上，1934年为31.7208万吨，1935年为35.3331万吨，1936年为33.1899万吨（1937年1—6月为27.2022万吨）。选自"河北省井陉县正丰炭矿业务报告书"，井陉矿区档案局藏，民国档案2057-978-160。

⑦　井陉矿区地方志编纂委员会编：《石家庄市井陉矿区志》，北京：新华出版社，2007年，第257—258页。

⑧　"井陉、正丰炭矿开发要纲案"，井陉矿区档案局藏，1939年4月，档案2057-972-152。

⑨　华北开发股份有限公司："井陉炭矿株式会社（假称）设立要纲案"，1939年4月，井陉矿区档案局藏，民国档案2057-972-151。

⑩　"井陉、正丰炭矿开发要纲案"，井陉矿区档案局藏，1939年4月，民国档案2057-972-152。

日方操纵。①1940年7月，井陉炭矿株式会社成立，10月，井陉与正丰合并。日本企图设立一元化强有力的煤炭配给机构。1940年10月30日，煤炭销售独立成华北煤炭贩卖公司，兴中公司逐渐退出历史舞台。

井陉、正丰两矿产煤主要用于外销，矿厂与当地自销所占比例甚微。兴中公司侵占井陉、正丰两矿的前两年多产乏煤，仍大部供给北京、天津、太原、石家庄等地，但已开始掠往日本。井陉煤矿被兴中公司经营之前，其煤炭很少销往日本，之后运销规模逐渐扩大。1936年产煤88万吨，销往日本1.8626万吨；1937年产煤72万吨，销往日本7万吨；1939年销往日本13.4239万吨；1940、1941两年运销日本70万吨，伪满洲45万吨。②

自1941年起，日军每年将100万吨井陉煤炭运往伪满洲、日本，输出量占2/3，其余销往平汉路沿线。继德国自1908至1936年间掠夺井陉煤炭约807.63万吨后③，日军侵华8年，共掠夺井陉煤炭870多万吨④，掠夺速度更胜一筹。日文资料"1939年4月的调查报告"中"井陉矿采煤：先采煤主力已移向新坑，新井以南已采尽，今后主要在新井以北及以西井陉采掘"。此时井陉煤矿被占领一年多，新井以南煤田较浅，易于开采；新井以北以西煤田较厚，难于开采，体现出日本先易后难掠夺式开采。据国民政府时期的调查报告，当时井陉矿与正丰矿的水泵、锅炉、机车等机器损坏严重。解放后井陉矿除提升机外，其他机器耗损严重，不堪复用，这是日人在井陉煤矿疯狂掠夺的结果。1945年日本投降，10月，国民政府接管井陉矿新井。

三、满铁对井陉矿工的剥削

(一) 矿工来源

井陉矿工来源主要有四个，一是井陉煤矿的原有工人，二是通过诱骗、抓捕等方式获得的穷人劳工，三是因无法生存而被迫参与井陉煤矿开采的劳工，四是抗日战争中被日军俘虏的战俘。

兴中公司接收了一部分井陉矿区被占领前的从业员工为其服务。为早日恢复生产，加快煤炭资源掠夺，兴中公司计划利用原有的矿工从事生产活动，既能就地开工，节约时间，又能降低成本，提高生产效率。⑤但是日本占领井陉矿区时，大量矿

① 井陉矿区地方志编纂委员会编：《石家庄市井陉矿区志》，北京：新华出版社，2007年，第343页。
② 井陉矿区地方志编纂委员会编：《石家庄市井陉矿区志》，北京：新华出版社，2007年，第344页；华北开发株式会社："井陉炭矿株式会社（假称）案参考附书"，1939年4月，井陉矿区档案局藏，民国档案2057-972-155。
③ 井陉矿区地方志编纂委员会编：《石家庄市井陉矿区志》，北京：新华出版社，2007年，第342页。
④ 《井陉县志》编纂委员会编：《井陉县志》，北京：中国文史出版社，2011年，第239页。
⑤ 华北开发株式会社："井陉炭矿株式会社（假称）案株式会社"，1939年4月，井陉矿区档案局藏，民国档案2057-972-155。

工逃离，之前的矿工总计6241名，仅有126人留在了矿区。[①]

为充实劳动力，加快生产速度，日军还从华北各地诱捕村民充当劳工。长期战争消耗，使日本对华北煤炭的掠夺手段更加野蛮。自1941年起，日人从河北的获鹿、宁晋、束鹿、南宫、邢台、晋县、邯郸与河南的内黄、安阳等地，把一批批贫苦农民骗至井陉矿区。1941年日本还在华北成立华北劳工协会，其重要使命是为日本在华北的国策企业与矿山供给足够的强制劳工，以确保日本对华北战略资源的大规模"开发"与掠夺。在诱骗、抓捕华北劳工的过程中，华北劳工协会扮演了重要角色。被捕劳工的头被剃成"阴阳头"特殊记号，无人身自由，从事最繁重劳动，至今井陉矿区万人坑纪念馆还保留着这把领航牌（PILOT）推子。

抗战期间部分民众迫于生计到井陉煤矿打工，每日通过艰苦工作换取微薄收入来养家糊口。马忠田就是其中一员。马忠田小时候，父亲被日军抓走，关在20号劳工研究所，被严刑拷打。失去了父亲这个家庭支柱，弟弟因为饥饿死亡。横竖都是死，他被迫加入"增产报国队"，成为一名矿工，从此失去了人身自由，当年他只有8岁。[②]像马忠田这样因为生活困窘被迫成为矿工的人不在少数。

在抗日战争中被俘虏的士兵经常被送到矿区开矿。他们被编入"增产报国队"，被日军关押、强制无报酬劳动，其待遇如奴隶。且病后不予医治，甚至病重者被直接拖进南大沟"万人坑"，任凭野狗野狼啃食。[③]在南大沟万人坑和矿工墓基础上建立的井陉矿区万人坑纪念馆至今诉说着这段悲惨历史。

（二）矿工收入

1939年，井陉矿区从业者近6000人。[④]中国劳工又被分为五种类型，即职员、佣员、里工（长工）、外工与临时工。[⑤]其中职员是月薪制人员，佣员是包括包工的监督在内的具有社员身份的正式的日薪制固定工人，里工是除佣员外的日薪制人员，外工或称包工（包括采炭夫和其他人员）。[⑥]

1939平均每天矿井内工人人均出炭0.77吨，矿井外工人人均出炭0.44吨。[⑦]当年兴中公司计划大致按照月工资"俸给"、日工资"给料"、"打杂津贴"三种类型对井陉煤矿工人发放工资，按照"俸给"日本人月均收入300元，中国人月均收入135元；按照"给料"人均一日一元；"打杂津贴"是"俸给""给料"的1/10。每月安

① 戴建兵：《抗日战争时期日本对河北煤炭资源的掠夺》，《衡水师专学报：综合版》2000年第2期，第5—14页。

② 《井陉煤矿百年风云》（五集文献纪录片），DVD，北京：中央新影音像出版社。

③ 井陉矿区地方志编纂委员会编：《石家庄市井陉矿区志》，北京：新华出版社，2007年4月，第396—397页。

④⑦ "井陉煤矿业务月报1939年4月"，井陉矿区档案局藏，民国档案2057-993-173。

⑤ "井陉煤矿业务月报1939年11月"，井陉矿区档案局藏，民国档案2057-993-180。

⑥ "井陉煤矿业务月报1940年6月"，井陉矿区档案局藏，民国档案2057-993-175。

排800元用于工人工伤补贴、慰问金、治疗费、入院费等。对正丰煤矿工人发放工资，按照"俸给"日本人月均收入300元，中国人月均收入100元；按照"给料"人均一日一元；"打杂津贴"是"俸给""给料"的1/10；工人工伤补贴是井陉煤矿标准的一半。[①]除中日员工收入差距悬殊外，通过以下表格（表4）可以了解到工人实际工资远低于以上计划标准。

表4　1940—1944年井陉与正丰两矿矿工工资与石家庄物价表（单位：元/日）[②]

年份	井陉矿工工资	正丰矿工工资	石家庄物价
1940	0.66	0.78	346.35
1941	0.93	0.98	399.79
1942	1.49	1.43	502.60
1943	3.34	3.05	853.81
1944	5.78	5.67	3,370.55

通过此表可以看出，1940—1944年井陉矿工日平均工资约2.44元，正丰矿工工资约2.38元。而石家庄物价约为1094.62元，约是矿工收入的456倍。虽然其工资有所增加，但其收入相对减少。需要指出的是，有时矿工连基本的工资也得不到，曾经矿工在采坚硬的五层煤时劳动28日仅得2.9元，日工资不足1角4厘。[③]包括兴中公司在内的日本对矿工剥削极为严重，在物价飞涨的20世纪40年代，矿工的生活变得极为贫寒。

此外，为廉价掠夺井陉煤矿，井陉煤矿上经常使用上千名八九岁、十二三岁的童工。童工与成人一样进行着背筐、刨煤、拉斗等繁重劳动，工资却只有成人一半，有时一天才5分钱。

（三）矿难频发

井陉"窑洞整日出煤，亦不加修理，风窗闭塞不能通风"。矿区安全措施不到位，日本视矿工生命如儿戏，发生事故后不积极营救矿工，造成大量伤亡。据不完全统计，日本占领井陉煤矿时期，矿难层出不穷，较占领之前规模更大，共发生5起重大事故，其中4起发生于兴中公司经营期间。[④]具体如下：

1. 1939年，正丰矿井下因火灾烧死8人，受伤13人。

---

① "井陉矿务局改组二関スル間契約書"，井陉矿区档案局藏，民国档案2057-972-150。
② 资料来源：《井陉县志》编纂委员会编：《井陉县志》，北京：中国文史出版社，2011年，第24页。
③ 井陉矿区地方志编纂委员会编：《石家庄市井陉矿区志》，北京：新华出版社，2007年，第396页。
④ 井陉矿区地方志编纂委员会编：《石家庄市井陉矿区志》，北京：新华出版社，2007年，第388页。

2. 1939年1月，正丰矿小8号煤洞因瓦斯爆炸21人当场死亡。[1]

3. 1939年2月25日，"日军占领井陉横西煤矿后，因生产条件极坏，矿井起火。在井下生产的矿工鸣钟呼救。日军怕把矿井设备烧坏，便将井口封住，1200名矿工全部被烧死。"[2]

4. 1940年3月22—23日，井陉矿发生瓦斯爆炸，继而煤尘爆炸，巷道内烈火产生的高温达到2000摄氏度左右，爆炸冲击速度超过610米每秒，因爆炸产生的冲力超过7.5公斤每平方厘米。统计数据显示，1000名参与作业的矿工中，死亡人数达到357人，480余人受伤。骡子死亡120头。[3]3日后，正丰矿透水，淹死工人100余人。[4]

（四）矿工生活

矿工很多没有人身自由，被日本通过警备队、劳工研究所与劳务股等机构严格监管。[5]1939年在正丰矿驻扎的装备精良、机动性强的百人警备队，成为矿山统治机构的最高机关。还设有30多人的密探、便衣队等特务组织。日方设有多个劳工研究所，其中20号劳工所"有个恐怖的代称'阎王殿'"，日军将具有抗日思想的人押入该处，"灌凉水、烙铁烫"，残忍至极。[6]日人在封锁的矿山周围建碉堡，并在碉堡与碉堡间架高压电网。而且将8小时工作制改为12小时，将井下生产分段承包的包工大柜管理制度改为小段包工制，实行挂牌制度[7]，严格控制工人。矿工进出矿时，即使冬季也被脱衣搜身，稍有怠慢或反抗，即被毒打乃至开除。

矿工饮食方面得不到保障，身体健康严重受损。矿工生活极为艰苦，每日靠日人配给的杂粮面、豆饼、棉籽及菜籽面等艰难度日，许多被摧残致死。据马忠田口述，他在井陉矿区当工人时，工人一天吃两顿饭，只有一勺稀饭，偶尔会有萝卜叶子拌高粱米饭，工人食不果腹，营养不良，骨瘦如柴。[8]也有被抓到矿区后，逃回来

---

① 《井陉县志》编纂委员会编：《井陉县志》，北京：中国文史出版社，2011年，第248页。另有说"当场烧死八人，伤十三人"，"矿工要求马上抢救"，日军反而封闭巷道，不予医治，致使12人含恨而死。详见中共井陉矿务局委员会《井陉煤矿工人斗争史》编写组编著：《井陉煤矿工人斗争史（1898—1949）》，石家庄：中共石家庄市委党史征编室，1987年2月，第41页。

② 《井陉县志》编纂委员会编：《井陉县志》，北京：中国文史出版社，2011年，第21页。

③ 《井陉煤矿百年风云》（五集文献纪录片），DVD，北京：中央新影音像出版社，2015年。

④ 《井陉县志》编纂委员会编：《井陉县志》，北京：中国文史出版社，2011年，第22页。

⑤ 王瑛：《1937—1945年间日本对井陉煤矿的掠夺与"开发"研究》，石家庄：河北师范大学，2011年，第42页。

⑥ 《井陉煤矿百年风云》（五集文献纪录片），DVD，北京：中央新影音像出版社。中共石家庄市井陉矿区委宣传部：井陉矿区万人坑纪念馆宣传资料。

⑦ 挂牌制度，即工人上下班须挂上贴有自己相片的牌子，到点没挂取消当天班并扣工资。要求工人早班4点、晚班17点，不准迟到一分钟，每天提早到岗。故工人每天提前三四个小时排队挂牌。

⑧ 《井陉煤矿百年风云》（五集文献纪录片），DVD，北京：中央新影音像出版社。

的村民说，矿区人多锅少，工头管理严，忍饥挨饿也要按时上班，十分辛苦。①特别是太平洋战争爆发后，矿工的生活全面恶化。

矿工工作强度大，超负荷作业。兴中公司为节省成本，利用华北廉价的劳工，采用落后的方法采煤。井陉煤矿虽为近代化煤矿，但手工操作较为普遍，在采煤巷道拓展时，全部使用体力劳动。采煤时在第一、第二与第四煤层采用残柱式方法，在第五层用陷落式方法。从斜坡向下运煤时，煤车达几吨重，矿工用背来戗住往下放，在几十米长的斜坡上一旦发生事故，矿工有生命危险。为最大程度节约成本，在开采空间狭窄的薄煤层，日军使用童工1000人以上，许多甚至只有八九岁，他们的劳动程度与成人相差无几。大量童工干着繁重的背筐、刨煤、拉斗等工作，一个班下来背筐拉煤几十趟，路程将近40公里。一般是用炮炸下煤后装入斗子，利用童工往外拉，拉煤方式是四肢朝下拉着一斗子100多斤的煤，尽管底下有一个圆钢筋以减轻摩擦，也还是难以拉动。"十来岁的孩子把窑下，饿着肚子挨着打，身单力薄活儿童，压弯腰背地上爬，瘦得童工皮包骨，肥了把头资本家"，当时矿上流传的童谣是对童工生活的情景。大量童工因过度劳累、营养缺乏，未及成人即离世，而日人把一批又一批的童工抓来下井挖煤。②

李辉工程师被采访时讲到，他13岁下井陉矿，日本采用伤亡很大的陷落式土法采煤，每天2—3人死亡。日本严重瞒报死亡实情，1939年月报登载的井陉矿一年死亡23人，一个月死亡2—3人，严重失信。③劳工除死于矿井外，大量在受尽折磨后死于劳工房。矿工死亡后起初给一薄板棺材，后两人装一个，被埋尸南大沟南岸。有时一天死几人，日人索性曝尸野外，甚至将伤病者直接丢弃南大沟，任被野狼野狗啃食。1944年4月23日，《新华日报》第四版揭露井陉矿工生活情况，直接指出在日军占领下，井陉矿区已经成为"屠场"。据统计，在1947年井陉矿区解放前的半个世纪，共有46000名矿工冤死于此。天长日久，尸骨成堆，凄惨异常，形成触目惊心、闻名遐迩的"南大沟万人坑"。"井陉煤田的开采史是建立在苦难矿工的累累白骨之上的。"井陉矿区万人坑形成的根本原因是"帝国主义列强，尤其是日本军国主义者勾结中国的封建势力，对矿区煤炭资源的疯狂掠夺，对矿工的残酷压榨"④。"昔日南大沟，遍地是坟丘。日日添新坟，夜夜鬼魂游。乌鸦寻觅食，狼犬扒坟丘。白骨堆满地，遍野皆人头。"⑤"日寇横行尽悲歌，矿工血泪染成河。只见煤车天天转，不见矿工几人活。尸骨成堆骨成垛，千仇万恨记心窝。"⑥当时流传着的歌谣就是矿工悲惨生活的真实写照。

①　刘江：《井陉矿工生活在死亡线上》，《新华日报》1942年11月12日，华北版。
②　井陉矿区地方志编纂委员会编：《石家庄市井陉矿区志》，北京：新华出版社，2007年，第396页。
③　1939年11月的月报这样统计：死亡总计2人，重伤总计9人，轻伤总计115人。选自"井陉煤矿业务月报1939年11月"，井陉矿区档案局藏，民国档案2057-993-180。
④　中共石家庄市井陉矿区委宣传部：井陉矿区万人坑纪念馆宣传资料。
⑤　井陉矿区地方志编纂委员会编：《石家庄市井陉矿区志》，北京：新华出版社，2007年，第905页。
⑥　《井陉煤矿百年风云》（五集文献纪录片），DVD，北京：中央新影音像出版社。

此外，部分矿工被诱骗至日本做苦力。20世纪40年代，满铁东京支社著的《新情势の石炭需給に及ぼす影響及び其の对策》，主要记述了战时体制对日本国内、国外煤炭供需的影响，其中指出在日本国内，因劳动力不足与资金缺乏，日本煤炭增产计划受到阻碍。[①]日军为缓解国内劳动力缺乏状况，从中国矿区挑选青年运往日本，很多矿工被奴役、迫害，死于日本。

结　语

九一八事变后，日本认为满铁控制的中国东北地区的众多煤矿难以适用于冶炼钢铁。在其"以华制华"方针引领下，日本将侵略煤矿的重心转向华北。井陉矿因出产炼钢的主焦煤，与日本需要的能源相契合，引起日人极大兴趣。随着战争持续，1936年后日本国内煤炭严重匮乏，且满铁在东北控制的抚顺煤矿已难以满足日本军事需求，满铁通过成立子公司以直接或间接方式大肆掠夺井陉煤矿资源。其掠夺行径给井陉、华北乃至中国社会经济造成了巨大损失。在资源掠夺过程中，它借日本军事力量，强抓、奴役中国劳工，以人换煤，压制先进思想，打击抗日力量，造成矿工大量伤亡。此外，野蛮、粗放、落后的开采方式，给矿区环境造成了严重破坏。满铁对井陉煤矿资源的掠夺，是旧中国积贫积弱的社会背景下被列强蹂躏的历史缩影，是日本侵华的历史罪证。

（本文作者为华中师范大学近代史研究所中国近现代史专业博士研究生）

---

① 满铁东京支社：《新情势の石炭需給に及ぼす影響及び其の对策》，20世纪40年代，日本国立国会图书馆藏，日本全国书志号77101638。

自由的"行动"向度

——费希特学说在近代中国的早期传播

张蓝天

摘　要： 在德国古典哲学家中，费希特的学说特别具有现实关怀和推崇行动的品格，这得以被五四前后的中国思想界所关注，并进一步产生了潜移默化的影响。中国学人对于其"人生天职论"的绍述，不仅触及自我学说的理论基础，并与当时的人生观讨论有着内在精神关联。其被认作富于"抵抗力"的民族特质代表、突出人作为实践主体力量的自然观，照应了新文化运动中民族性格改造的时代主题。其"理性国家"论与有关中国政体现代转变的探索相互交融，成为民约传统和社会主义思想源流之一。与国家主义主要剪裁费希特民族国家学说不同，民初社会舆论界相对综合地呈现出费希特所提倡的自由、行动之价值，并与当时的知行需要结合起来。

关键词： 费希特学说；早期传播；五四；自由；行动

在中国近代出版的书刊中，于上海创办的《大陆报》曾最早刊登过有关费希特的专题介绍，并称："费希特不仅是为他自己，而且是为他之后的时代所写作。"[①]作为德国古典哲学的重要奠基人之一，费希特不仅以其深邃的思辨哲学理论在哲学史上占有重要地位，而且紧扣德意志民族发展的历史与时代背景，反思规定意义上作为"自由理性存在物"的人及特殊规定的各社会阶层的精神追求和行为轨迹，体现了思想与现实的共振。梁启超亦以"戛特、西黎尔、康德、菲斯的"为缔造德国之"四哲"，称后两者"皆百年前之大学者，研究一种新哲学，以理想、道德奖进国民者也"[②]。虽然在西方哲学东渐的过程中，总体上人们对现代哲学的关注先于古典哲学。但是正如贺麟先生曾指出的，中国学人关注西方学说亦有学术溯源之必要，从变法运动到五四前后，关于德国古典哲学的启蒙介绍也已经开始。[③]并且和五四运动开创的民主和科学的精神相联系，自康德以来"讲科学的认识论、意志自由，讲实

---

① 最早一篇介绍费希特的文章为《史传：费息特传》，《大陆报（上海）》，1902年。该报后改为美资所有的英文报纸，该语出自 Fichte, *The China Press*，1914年9月10日，第7版。

② "戛特"今译歌德，"西黎尔"今译席勒，"菲斯的"今译费希特。梁启超：《菲斯的人生天职论述评》，《大中华》1915年第1卷第4期。

③ 贺麟：《康德、黑格尔哲学在中国的传播》，张学智编：《贺麟选集》，长春：吉林人民出版社，2005年，第425页。

践理性"，必然与民主自由攸关，因此相关的传播和介绍逐渐成为学术理论的中心内容。①

引入欧洲大陆理性学派的代表者王国维，于1906年就已首先关注到康德与费希特于统一"绝对自我"上的分歧。②梁启超在1915年发表的长文《菲斯的人生天职论述评》则祖述自费希特《关于学者使命的若干演讲》和《对德意志民族的演讲》，其以"笔端常露情感"之文字比勘费氏相关著述之说与中国传统陆王、佛家无明之学，在费希特学说早期传播中所为尤力，且别开生面。③梁氏以不得观原著全文为憾，其所述实际上仅为费希特原著《关于学者使命的若干演讲》部分观点的节略和梳理，并带有援中释西的色彩，观点的准确性也受日译本再传播的层累影响。此后遂有一署名"志诚"的学人亦有感于梁氏所论，补充整理出梁译《人生天职论》全文。④除梁启超主要从人生哲学的视角阐释费希特之外，早期有关费希特学说的传播所涉领域甚广，包括有美学、经济观、政治观、教育说等。杨匏安在1919年系列发表的《美学拾零》中，专题论述看似未成系统的费希特美学的自在逻辑，其中对审美判断的分析需深入综合费氏思辨知识学的基础，具有一定的深度。⑤费希特认为自己所成之学说——"自由的体系"是一个整体⑥，而其早年耶拿时期与晚年柏林时期思想内部的流质变化常易引起不同解读⑦。在中国的早期传播中，学者却普遍对这一区分并不敏感，因此也出现同时期的学者对其思想的勾画有所异趣。诸如周鲠生以费氏早年《向欧洲各国君主索回他们迄今压制的思想自由》为基础，分析其政治学说⑧，而续完于柏林时期之际的《闭锁商业国》所传递的国家政体理念，又触及契约论向"国家整体论"过渡的问题⑨，费氏晚年1808年方成的名篇《对德意志民族的演讲》也早已为诸多学者关注，进一步涉及对其政治说、教育说的分析，运用以契合中国现实中文化人格的建构需要。费希特学说早期传播译介情况之纷繁由此可见一斑。

从已有研究概况来看，多数学者聚焦时段相对偏后，主要集中于20世纪20年代

① 贺麟：《康德黑格尔哲学东渐记》，《中国哲学》第2辑，北京：三联书店，1980年，第336页。
② 王国维：《汗德之伦理学及宗教论》，《教育世界》1906年第123期。
③ 梁启超：《菲斯的人生天职论述评》，《大中华》1915年第1卷第4—5期。
④ 志诚：《读菲斯的人生天职论所得的觉悟》，《世风》1921年第1卷第1—2期。
⑤ 杨匏安：《费斯德之说》，《广东中华新报》，1919年7月18、19、21日。
⑥ 郭大为、李文堂编：《自由之路：梁志学文选》，北京：商务印书馆，2013年，第3页。
⑦ 1794年费希特成为德国耶拿大学教授，因此1794—1798被认为是费希特的"耶拿时期"，1799年费希特迁居柏林后，此后被称为"柏林时期"。
⑧ 周鲠生：《德意志政治学说之变迁》，《太平洋》1919年第1卷第11期。
⑨ 林可彝：《福尔特之经济观》，《学艺》1921年第3卷第2期。

后半叶及抗战时期，对于费希特学说在中国传播也多取其民族主义思想而发论。[①]笔者通过梳理有关费希特学说在近代中国早期传播的一手报刊文献资源，主要关注费希特学说在近代中国的早期传播，主要涉及的时间段为民初至20世纪20年代初叶，区别于国家主义兴起后对其的阐释。在这一时期整体的学术趋向中，费希特学说不仅作为德国古典哲学体系中的一个重要环节而得以译介，其也并未泯然于人们对康德先验论与黑格尔绝对唯心论之两端的概化理解，相反，其独具的康德至黑格尔哲学流变中过渡性学术特质重心自在，以其"自由的体系"设计了实践和行动的向度，与时代之学术焦点和现实形势若有响应，可做一简要考察。

一、"人生天职"之拷问

在民初思想界，以人生哲学释费希特学说为一不可忽视的视角。梁启超盛赞其"大造于世道人心"、论旨为"最健全的人生观"，[②]亦有言称读费氏之说足以求"安身立命之方"。[③]在中日交涉苦急之时，梁启超希望借费希特学说，拷问"人生天职"所在，唤醒国人的民族意识，以"拔诸晦盲绝望之渊，而进诸辑熙光明之域"[④]。从学理角度而言，则呼应了中国传统哲学、西方现代哲学所热衷讨论之思路。究其根本，亦触及对费希特学说的根基——思辨认识论的探讨，也正以此方能演成其能动的整体体系。

部分学者看到费希特自我学说的基础当为以"健动"的绝对自我作为人生意义之鹄的。王国维敏锐地把握住费希特为克服康德以纯粹理性附属于实践理性的不彻底二元论的努力，即力图以统一的绝对自我作为最高主体。[⑤]梁启超则在此基础上，进一步包含了对费希特主张统一思维自我与行动自我、建构认识论的辩证法的理解，"我"与"非我"对立统一，并推至绝对自我的本原行动，"人生究竟之目的惟在吾身与吾固有之本性一致融合而已"，自我实现、自我完善的过程得以实现绝对自我本

① 黄见德：《20世纪西方哲学东渐史导论》，北京：首都师范大学出版社，2007年。贺麟：《康德、黑格尔哲学在中国的传播》，张学智编：《贺麟选集》，长春：吉林人民出版社，2005年。张冠夫：《新文化运动语境中梁启超"情感"观的转变》，《南开学报（哲学社会科学版）》2013年第1期。许苏民：《论梁启超的"地球盛运说"及比较哲学研究》，《社会科学研究》2012年第3期。高瑞泉：《勾通功利主义与德性论的尝试——评梁启超的"道德革命"理论》，《探索与争鸣》1991年第2期。郑大华：《"九·一八"事变后费希特民族主义思想的系统传入与影响》，《近代史研究》2009年第6期。付ությու：《费希特民族主义思想在20、30年代中国思想界的传播和影响》，长沙：湖南师范大学，2009年。陈天翔、王军：《费希特民族主义思想探究》，《黑龙江民族丛刊》2016年第2期。
② 梁启超：《菲斯的人生天职论述评》，《大中华》1915年第1卷第4期。
③ 志诚：《读菲斯的人生天职论所得的觉悟》，《世风》1921年第1卷第1—2期。
④ 梁启超：《菲斯的人生天职论述评》，《大中华》1915年第1卷第4期。梁启超：《中日交涉汇评》，《大中华》1915年第1卷第5期。
⑤ 王国维：《汗德之伦理学及宗教论》，《教育世界》1906年第123期。

身，"我为我而生，我为我而存，我为我而勤动"，基本把握住了费希特"绝对自我"说的大体框架。故而梁启超推崇费希特人生观以实有天职为前提，与中国传统哲学老庄、佛教相比，其首先标定了"人类自觉自重之精神"。①虽然梁氏尚未能深入费希特绝对自我的行动基础上的辩证法概念，所用的分析术语仍一定程度上受到中国传统哲学"前理解结构"的影响，如从心学的角度，过度加重了"非我"的消极含义，未能准确把握思辨理性之根底，但也表明他已初步感受到费希特由其自我学说的理论基点演绎而来的强调"动"的思想底蕴。

其时中国已有关于"意志学说"之讨论，而在"决定论"或"自由论"之间，被认为有"自动之势力""自发性之意味"的自由意志往往为人所神往。②延续康德理性的唯心论，以"绝对自我"去说明理智与"我"，突出"力行"的自由意志，同样作为费希特认识论的重要环节，被折射于相关论述之中。梁启超认为推原厥本而言，"菲斯的之为教也，理想虽极高尚，而一一皆归于力行，其言鞭辟近里，一字一句皆能鼓舞人之责任心，而增长其兴会"。梁氏从费希特自我学说中，观察到自我的无限活动和客体、"非我"的设定，由此生发出"自由意志"和"独立精神"，并进一步触及实践知识学中所强调的"感觉"、"发动"（冲动），以从事外界改造。但这一过程根本上应"完其理性"，最终达到"使我常制物而不制于物，若何而能使物皆效用于我，而我常尽其用"之"尽物合我"的状态。费希特学说相比于康德哲学，紧密把握了现象界与本体界的联系，梁氏在此的论述看到费希特推广自我思辨至自我行动，将人置于对"非我世界"的有为、能为的地位，在"尊我"基础上"体物"，使"凡一切无理性之外界事物，悉宜从吾侪人类之所欲以自由支配之"。③梁氏点明具有实践能力的人能够"为发展着的事物立法"④，充分地体现了主体的能动性和自我规范的能力。对于这一点，西方现代哲学中新康德主义一脉阐释颇不相同⑤，其时正有学人撰文比较了延至叔本华的"盲目冲动"意志说，与康德、费希特所强调的理性精神下的意志观念之差异⑥，说明费希特之说仍主要体现了西方启蒙传统的规范和价值。

费希特学说给"绝对自我"开辟了统一的体系，为自由意志和理性精神继续奠定了崇高的位置，而其思想的特质在于他同样为感觉和理性、美与善留下了互动与调适的空间，这体现在人们对其中群己关系的解读上。蔡元培在翻译泡尔生《伦理学原理》时也认为，费希特基于道德律，赋予"义务意识"过于重要的地位，"尤甚于康德"，却忽视了"活泼地感情"与"自然之冲动"对于伦理道德的重要意义。⑦

① 梁启超：《菲斯的人生天职论述评》，《大中华》1915年第1卷第4期。
② 天民：《意志自由说之分类》，《教育杂志》1915年第7卷第12期。
③ 梁启超：《菲斯的人生天职论述评》，《大中华》1915年第1卷第4期。
④ 温纯如：《康德和费希特的自我学说》，北京：社会科学文献出版社，1995年，第128页。
⑤ 贺麟：《五十年来的中国哲学》，上海：上海人民出版社，2012年，第112页。
⑥ 《黑格尔哲学研究》，《新社会报》，1921年11月29日，第5版。
⑦ 泡尔生：《伦理学原理》，蔡元培译，北京：北京理工大学出版社，2013年，第133—135页。

但是从梁启超对费希特的解读中可见，他认为费氏自我学说与先儒率性尽性说"若合符契"，并进一步称誉其超越了贬低"无明""气质之性""我"的先儒之说，主张"不应该仇视感觉作用，而应善用之"①，这和费希特知识学中强调"感觉本身必须被设定和被规定""冲动本身必须被设定和被规定"的命题是基本一致的②。在继承康德先验道德观基本思想的基础上，费希特学说进一步强调实践自我恰恰需要通过努力、冲动、感觉等过程，对象化意志自由，并对之自我规范，根本指向人的最高目的"至善"。③梁启超即指出费希特学说沟通了"道德"和"幸福"，首先肯定了自由作为自我本质的前提性含义："与自由意志之观念相一致"的吾侪行为，"合理的意思"，即合乎理性自我规范的行为，更能促使"外界与吾对于外界之观念一致融合"，因此，道德和功利、物质利益和自由意志能得到一定的统一，肯定了费希特群己观念和道德思想的主体性意识。杨匏安亦从费希特美学思想的视角切入，指出费希特在康德以"美"调摄"认识"和"意志"，即"审美自我"中介理性自我和实践自我的思想遗产之外，着重强调"美之观照，毕竟为自我之观照"，艺术、道德、教育均首先以观"自我本质之自觉"，进一步方为主体之"本务"。④虽然费希特主体道德观落脚点仍在于道德支配功利、美统制于善，但相较于康德学说中纯粹形式与物质利益矛盾的"二律背反"⑤、先验道德论的"定言命令"而言，更突出了实践主体的地位。梁启超也阐明了在激发"健动""力行"的主体的自觉，和主体对物"利用和调和"之可能的基础上，再推广至"人人皆有自由意志"之共同体，则"同类之分劳趋功、通力合作"的社会，实为"自完其本性"与"我之对于我之一种义务"的必然结果⑥，由此完成了由"己"及"群"的生成逻辑。要言之，对费希特社会观和国家观的解读离不开其哲学思想体系，而这在五四前即已为部分学人所注意。

同时代有关西方现代哲学尤其是生命哲学一派热衷于人生哲学的讨论，同样在背后映射出费希特学说的影子。生命哲学本为西方思想界在19世纪七八十年代基于对现代性，尤其是理性主义、物质文明所生之弊的批评而产生的一种流派，持该说的西方哲人倭铿作为新费希特学派的代表者⑦，在对康德不彻底观念论和黑格尔绝对理性精神的两端感到不满之后，最接近地发展了费希特的思想体系和强调"行动"的理论特质，注重人生意义及自我发展，对五四前后学人思想产生广泛影响。如钱智修、李石岑等人绍述倭铿的人生哲学，详论精神生活"根底之精神""战之精神""征服之精神"，体现的"自主活动"之性格⑧，认为"欲解决宇宙问题者，意固在由

---

① 梁启超：《菲斯的人生天职论述评》，《大中华》1915年第1卷第4期。

② 梁志学主编：《费希特著作选集》第1卷，北京：商务印书馆，1990年，第722、727页。

③ 梁志学主编：《费希特著作选集》第3卷，北京：商务印书馆，1997年，第537页。

④ 杨匏安：《费斯德之说》，《广东中华新报》，1919年7月18、19、21日。

⑤ 康德：《实践理性批判》，邓晓芒译，北京：人民出版社，2003年，第84—85页。

⑥ 梁启超：《菲斯的人生天职论述评》，《大中华》1915年第1卷第5期。

⑦ 贺麟：《现代西方哲学讲演集》，上海：上海人民出版社，2012年，第26页。

⑧ "倭铿"今译"奥伊肯"。李石岑：《倭铿精神生活论》，《民铎杂志》1919年第1卷第6期。

此得鞭策人心之原动力，使其企图高尚生活，而证自由与人格之真果也"①。虽然在中国语境中运用相关学说的立场各不相同，却也为进步学人广泛借用以强调积极向上的新型人生观的意义②，其好言人生特点之"自由""行动""变化"，正合于当时"坐言不如起行，惟有努力奋斗自能开新局面"之心理。③时人赵英若也点明这种价值之哲学，即包括倭铿"唤醒时代于外的文化陶醉沉沦""展示精神的生活内容"的哲学学说，是继承费希特革新康德后形成的"伟大观念论系统"的新评价，最近十余年间之文化界，"或为斐希台（即费希特）之附归"④。继杜威、罗素之后，1922年德国哲学家杜里舒受邀来华讲学，虽然他主要揄扬柏格森的生命哲学中生机论一支的观点，并倾向于从叔本华"意志说"解释康德，但其来华半年的讲学大量涉及康德及康德之后哲学家观点的介绍，无疑对费希特学说在中国的传播也有一定的影响。他宣称"费希脱（即费希特）之学说，无宁谓为人生哲学之探讨；其立论重意志与行为，以认识论隶属于其下"⑤，其忽视费希特学说中知识学基础地位的倾向或有偏颇，但却进一步推重费希特学说在人生哲学方面的地位。这也一定程度上反映出人们对人生哲学、人生观问题的关注，从而切入费希特及其相关学说的合理之必然。

二、"抵抗力"之养成

著名的传播学奠基人施拉姆曾提出"最典型的和最频繁的传播格局是一种扩大了的双向关系。在这种关系中，符号是共享的，尽管对于任何两位参加者来说，这些符号不可能刚好意味着同一事情，但这种关系的结果是，随着交流的继续进行，理解很可能变得越来越接近，尽管其结果决不是完全一致的含义"⑥。在思想交流中，尽管各派学人所持的学术、政治立场不尽相同，但是学理逻辑较复杂的费希特学说也往往会被作为理性精神和富于"抵抗力"之民族特质的符号之一，在五四前后具有独特的现实意蕴。

20世纪以来德国的强盛发展乃至一战的发动无疑给中国学人造成了强烈的震撼，也留下了广阔的反思空间，而对于费希特学说而言，一方面其并未因其德国来源而直接受到贬斥，相反，在当代德国政治和军事现象外，主张革新的群体更主要解读出其背后所体现的"动的文明"和健硕精神，以寄希望于改造青年个体责任和民族性格之"体"，费希特学说作为这种文明的奠基之一，与竞相探求民族所以复兴之方

① 钱智修译述：《柏格逊与欧根》，上海：商务印书馆，1923年，第56页。
② 董德福：《生命哲学在中国》，广州：广东人民出版社，2001年，第88—92页。
③ 张君劢：《张东荪著〈思想与社会〉序》，张君劢：《中西印哲学文集》，台北：台湾学生书局，1980年，第118页。
④ 赵英若：《最近德国哲学之四大倾向》，《新中国》1919年第1卷第6期。
⑤ 杜里舒：《康德后继之哲学》，张君劢译，姜子润记，《文哲学报》1923年第3期。
⑥ 威尔伯·施拉姆、威廉·波特：《传播学概论》，陈亮等译，北京：新华出版社，1984年，第49页。

的思想界不无关联。梁启超曾痛心称："我国之少年，从菲氏观观之，则为外物之奴隶，与自由之本性恰好相反。"青年的主体性、自由意志不彰，"以奴隶视人"风行，不仅等同于"自视如奴隶"，社会自由平等秩序亦被破坏殆尽。①梁氏所言之时正当一战初期，德国在战场上势如破竹，德国"青年崇拜"思潮和相关运动方兴未艾②，自然为中国学人所瞩目，大多数立旨高远者，并非艳羡军国主义的手段，而更多是深入反省中国何以衰落的文明基因。

有关于德国国民精神和青年教育的介绍多见诸报端，不妨以《新青年》创刊初期的讨论为例。如在欧战之际，陈独秀已看到崇尚运用意志与自然相抗以改造自然，造就了西方文明的"抵抗力"，认为需撷取此种"抵抗力"以改造国民性。③亦有学人认为"民权毋宁言士权之为愈。必欲于今世求可言民权之国，惟德意志其或庶几，（以其国民皆士也。）若其他诸国，则远逊矣"④。"士权"在中国传统语境中指向学者以承担政务的二重性⑤，费希特则定义学者阶层的真正使命为"高度注视人类一般的实际发展进程，并经常促进这种发展进程"⑥，强调现实能动的实践主体，以"向一切方面传播一种大丈夫的思想方式"作为自己的使命⑦，超越了仅仅专注文化事务的知识分子内涵。因此梁氏极感佩费希特在法军将破柏林时，与黑格尔"逃走往远县"不同，他选择留在围城，以"实现吾学说，以牖导国民"，切实诠释了人之为人、人之于社会、学者之于社会的天职之论，后来周鲠生也称其作为"文人学士，执笔问政"⑧，其理论品质与形象无乃近于传统推重学问与事功兼备的文化人格，更与近代中国时代所需遥相呼应。

几乎同一时期，人们结合西方语境中的事实判断与中国语境中的价值判断，将德国作为"高"之精神的代表，并认为这也离不开其民族精神的长期濡养。如蔡元培在1917年归国演讲中认为欧战所以持久，本身在于科学与美术基础发达，德国民族非常之强力，"竭尽智力以行"而弗顾生死的历史与现实，实有"高"之特性⑨，其以相对中立的立场叙述德法民性的特点，并反躬中国何以将其精神运用于实业发展和社会进步。李大钊也承接该论，呼吁并行借鉴"美"与"高"的精神，以改造"日即销沉于卑近闇昧之中，绝少崇宏高旷之想"的民族性格。⑩青年毛泽东则进一

---

① 梁启超：《菲斯的人生天职论述评》，《大中华》1915年第1卷第5期。

② 谢鸿：《德国青年团》，《青年杂志》1915年第1卷第3号。

③ 陈独秀：《抵抗力》，《青年杂志》1915年第1卷第3期。

④ 《常乃惪致陈独秀》，《新青年》1916年第2卷第4期。

⑤ 阎步克：《士大夫政治演生史稿》，北京：北京大学出版社，1996年，第2—3页。

⑥ 梁志学主编：《费希特著作选集》第2卷，北京：商务印书馆，1994年，第40页。

⑦ 梁志学主编：《费希特著作选集》第2卷，北京：商务印书馆，1994年，第45页。

⑧ 周鲠生：《德意志政治学说之变迁》，《太平洋》1919年第1卷第11期。

⑨ 蔡元培：《我之欧战观》（1917年1月1日），中国蔡元培研究会编：《蔡元培全集》第3卷，杭州：浙江教育出版社，1997年，第1—4页。

⑩ 李大钊：《美与高》，《言治》1917年季刊第1册。

步点明是费希特、康德等"向上的""活动的"哲学学说陶铸了德国最富于"高"的精神的民族性格。即便已是德国战败签约之时，他也撰写了长文描述德人的民族心理虽沉痛却依然团结，足令国人赧然而叹，唯因这种排除一切困苦的性格，仍不免要向他洒一掬同情的热泪。黄光斗同样结合费希特名篇《对德意志民族的演讲》，指出费希特新教育论基点在于注重发挥德意志之精神，"以精神之力制胜物质主义"[1]，结合费希特的时代语境，点明其所言民族精神的进步意义。不少趋新学者拨开现代性弊病的愁云，解读西方文明仍具有进步意义的启蒙理性的思想内核，并结合以关于中国现实的思考，体现了认知的深入。

随着一战破坏性增强和帝国主义国家间争夺的后果日益暴露，"不可不以静的文明为基础"的调和之声渐起[2]，而新文化运动主将则力主选择以科学民主为中心的近现代西方哲学，费希特学说当为其中一种思想资源。李大钊通过东西文化具体内容的比较，强调东西文明根本性的不同点："东洋文明主静，西洋文明主动"[3]，认为欧战并非标志着西洋文明失其价值，相反中西文化比较实则是不同时空和发展程度的比较，正如陈独秀曾以东洋文明"犹古之遗"，而西洋文明方才堪称"近世文明"，本质上不可直接对比。[4]李大钊亦意指不能因高度发展后方生之弊病，而取消对其文明之"迎受"，中国"静的文明"有着巨大的惰性，不得不有改造之勇气而"别创一生面"。[5]以至后有激进者如林语堂、钱玄同，既有感于费希特学说对于德国民族精神培育的奠基作用，甚至将对费希特的关注纳入对精神欧化的诉求之中，认为与其复兴"古人之精神"，不如求之于这位西方的古人：

今日谈国事最令人作呕者，无人肯承认吾民族精神有根本改造之必要。……尚没人敢毅然赞成一个欧化的中国即欧化的中国化，尚没人觉得欧化中国人之可贵。惟有爽爽快快讲欧化之一法而已。精神复兴做"复兴古人之精神"，终究必无效，退让将无已时。"古人之精神"，未知为何物，已一无复存，此种之精神复兴恐怕不大容易讲吧，除非有一位费希特来重新替我们讲给我们听古人是如何精神法子。[6]

以李大钊为代表的学人群体当时的主张相对更为稳健，在"向东走"还是"向西走"的二元对立之外，另辟东西文明有容与调剂。他引述日本学者北聆吉所作《论东西文化融合》[7]，认为强调"动"的西洋文明关键特征在于人与自然之奋战，其中"菲西的（即费希特）之说实足为欧人自然观之纲领"。其学说不以本体论看待

---

① 黄光斗：《费虚特略传及其教育学说大要》1922年第4卷第5号。

② 杜亚泉：《静的文明与动的文明》，《东方杂志》1916年第13卷第10期。

③ 李大钊：《东西文明根本之异点》，《言治》1918年季刊第3册。

④ 陈独秀：《法兰西人与近世文明》，《新青年》1915年第1卷第3号。

⑤ 李大钊：《东西文明根本之异点》，《言治》1918年季刊第3册。

⑥ 林语堂：《给玄同先生的信》，《语丝》1925年第23期。

⑦ 北聆吉：《论东西文化之融合》，《东方时论》第3卷第6号。

自然，即不对自然、物质采取旁观态度，而是"不仅于现世以自己为中心，即于来世亦主张个性价值之保存"，这种自我观念、"人间中心"思想不仅推进人与自然奋战，亦在这一过程中沉淀为一种影响深远的价值哲学。①费希特有关人与自然、即人与客体世界关系的论说确实是其理论的重要部分，梁启超在绍述其著述时已结合群己关系之论而有所提及②，李大钊在此更将其作为进步文明"理想型"的一种特征，因此，他引述"境遇之征服与改造"与"精神之修养"并举的观点，强调人对自然的主动性，"物质的生活"相对于中国落后境遇而言的"优越"地位，折射出他对物质现实的重视，也成为"物心两面的改造"之先声。③二者的介绍揭示出费希特自然观不仅强调人的本质力量对象化的实践意义，同时人对自然"共同的斗争"指向"社会联合"之必要，以及最终希图实现的"个体完全的、充分的发展"的理想目标。④费希特沟通人与物关系的自我学说的综合意义，也正说明其学说与马克思主义等思想理论有相通之处，成为部分革新学人求索培养"抵抗力"方法的源流之一。⑤

　　落脚在青年主体之上，针对中日外交耻辱刺激下部分青年愤慨自杀这一社会问题，费氏之说成为拯救悲观厌世人生观、提倡反抗与奋斗的一剂良方。李大钊在两篇文章中专门总结哲学上有关自杀是非观的讨论，指出德国古典哲学中康德、费希特、黑格尔虽然各自所依据的学理逻辑不尽相同，但都延续了理性主义的传统而主张自杀的非正义性，其中费希特更是明确表示"欲保生命、欲生是吾人的义务"⑥，准确地把握了费希特将人的自我保存作为完成理性所托付的主体使命的核心观点。这种"义务"并非是贬低人的尊严的一种强制，恰恰相反，其不仅彰显了思维的自律和绝对独立性，并且是对主体行动能力的确证，从而真正"提高了人的尊严"。⑦无疑李大钊是认同这一基本倾向的，他在更深刻地指出社会内在的结构性问题是决定个体命运的根本原因之外，也强调尤其是作为主体的青年，树立"新人生观"、增进"强健个性"的无限潜能，因此青年不应成为"旧生活的逃避者""新生活的绝灭者"，而也应自行努力，成为"旧生活的反抗者""新生活的创造者"。⑧破与立的力

　　①　李大钊：《东西文明根本之异点》，《言治》1918年季刊第3册。《李大钊全集》编者在此特别注明，称"费希特学说对民初思想文化界产生过重要影响"，中国李大钊研究会编注：《李大钊全集》第2卷，北京：人民出版社，2013年，第327页。

　　②　梁启超：《菲斯的人生天职论述评》，《大中华》1915年第1卷第5期。

　　③　李大钊：《阶级竞争与互助》，《每周评论》1919年第29期。

　　④　梁志学主编：《费希特著作选集》第2卷，北京：商务印书馆，1994年，第28—29页。

　　⑤　Marina F. Bykova指出马克思的"实践"概念有继承费希特的思想资源，即费希特主张"主体只有通过自身的客观化活动，自我才能转化为规定性的形式，并是自我存在的必要条件"。Marina F. Bykova："On the Philosophical Relevance of Marx´s Views Today"，*Frontiers of Philosophy in China*，Vol.9，No.3（September 2014），p.374.

　　⑥　李大钊：《青年厌世自杀问题》，《新潮》1919年第2卷第2号；李大钊：《论自杀》，《学艺》1922年第3卷第8号。

　　⑦　梁志学主编：《费希特著作选集》第3卷，北京：商务印书馆，1997年，第267—271页。

　　⑧　李大钊：《青年厌世自杀问题》，《新潮》1919年第2卷第2号。

量的结合，体现着实践理性的效用性和辩证法的现实向度，承继了费希特伦理说的思考。社会中的人的普遍的职责所在和实践依归得到明确，更有助于生成对社会共同体的"专业职责"，这和前文的讨论息息相关，合乎富于奋斗精神的"新人"促进"新的社会文明"形成的实践逻辑。

三、"理性国家"之现实

有关国家观的讨论长期以来是近代思想界的重要命题，如梁启超等学者力主时人从中国传统"天下观"转向现代"国家观"，于国家意识的启蒙有相当作用。[1]其思想的形成受德国国家学说影响尤为明显。[2]《新民丛报》曾多次刊载有关德国政治学者伯伦知理"国家有机体"学说的介绍，认为卢梭学说已为"时代之陈言"，时下应该推重的国家学说，其思想源流则可追溯自古典哲学家学说。[3]对于费希特如何承卢梭之说，并启国家主义的源流，存在的不同认识值得推究。

伯氏认为国家"亦有其意志焉，亦有其行动焉"，因此命之为"有机体"。[4]实际上更多地体现了黑格尔主义强调国家作为绝对精神自我实现的思想余韵，与费氏学说存在一定距离。梁启超则通过对费希特在耶拿时期所作《关于学者使命的若干演讲》所体现的自我学说、思辨理性的分析，认为国家为"实现吾最高理想之一大手段"，指出国家是"手段"而非"目的"，实则肯定了绝对自我和自由意志的优先性地位。[5]虽然梁文直接述及国家的部分不多，但是基本符合费希特原意，[6]并未贸然将费希特扣上"国家主义"的帽子，而抹杀其对于群己关系所坚持的人的主体性原则。

周鲠生则在留欧期间写作《德意志政治学说之变迁》，重点剖析康德、费希特、黑格尔等主要思想家，并另辟蹊径地注意到其与法国启蒙思想千丝万缕的关系，体现出对西学源流的深入了解。他看到康德同样受到卢梭、孟德斯鸠的影响，提倡平和道义之原则，发扬人权自由之精神，而费希特更是将卢梭的民约之论"推至极致"。尽管黑格尔已不认同卢梭之说，但是德国政治学说向专制主义之异变是至达尔曼方启其端，不可以当代军国主义之强势而异化思想发展之真实。[7]周氏所做确实是"溯本"之学，他点明了费希特学说本质上是关于大革命的学问，为颇近费氏思想之

---

① 郭湛波：《近五十年中国思想史》，济南：山东人民出版社，1997年，第62页。

② 高力克：《中国现代国家主义思潮的德国谱系》，《华东师范大学学报（哲学社会科学版）》2010年第5期。

③④ 《政治学大家伯伦知理之学说》，《新民丛报》1903年第38—39期。

⑤ 梁启超：《菲斯的人生天职论述评》，《大中华》1915年第1卷第5期。

⑥ 费希特认为不能将"一般社会"与"特殊社会"相混淆，"国家生活不属于人的绝对目的，相反仅仅是一定条件下产生的、用以创立完善社会的手段"。梁志学主编：《费希特著作选集》第2卷，北京：商务印书馆，1994年，第18页。

⑦ 周鲠生：《德意志政治学说之变迁》，《太平洋》1919年第1卷第11期。

阐释。正如梁志学指出，不管费希特在国体与政体方面的观点如何变化，他终生都坚持了法国革命建立理性王国的理想。①周鲠生立足于费希特早年所写的《向欧洲各国君主索回他们迄今压制的思想自由》，介绍他如何痛斥欧洲封建君主压制人民的非正义，强调"人民唯受治于良心"。良心无条件命令不可让渡的权利，这符合契约论的核心思想，并与康德道德哲学的自由正义观念相承接。费希特强调社会批判并推崇行动，周氏特意引其"今日统治者之强点，端在民愚"这一痛心之言②，在现实批判之外主动建构，符合中国学人改造民性、呼吁行动力的急切心态。虽然周氏参考的费希特著述有限，没有更细致地剖析其对卢梭之说的批判与发展③，也未能注意到随着费希特知识学体系的发展，其关于正义、法权等观点的变化，但是他的解读是符合费希特早期思想体系的，其中关于人民、团体基于民约说上的"分离"正义，也被折射于周氏此后所参与的有关中国现代政体设计的讨论之中。④

　　费希特的政治哲学往往被认为在1799年柏林时期之后，有从原子主义的社会契约论转向国家整体论的倾向⑤，后者主要在国家主义派兴起后被奉为该说之父⑥，实则在此之前学界另有不同的解读路径。在挖掘费希特国家观中主体性意义的基础地位之外，其逐渐侧重国家调和组织地位的倾向并非被认为是彻底的转向抑或消极地蜕变，相反与综合诸说、从事人与社会同时改造的中国学人的思想需求相近。

　　同样研究政治学说的学者高一涵也曾发问："国家是否为人生之归宿？"他指出在西方学术界，国家从"归宿论"转向"凭藉手段"是国家观现代化的一种表现，"皆藉国家之力为一种方法，以发扬鼓舞群伦之权利者也"，并肯定了费希特对于新国家学说的发明有着开创性贡献。⑦高一涵在治学中对法国理性主义与英国功利主义的钻研相对更深，但是费氏之说也可以为他主要认同的结合国家调和作用的民约主体政体理念，注入积极的因素。他赞赏费希特之说既与乐利主义、极端个人主义之不相容，又未耽于完全抽象、独立的"自我实现"的空想。费希特在《关于学者使命的若干演讲》中提到，"人注定是过社会生活的；如果他与世隔绝、离群索居，他就不是一个完整的、完善的人，而且会自相矛盾"⑧。高一涵进一步引申其观点为

①　梁志学：《费希特柏林时期的体系演变》，北京：中国社会科学出版社，2003年，第231页。

②　周鲠生：《德意志政治学说之变迁》，《太平洋》1919年第1卷第11期。

③　费希特并不认同卢梭主张的每个人在契约原则上完全献出自己和自己的所有，而强调"唯独为了自由，个人才加入国家公民契约"。参见郭大为、李文堂编：《自由之路：梁志学文选》，北京：商务印书馆，2013年，第23页。

④　参见周鲠生：《省宪与国宪》，《太平洋（上海）》1922年第3卷第7期。

⑤　李福岩：《近代西方政治哲学思想中的法国革命》，沈阳：辽宁人民出版社，2016年，第177页。

⑥　驾生：《追怀德意志民族的先觉者：菲希特与席勒》，《醒狮》1927年第152—157期。

⑦　高一涵：《国家非人生之归宿论》，《青年杂志》1915年第1卷第4号。高一涵：《近世三大政治思想之变迁》，《新青年》1918年第4卷第1期。

⑧　梁志学主编：《费希特著作选集》第2卷，北京：商务印书馆，1994年，第18页。

"个人离开他的四围和关系，便是抽象的玄想的无形的幽灵"①，将主体性置于社会关系中考察，是国家观念构建的应有之义和重要基点。

续完于柏林时期，并真正被称为"理性王国"蓝图的《锁闭的商业国》当为剖析费希特发展的国家观的重要文献，其中留日学人林可彝认为该著述中蕴含着社会主义潜流的解读，则言人所未道。林氏虽以研究费希特经济观为名，实则看重从必然的经济组织进而分析必然的国家功能的视角，他归纳费希特经济观特点为"有sein，归纳之于必然的sollen"之中②，即"存在归于必然"，言简意赅地说明了理性国家的必然性与正当性，正在与人与人之间的自由平等秩序的趋向相一致。林氏认为费希特在该篇中和自由主义经济学说不同，提出在自由人格基础上的并非"物权"，而是平等的和应受保护的"行动所有权"，"行动"的主动性和必要性要求确立劳动伦理，"人有劳动，始得其生，无之则否"。劳动作为人"道德人格的发展"和本质力量的实现成为"理性国家"的依据和基础，这和梁启超根据费希特早期文献所阐释的"福德合一"、权利义务统一的观念是一致的。在此基础上谈论"理性国家"的建构方案，足见其中生存权与劳动权被提高到相当地位。国家职能同时深入生产和分配领域，确立有秩序之组织，设法使国民公平分配，从而实现其最高原则即确保"各人各依其行动，而各有其生"③。同时期有关费希特国家、经济观研究亦多见日本学界，认为其观点基于权利哲学，即人与人之间自由的平等性，强调劳动与生存权的"社会有机体说"④，这和赋予国家以绝对能动地位不同，而更多是对群己关系积极建构基础上的国家方案，因此费希特以"空想的自由平等论，形而上学的思考和对个人法律的、经济的合理地位的考察"，被部分学者认为"与社会主义有一定相似之处"⑤，和林氏大意可谓有无相通。1925年国家主义的代表学者李璜再次解析此篇著述，却将费希特之说直接划为"先社会后个人"的典型，并且切断他的思想与18世纪学说的联系，称其"一起头便与十八世纪的个人主义的说法分野"⑥，无疑与林氏所述相比更为武断。

在对国家内部秩序的演述之外，林氏也提及在国家外部关系上费希特较为独特的主张，即他认为"理性国家"同时也应是取消世界货币、在世界贸易体系中"自给自足"的封闭商业国。这一主张看似与当时骎骎然有不可阻挡之势的自由贸易浪潮背道而驰，林氏也从马克思主义政治经济学理论出发，较为深刻地分析了费希特混淆价值与价格，并直观地将货币作为衡量一切价值的人为基准，导致其所主张的纯粹国家调配和封锁世界贸易的方案，相对于时代现实而言具有空想色彩。但他也

① 高一涵：《个人对于社会的责任》，《晨光（北京）》1922年第1卷第1期。
②③ 林可彝：《福尔特之经济观》，《学艺》1921年第3卷第2期。
④ ジエームス・ボーナー：《経済哲学史》，東晋太郎訳，大鐙閣，1921年，第460頁。
⑤ オスワルト・スペングラー：《フィヒテの経済観》，《社会主義ニ対スル諸観察》第8冊，阿部秀助訳，中外文化協会，1924年，第181—182頁。
⑥ 李璜：《论说：述国家主义的经济学（未完）》，《醒狮》1925年第26期。

肯定了其设想本质上是从"理性国家"对秩序和自由的维护出发，"筑于社会主义国家上，而确保个人需要之满足也"。①锁闭的商业国应当基于分业、生产极大发展而非绝对贫困之上，实则对普遍福利的获得和自由平等秩序的构建提出更高要求。②虽然费希特所依据的经济理论尚且十分粗陋，根本上受到当时商品经济不发达的局限，但这一点所折射出的思想火花第一步描绘了"社会主义计划经济模式"③，甚至领先于空想社会主义等思潮，具有相当前瞻的意义。其对漠视法权和公正的世界贸易掠夺体系的批判，不仅是近现代人类社会相承继的反思命题，且在某种意义上成为对现代理性的"前反思"，呼应着一战前后人们回观其相关学说的心态。

费希特此时的思想确实为社会主义提供了若干积极的因素，林可彝作为受左翼思潮影响的学人，更是看重其中国家组织、保障职能与人民参与劳动的联系，并称其中多处可与社会主义等量齐观，其以自己的思考而对之加以观照的欣悦之情亦可想而知，并由此投注到探索近代中国政体何以实现现代转变的实践，即20年代初叶所兴起的声势颇大的"联省自治运动"之上。林可彝与高一涵都曾留学于日本明治大学，并在当时主张"联省自治运动"甚力。虽然总体观之，"联省自治"指向国家结构之"分"，而他们看到更要重视作为小共同体的一省之"治"④，治理的关键即省宪的制定应切实保障民众的劳动权、生存权，具有自上而下的整体统筹功能⑤，同时采取"职业主义"方式，组织劳动并增进民众与治理者的联系。⑥诚然英美民主精神的感召与帝国主义势力的争夺直接地刺激了"联省自治"的兴起与发展，但是与费希特奔涌着现实冲动的"理性国家"构想相对照，林、高二人所思考的现实具体方案亦不离其旨，正如同样在北平自治运动同志会的孙几伊，也从费希特所言出发，总结道需要"改造国家组织"与"回复人民活动力"的结合⑦，以应对当时军阀混战和兵匪为祸的时局。

但是总体上林氏将费希特文本中抽象的思辨化为对现实调和性原则的认同，将其中的具体方案直接化为中国语境之"用"，没有进一步结合费希特的思想源流和时代背景。费希特将先验哲学讨论的普遍、形式的"人"加入了具体的、特定社会责任和身份的因素，有学人也注意到在其思想中，作为人的理想生活的道德秩序从"虚无之抽象物"走向"具有内生命之具体物"⑧，而如国家作为各阶层联合以促进共同意志实现的共同体等构想，也为后来国家主义派学者称道较之柏拉图"理想国"

① 林可彝：《福尔特之经济观》，《学艺》1921年第3卷第2期。
② 梁志学主编：《费希特著作选集》第4卷，北京：商务印书馆，2000年，第32、36、89页。
③ 李福岩：《近代西方政治哲学思想中的法国革命》，沈阳：辽宁人民出版社，2016年，第177页。
④ 王德志等：《民国宪政思潮研究》，北京：中国政法大学出版社，2010年，第179—180页。
⑤ 高一涵：《省宪法中的民权问题》，《新青年》1920年第9卷第5期。
⑥ 林可彝：《我们为什么主张产业选举》，《自治周刊》1921年第6号。
⑦ 孙几伊：《改造中国底途径》，《东方杂志》1922年第19卷第1期。
⑧ 黄光斗：《费虚特略传及其教育学说大要》，《学艺》1922年第4卷第5号。

更为激进、更具现实感。[1]但是这根本上仍是在伦理正义和"善的目的论"层面的讨论，并有向希腊哲学伦理正义、职责论回溯的倾向[2]，正如费希特在原著中提出自己的思考也许是不合时宜、甚至是不可能的，更多是基于探讨普遍理性、人的使命的抽象方法。[3]仅就所设想的生产者、手工业者、商业和公职人员四个阶层被看作是由契约规定且无差别的而言，则已取消了现实中矛盾的必然性，国家似乎成为中立的理性机构。单纯地提倡国家保护实业分工与生产发展，自然为基尔特社会主义、国家主义等提供了更为合宜的理论支点，而这也映照在林可彝本人调和新旧、糅合革命与改良取向的"联省自治"构想之中，在复杂的现实面前，最终不得不沦为"乌托邦"式的理想。一方面，费希特对知识学原则不断修改，后期著作所表述的国家学说也逐渐倾向基于"理念""最高存在"的推导[4]，造成传播者整体理解的难度。李大钊虽然也曾深刻地受到费希特学说的影响，在系统地接受了马克思主义唯物史观之后，他更鞭辟入里地指出费希特根本上受到当时物质界经济界和资本主义制度的影响，其精神不可避免地体现出"孤立与抽象"的性质。[5]而在时代思潮的激荡中，林氏分析的局限性毕竟不可苛求，他的分析也开拓了当时思想界对费希特国家观的阐释视域，彰显了其中理应得到重视的进步的理论萌芽的价值。

余 论

20世纪中国学者对西方哲学的关注，从"西方哲学意象原型"到不同哲学景观产生之间有着不可忽视的过渡环节。汤一介先生形象地称之为"透镜聚焦"和"棱镜分光"两个原则，即西方哲学中某一学派或思潮，可能意义得以加倍放大而被视为整个西方哲学的图景，或是某些常被忽略的西方哲学细节得到注意，并被赋予以特殊的价值。[6]在民初至五四前后，中国思想界对费希特学说的关注和传播也呈现出同样特征。

在近代中国思想界，欧洲哲学中德国哲学传播的速度和广度不及英、法哲学，经验主义哲学也常常被认为是西方哲学之代表，然而德国古典哲学在早期传播中并非毫无响应。不管是在人的主体性自觉、民族精神的改造，还是国家的现代转变的论域中，对费希特学说所代表的强调"行动"的学问与其本人在民族救亡时期言行

---

① 李璜：《论说：述国家主义的经济学（未完）》，《醒狮》1925年第26期。

② 张东辉：《费希特的正义思想》，《人大法律评论》2018年第1期。

③ 梁志学主编：《费希特著作选集》第4卷，北京：商务印书馆，2000年，第7—8页。

④ 《锁闭的商业国》（1800年）完成于费希特思想过渡期，而后期国家学说变化的相关文献参见费希特《现时代的根本特点》（1806年）、《关于学者的本质及其在自由领域的表现》（1806年）、《对德意志民族的演说》（1808年）等著作。

⑤ 李大钊：《物质变动和道德变动》，《新潮》1919年第2卷第2号。

⑥ 汤一介主编，胡伟希著：《20世纪西方哲学东渐史：中国本土文化视野下的西方哲学》，北京：首都师范大学出版社，2007年，第30页。

事功的关注是共同焦点。其学问强调自由、行动的价值，本身即与启蒙理性的整体浪潮相合。作为先验哲学和实在唯心论之间的桥梁，又得以调和思辨与行动、主体与客体、有限与无限，无形中拓展了其理论受众的广度。结合欧战的发生，强力却又失败的德国形象冲击着人们的视野，如何使中国强盛而不致畸化成为发人深省的时代命题，在这种意义上使个体、国民性立起来，使本如一盘散沙的国家组织起来，借鉴本应趋向良善方向的古典哲学，有着现实的双重意义。在尼采"权力意志"的嚣声之外，无怪乎陈独秀坦言"予爱康德、赫克尔之德意志"①，费希特作为反抗拿翁入侵的正义的爱国者，其形象在中国的语境中也愈加清晰，而追求民族自强正是萦绕当时国人心头的普遍思想倾向。

梁启超在评述费希特的长文结尾感慨"不先明其哲学之系统，则于其旨殆不能领会"②，在早期传播中，费希特学说和其他德国古典哲学一样尚未被作为系统的研究对象，但是不同学人根据时代思潮和自身研究视野，进行了多元的评述，正如贺麟指出："德国古典哲学家费希特的思想是按照它满足中国人民的需要在中国大地上得到传播与研究的。"③梁启超虽未能观费希特学说全貌，他主要是从人生哲学的立意入手，部分观点也是"以中释西"使然，然而也已触及费希特学说的基础——思辨知识论的若干要旨。尽管梁启超的学说"流质多变"，自欧洲游历以来他对西方"物的文明"感到失望，而饶有趣味的是他和张君劢等人又成了倭铿、柏格森等代表的生命哲学的崇拜者，实际上亦与费希特学说部分侧面有着一定的思想关联。而新儒家派又进一步着眼于"援西入中"的阐释路径，突出德国唯心哲学与倡导古典自由主义的"西方"之间的差异，认为前者强调"内在自由"的主体性可以补苴后者之不足，恰和"仁"的精神契合④，由此希望整合包括费希特哲学在内的德国古典哲学，以复兴儒家精神传统。⑤

而新文化运动群体中有对费希特学说与大革命传统的启蒙意义不悖的价值的继承和发展，亦有左翼群体综合社会主义思潮对其中人的实践与物的改造之辩证关系的强调，更有对"理性国家"中社会主义潜流的引发，基本上是在并存个体与社会、民族与世界的视野下的思考，这是符合费希特学说原意的。从人的本源、人的自由这一基点出发，理性的普遍趋向决不会成为狭隘国家论的注脚，而马克思主义正是继承之并进一步置换入更加现实、科学的基点，正如恩格斯所言："我们也为继承了

① 陈独秀：《文学革命论》，《新青年》1917年第2卷第6号。

② 梁启超：《菲斯的人生天职论述评》，《大中华》1915年第1卷第4期。

③ 贺麟：《费希特哲学简述》（1943年），《哲学与哲学史论文集》，北京：商务印书馆，1990年，第343页。

④ 唐君毅：《人文精神之重建》，台北：台湾学生书局，1984年，第376—377页。

⑤ Werner Meissner："China´s Search for Cultural and National Identity from the Nineteenth Century to the Present"，*China Perspectives*，No.68（November – December 2006），p. 47.

康德、费希特和黑格尔而感到骄傲。"①随着关于社会主义思潮的讨论日见炽热，张铭鼎称时人追溯马氏学说的根源，"师承费希特"说有之，"黑格尔历史哲学继承"说有之，而二者并非截然对立，实则自康德以来学说，就蕴含了"唯物史观和社会主义的色彩"。②那么近代中国这些部分左翼群体对费希特学说的接触与对马克思主义的"迎受"间的关系应该是良性互动的，由此而生的社会现实方案是"自由的体系"之"行动"向度的真正落地。

在救亡与启蒙的二重奏下，人们高声呼唤自己时代的"费希特"，大有希求一人出而天下平之态，而当被鼓舞的激情面向现实的深刻矛盾时，则不得不需要理想的进一步明晰。在国家主义派兴起后，持该说的学者几乎席卷了阐释费希特的阵地，如李璜、余家菊等人认为从康德到费希特、黑格尔的转变是一种断裂，开始了"反对世界主义的国家观"的策动③，对费希特学说中未舍弃的世界主义和民主主义的维度强调不足，并将其作为主张国家至上、发展内向的国民经济的滥觞。仅仅割裂出其部分精神的信念，直观地理解费希特对祖国的民族自豪感和自信心，亦难免产生流弊和歪曲，而思想的生命力更在于原作者与解读者各自的思想语境和现实环境后，实现的对话与互动。正如在抗战时期一时人叶奇峰所申发，费希特的时代实则更近乎五四，新文化运动之主将恰似"作为一个市民阶级意识斗争的前驱战士，高举反抗封建意识的大旗"，而在新的民族救亡时期，随着社会环境的变化，中国面临时代课题更为复杂，与其高呼"费希特"之再生，毋宁再造中国本土的新的"民族人格"。④其言由针砭当时思想环境而发，而也从侧面可见费希特学说在近代中国早期传播时期的生命力与价值。

（本文作者为北京大学马克思主义学院中共党史专业博士研究生）

---

① 恩格斯：《社会主义从空想到科学的发展》，中共中央编译局编译：《马克思恩格斯选集》第3卷，北京：人民出版社，2012年，第747页。

② 张铭鼎：《康德学说的渊源与影响》，《学艺》1924年第6卷第5期。

③ 余家菊：《教育建国论发微》，《中华教育界》1925年第14卷第7期。

④ 叶奇峰：《从菲希德到胡适》，《永生》1936年第1卷第7期。

国民党中央全会的制度规范与政治运作

——基于中国国民党五届十二中全会的分析

吴子跃

摘 要： 1938年中国国民党临时全国代表大会至1945年国民党六大期间，历次国民党中央执行委员会全体会议（中央全会）名义上一直是国民党最高权力机关。经过多年政治实践，中央全会的运作基本形成了以《中央执行委员会全体会议议事规则》为核心的制度规范。该规则对全会各要素如主席团、审查会等做出明确规定，同时辅以全会前召集谈话会的惯例以确保中央全会的顺利进行。围绕制度规范的则是国民党内各层级各派系的政治运用。国民党最高领袖蒋介石形式上对党权象征的中央全会示以尊重，可实际上对中央全会尽力控制，其结果就是个人政治权力的日益强化与象征国民党党权的"中央全会"日益虚化弱化。不过再虚化弱化的党权，它仍然是蒋介石政治权力合法化的重要依据之一。各派系也充分利用会议规则进行政治运作以实现自身利益的最大化。蕴含诸多"民主元素"的制度规范，在政治运作中却异化为派系纷争的工具。

关键词： 国民党；五届十二中全会；蒋介石；制度规范；政治运作

引 言

　　会议是一种围绕特定目的和议题开展的、具有一定组织形态的、以口头交流为主要方式的群体性社会交往活动。[①]围绕会议的主体与客体、信息与物质、内容与形式、目的与手段、环境与功能等方面进行的研究甚至被称为"会议学"[②]。"会议"拥有悠久的历史，远古社会就已经存在，古希腊人和古雅典人也分别拥有城邦大会和元老院等会议组织。黄道炫教授曾指出，由于近代以来社会集群化、细密化、民主化的原因，会议作为一种社会运作机制，发挥着越来越重要的作用。[③]往往学界更多关注中共的会议，有丰硕的研究成果，但对于国民党的会议讨论有限。

　　中国国民党作为近现代中国的重要政党之一，与"会议"也有着密切的关联。

[①] 向国敏：《会议学与会议管理》，北京：首都经济贸易大学出版社，2016年，第3页。

[②] 向国敏：《会议学与会议管理》，北京：首都经济贸易大学出版社，2016年，第5页。

[③] 讲座回顾《黄道炫：根据地的会》（2020年10月23日），http://history.ecnu.edu.cn/14/6c/c21736a332908/page.htm。

1924年孙中山"以俄为师",对国民党进行改造,其标志性成果就是国民党一大的召开以及《中国国民党总章》的制定。在《中国国民党总章》就有大量涉及会议的内容,比如"全国代表大会""中央执行委员会"等,本文研究的对象"中央全会"亦包含在内。"中央全会"的全称为"中国国民党中央执行委员会全体会议"。依据国民党一大时通过的《中国国民党总章》可知,"中央执行委员会"由全国代表大会选出的中央执行委员构成,负责执行党务,在国民党全国代表大会闭幕期间为国民党的最高权力机关;中央执行委员会内可分设部门,"执行本党之通常或非常党务";其具体职权包括组织并指挥各地方党部、支配党费财政、指挥社会团体内的国民党党团等;全体会议每两星期至少召开一次,期间可互选常务委员三人,组织秘书处,执行日常党务。[①]然而在中国国民党历史的各个阶段中,《中国国民党总章》关于"中央执行委员会"的内容也多次被改动,萧继宗主编的《革命文献·中国国民党党章政纲集》中就有详细的记载。以国民党二大修正通过的《中国国民党总章》为例,关于中央执行委员会的条款有多处增删,如职能增加"可适当延期全国代表大会",列席的候补委员由仅有发言权变成照额递补且拥有临时表决权,开会时间由两周至少一次变为全体会议每年至少两次等。[②]毫无疑问,这些制度的变化也反映着国民党内政治的变迁。

较早从制度史研究国民党中央执行委员会的学者是国民党的高级官员陈之迈。在其撰写的《中国政府》一书中为国民党中央执行委员会专列一节,其中讨论到了中央全会受人数影响,召集难度不断增加;同时参与全会的代表有"出席"与"列席"之分,这就关系到了代表的表决权;除此之外还介绍了中央全会开会时间、议事职能等[③],但以上内容多为简单的描述和分析。目前学术界对与国民党中央执行委员会有关的机构研究可谓丰富,如党彦虹关于中国国民党中央常务委员会的研究[④]、卢艳香关于中国国民党中政会[⑤]的研究以及刘维开对国防最高委员会的研究[⑥]。但从制度史出发讨论中央全会的研究数量较少,特别是对"开会"这一过程研究更加有限。民国时期的历次国民党中央全会对时局有着重要的影响。王奇生[⑦]、汪朝光[⑧]、

① 《中国国民党第一次全国代表大会通过中国国民党总章》(1924年1月28日),中国第二历史档案馆编:《中国国民党第一、二次全国代表大会会议史料》(上册),南京:江苏古籍出版社,1986年,第92、94页。
② 《第二次全国代表大会修正中国国民党总章》(1926年1月16日),萧继宗主编:《革命文献·中国国民党党章政纲集》(第70辑),台北:中国国民党中央委员会党史委员会,1976年,第71、72页。
③ 陈之迈:《中国政府》(第1册),上海:商务印书馆,1947年,第83页。
④ 党彦虹:《中国国民党中央常务委员会研究:1926—1949》,天津:南开大学,2009年。
⑤ 卢艳香:《中国国民党中政会研究:1924—1937》,北京:社会科学文献出版社,2016年。
⑥ 刘维开:《国防最高委员会的组织与运作》,《国立政治大学历史学报》,2004年第21期。
⑦ 王奇生:《党员、党权与党争:1924—1949中国国民党的组织形态》,北京:华文出版社,2010年。
⑧ 汪朝光:《危机中的因应——中国国民党六届三中全会研究》,《历史研究》2008年第3期。

刘维开[1]等多位学者也曾就具体政治事件与国民党某次中央全会之间的关系进行细致研究。概言之，现有研究多集中在会议讨论的政策提案、会议产生的影响，而不是从会议的筹备、组织、运作等制度层面探析内部的政治运作。因此有必要回答"国民党中央全会如何开会"这一问题。

　　具体到于1944年5月20日至26日在重庆举行的中国国民党五届十二中全会，对于此次会议，以往学界的关注点在于国民党组织部部长朱家骅被免职与陈果夫的再度接任，以及背后反映出的国民党内CC系[2]和朱家骅系的争斗[3]。但从制度史角度分析此次中央全会的论著仍数量有限，相关史料的匮乏是研究最大的制约性因素。但近年来中国国民党党史馆，"中央研究院"近代史研究所档案馆等机构陆续开放档案，特别是《会议纪录》等的公布提供了史料上的支持。因此笔者拟在前人研究基础上，以中国国民党党史馆馆藏五届十二中全会会议速纪录为核心史料，结合蒋介石、陈布雷、吴忠信、王子壮、王世杰、陈克文等国民党军政要员日记，将会议分为筹备会议、预备会议和正式会议三个阶段，从制度规范与政治运作两方面剖析国民党五届十二中全会，从而回应"国民党中央全会如何开会"这一学术问题。

　　在展开具体论述前，有必要对文中两个关键概念进行定义，即"制度规范"与"政治运作"。所谓"制度规范"，是指政党为有效实现目标，对自身活动及成员的行为进行规范、制约与协调，从而制定的具有稳定性与强制力的规定、制度等。作为一种制度的国民党中央全会及其附属一系列规则即属于此。学者很早就已经发现，国民党的党章、规则、组织程序等往往与实际的政治行为并不一致，后者或明或暗地偏离这些已经明白宣示的"制度规范"。造成该现象的就是"政治运作"。"政治运作"由非正式的权力运作和正式的制度所构成，两者相互对立、相互联系、相互作用。正式的制度为国民党政治体制提供了框架，非正式的权力运作则保证政治体制的运转。通过本文论述可知，中央全会的制度规范与政治运作之间存在着复杂且微妙的张力。

一、筹备会议：正式与非正式的会议

　　对于国民党高层人士而言，明确五届十二中全会举行地点及时间是此次会议首先要解决的问题。地点问题较容易解决。1938年国民党临时全国代表大会修订的《中国国民党总章》中延续了国民党全国代表大会、中央全会、中常会都必须在国民

① 刘维开：《中国国民党六届临时中全会之研究（1948.4.4—4.6）》，《近代史研究》2009年第1期。
② "CC系"是指以陈果夫、陈立夫兄弟为首的在国民党内的一股势力。名称来源于1927年9月在上海成立的"中央俱乐部"（Central Club 的简称）。
③ 梁馨蕾：《党内选战：抗战时期国民党的地方选举与派系角力》，《抗日战争研究》2019年第1期。

党中央政府所在地举行的规定①，何况早在1937年12月，国民政府已经移驻重庆。因此在重庆举行符合制度规范，从实践上看，自国民党五届五中全会以来，历次中央全会都在重庆举行②。

地点问题虽较易解决，但会议举行的时间却难以确定。1944年1月14日，蒋介石在日记中预定部分中写下了"五、十二中全会日期"③。在3月18日，蒋介石就初步拟定了五届十二中全会开会的日期，大概定在"五月下旬、六月下旬或初旬"④。4月1日蒋介石在日记中强调要预定中央全会的召开的日期⑤。蒙藏委员会委员长吴忠信的日记记载五届十二中全会日期在4月10号举行的第134次国防最高会议上得到确定。当时国民党中央秘书长吴铁城在会上依据蒋介石的手令向与会人员表示五届十二中全会拟定在5月20日召开，并特别强调"因时间关系，即先发通知，再于下次常会正式提出"⑥。在4月17号的第五届国民党中央执行委员会常务委员会第253次会议（简称五届中常会第253次会议）上正式决议在5月20日召开国民党五届十二中全会并组织提案委员会⑦。

五届十二中全会举办时间确定的过程正如上文所述，可为何定于5月20日举行呢？国民党对内的解释有两点，一方面是五届十一中会（1943年9月6日至13日举行）已经过去了8个月，另一方面是五届中常会第253次会议的决议⑧。从程序上而言，第一点原因有其依据，毕竟《中国国民党总章》中明确规定，中央全会每半年至少开会一次，倘若再不开中央全会，就有与党章抵触的嫌疑，尽速召开中央全会有助于维持蒋介石"党权"的合法性的形象。不过从政治实践上看，在1938年国民党临时全国代表大会至1945年国民党六大期间召开的历次中央全会并未严格地遵循每半年至少开会一次的规定，特别是国民党五届九中全会和五届十中全会相隔11个月，中央全会间隔七八个月举办已成常态。至于五届中常会253次会议的决议，前段吴忠信的日记已揭示此举不过是为蒋介石的个人决策化为国民党最高权力机关的决议履行了程序上的必要。对于此种现象，国民党中央监察委员会秘书长王子壮分

① 《临时全国代表大会修正中国国民党总章》（1938年4月1日），萧继宗主编：《革命文献·中国国民党党章政纲集》（第70辑），台北：中国国民党中央委员会党史委员会，1976年，第123页。
② 然而并非所有的国民党中央层级的会议都在国民党中央政府所在地举行，如上文提及的中国国民党临时全国代表大会及随后进行的国民党五届四中全会在武汉（武昌）举行。
③ 《蒋介石日记》（手稿），1944年1月14日，斯坦福大学胡佛研究所档案馆藏。
④ 《蒋介石日记》（手稿），1944年3月18日，本星期预定工作课目，斯坦福大学胡佛研究所档案馆藏。
⑤ 《蒋介石日记》（手稿），1944年4月1日，本月大事预定表，斯坦福大学胡佛研究所档案馆藏。
⑥ 吴忠信著，王文隆编：《吴忠信日记（1944年）》，1944年4月10日，台北：民国历史文化学社，2020年，第40页。
⑦ 中央委员会秘书处编：《中国国民党第五届中央执行委员会常务委员会会议纪录汇编》（下册），台北：中国国民党中央委员会秘书处，第1181页。
⑧ 中央执行委员会秘书处编：《中国国民党第五届中央执行委员会第十二次全体会议纪录》（1944年5月），中国第二历史档案馆、海峡两岸出版交流中心编：《中国国民党历次全国代表大会暨中央全会文献汇编》（第26册），北京：九州出版社，2012年，第270页。

析无论是中常会还是国防最高委员会，蒋介石都很少出席，重要议案以及人事已经在事前由蒋介石核定，两会只不过完成法定之形式，实际上基本没有不照准通过的议案①。因此，国民党官方的解释明显过于牵强。

笔者以为，蒋介石之所以召开此次全会，更多的是对国内外关切的回应。侍从室第二处主任陈布雷曾描述该时期国民党政府面临诸多难题："国外舆论对吾人不谅解日深，盟邦团结堪虞；国内共党趁机捣乱，凡反对本党者又复策动对中枢之攻击，而减少其威望；物价高涨，社会不安，治安情形亦堪隐忧。"②除此之外，日军发动的"一号作战"予以国民政府极大的压力。因而蒋介石与吴铁城谈及五届十二中全会目的所言："总使中外人士，对我政府抗战建国之信心加强，各部人员之更动，统制物价之机构与负责人员之遴选，使耳目为之一新云。"③换言之，此次全会的召集更多是给国内外的一种"表演"而非真正讨论党政要务。蒋介石对于具体的会务工作也十分在意，他还曾在3月5日指示吴铁城、何应钦等人以后在中央党政军各机关开会时除茶水外，无须再另外准备水果点心等食物④。此节俭之举既有蒋介石面对战时危局的一种细节性体现，另外也是其个人细致、关注细节的性格特质表露⑤。

会议举办的地点和时间基本确定，之后便是明确参与中央全会的人员。依照《中国国民党总章》规定，中央全会参与人分出席和列席两部分，正式出席中央全会的为中央执行委员，列席则包括候补中央执行委员，中央监察委员以及候补中央监察委员，不过中央执行委员缺席时，可由到会候补执行委员依次照额递补，在会议中有临时表决权，但候补执行委员有表决权者不能超过执行委员人数三分之一⑥。国民党第五届中央执行委员会、中央监察委员会于1935年11月22日选出，计中央执行委员120人，候补中央执行委员60人，中央监察委员50人，候补中央监察委员30人⑦。但候补委员人数处在不断的变动之中，毕竟部分中央委员由于离世或被开除等原因，候补委员依序进行递补。因此在五届十二中全会前，共有26名候补中央执行委员递补成为中央执行委员，13名候补中央监察委员成为中央监察委员，换言之，在五届十二中全会召开前，计中央执行委员120人，候补中央执行委员34人，中央

① 王子壮：《王子壮日记：1944年》（手稿本），1944年4月25日，台北："中央研究院"近代史研究所，2001年，第166页。

② 陈布雷：《陈布雷从政日记（1944年）》，1944年5月1日，台北：民国历史文化学社，2019年，第74页。

③ 《蒋介石日记》（手稿），1944年4月13日，斯坦福大学胡佛研究所档案馆藏。

④ 《蒋中正致吴铁城等电》（1944年3月5日），《领袖指示补编（十六）》，《蒋中正总统文物》，台北"国史馆"藏，典藏号：002-090106-00016-478。

⑤ 王奇生：《从孤儿寡母到孤家寡人：蒋介石的早年成长经历与个性特质》，汪朝光主编：《蒋介石的人际网络》，北京：社会科学文献出版社，2011年，第5页。

⑥ 《临时全国代表大会修正中国国民党总章》（1938年4月1日），萧继宗主编：《革命文献·中国国民党党章政纲集》（第70辑），台北：中国国民党中央委员会党史委员会，1976年，第123页。

⑦ 刘维开编：《中国国民党职名录（1894—1994）》，北京：中华书局，2014年，第86页。

监察委员 50 人，候补中央监察委员 17 人①。不过并非所有的中央执行、监察委员都会出现在中央全会，仍有部分委员未能到会，其理由主要有生病、前线战事、出差、事务繁忙等，最为特殊的是俞飞鹏的请假理由，具体是"奉总裁谕"处理公务所以无法出席②。此理由不仅显示出蒋介石作为国民党领袖地位，更是领袖与党权之间微妙关系的体现。在会场上，除了中央执行、监察委员外，还有会场的工作人员，他们主要是速记员，负责记录各位委员发言的内容。但并非所有的内容都会被纳入记录，下文提及戴季陶遭到攻击愤而辞职一事就没有出现在会议记录中，仅在与会人员的日记中有所记载。

在会后编印的宣传资料中，国民党强调在五届十二中全会开幕前，出于使会议获得充分准备的考虑，国民党中央秘书处先后召集在重庆的国民党中央委员组织谈话会，就此次全会商讨事项先行交换意见。之后中委谈话会又改为提案研究会，分党务、政治、经济等专题进行讨论，自 4 月 14 日至 5 月 19 日，先后开会六次③。但此种谈话会并非五届十二中全会首创，早在 1925 年国民党二大筹备期间，国民党内就举行过三次谈话会，谈话会的内容也被正式纳入了国民党二大预备会和正式会议之中④。1942 年国民党五届十中全会举行前也组织过提案研究会，相关会议经过及研究结果也被五届十中全会纳入⑤。然而历次提案研究会记载日期存在问题，依据《吴忠信日记》《陈布雷从政日记》可知，4 月 24 日为第一次谈话会（并改为提案研究会），之后分别在 5 月 1 日、5 月 6 日、5 月 10 日、5 月 16 日、5 月 19 日等时间举行。这些谈话会或提案研究会临时性非常明显，并且它更多是一种惯例而非正式制度。

得益于国民党党史馆保存的会议记录档案，笔者得以展现第一次提案研究会的具体过程。第一次提案研究会由居正担任主席。秘书长吴铁城的报告可归纳为三点：一是强调五届十二中全会于 5 月 20 日召开；二是"总裁指示此次全会应集中检讨党政工作，并解决当前重要问题"，重要问题主要是物价管制与地方自治；三是谈话会最好依照党务、政治、经济、国际等项目讨论⑥。然而进入讨论环节后，部分与会国

① 该数据依照刘维开编《中国国民党职名录（1894—1994）》第五届中央执行、监察委员出缺递补名录而成。

② 中央执行委员会秘书处编：《中国国民党第五届中央执行委员会第十二次全体会议纪录》（1944 年 5 月），中国第二历史档案馆、海峡两岸出版交流中心编：《中国国民党历次全国代表大会暨中央全会文献汇编》（第 26 册），北京：九州出版社，2012 年，第 297、298 页。

③ 中央执行委员会秘书处编：《中国国民党第五届中央执行委员会第十二次全体会议纪录》（1944 年 5 月），中国第二历史档案馆、海峡两岸出版交流中心编：《中国国民党历次全国代表大会暨中央全会文献汇编》（第 26 册），北京：九州出版社，2012 年，第 270 页。

④ 《中国国民党第二次全国代表大会预备会纪录》（1925 年 1 月 31 日），中国第二历史档案馆编：《中国国民党第一、二次全国代表大会会议史料》（上册），南京：江苏古籍出版社，1986 年，第 139、141 页。

⑤ 《五届十中全会文化宣传提案研究会报告》（1942 年 10 月），台北中国国民党文化传播委员会党史馆藏，会议纪录，馆藏号：会 5.2/121.32。

⑥ 《五届十二中全会提案研究会纪要》（1944 年 4 月—5 月），台北中国国民党文化传播委员会党史馆藏，会议纪录，馆藏号：会 5.2/144.1。

民党中央委员却成功地将会议讨论的焦点转移到会议的筹备事项中。甘乃光率先发言，强调最近各方对"民主"问题颇为重视，希望此次全会能表现国民党民主精神；赖琏、萧铮等人紧随其后，先后提出延长全会时间、国民党全会主席团人员及各部会负责人依照民初初步的方法，投票选举等意见。这些提议都获得与会中央委员甘乃光、孙科、王秉钧等人的支持，吴铁城只好表态"会期五日如大家认为不够，可以延长，总裁指示注重解决当前实际问题，与各位发表之意见基本一致"①。针对提案研究会如何组织，各方争执不休。首先对于到底采用"提案研究会"还是"谈话会"的名义，郑亦同认为"提案研究会"会导致议题范围缩小，建议保留"谈话会"的名义，不过何应钦认为有关党政军各项问题的研究仍属提案范围，"提案研究会"较为妥当②。其次对于谈话会分组讨论或不分组讨论也有争议，依据吴忠信日记分析，提案研究会最终没有分组，只不过每次提案研究都会先确定主题进行讨论，如5月1日的提案研究会就是以研究政治问题为中心③。最终由吴铁城总结第一次谈话会的要点。关于会议制度运作有以下三点，一是全会时间增加，二是主席团由全会选举，三是"提案讨论用民权初步之方法来解决，决议后再呈总裁核定"④。

历次谈话会最终形成了意见摘要，关于全会开会事项形成四点，首先全会时长大约为五到十天；其次会议主席团由大会选举产生；第三各部会负责人不宜参加与主管事务有关的提案审查委员会；第四讨论要遵照《民权初步》的规定等，除此之外，也有关于党务、政治、经济等方面也有大量的内容⑤。时人对历次提案研究会观感不一。吴忠信乐观地认为"就会场情形观之，此次全会必有新的发展"⑥。王子壮却认为这些提案研究会不过是与会者发牢骚泄气愤而已，对于解决实际问题并无补益。⑦据陈布雷观察，特别是5月16日的提案委员会开会时，"秘书处准备各事均不得要领，各常委亦并不接洽，讨论约两小时余，仍无如何结果"，因而陈布雷认为若比较南京历次中央开会情形与此次全会事前的准备，"此次实太草草矣"⑧。

除了正式的提案研究会外，国民党内各派系亦有自身的非正式的聚会，政治运作在此体现得淋漓尽致。五届十二中全会前，面临复杂的国内外局势，国民党内部

①②④　《五届十二中全会提案研究会纪要》（1944年4月—5月），台北中国国民党文化传播委员会党史馆藏，会议纪录，馆藏号：会5.2/144.1。

③　吴忠信著，王文隆编：《吴忠信日记（1944年）》，1944年5月1日，台北：民国历史文化学社，2020年，第49页。

⑤　《五届十二中全会提案研究会研讨各问题意见摘要》（1944年5月），台北中国国民党文化传播委员会党史馆藏，会议纪录，馆藏号：会5.2/144.10。

⑥　吴忠信著，王文隆编：《吴忠信日记（1944年）》，1944年4月24日，台北：民国历史文化学社，2020年，第45、46页。

⑦　王子壮：《王子壮日记：1944年》（手稿本），1944年5月15日，台北："中央研究院"近代史研究所，2001年，第196页。

⑧　陈布雷：《陈布雷从政日记（1944年）》，1944年5月16日，台北：民国历史文化学社，2019年，第83页。

改革的呼声逐渐显现，这种声音在这些非正式聚会中体现得尤为明显。CC系、黄复兴系、政学系都主张改革，惟对于如何改革分歧颇多。参与政学系聚会的诸人主张从政府改革入手，王世杰主张推行制度改革，切实推行宪政①；张群主张改正蒋介石作风等②。熊式辉、张治中等人还曾向蒋介石条陈其缺陷，如告诫蒋介石在决策时勿轻于决定，决定后勿轻于动摇；再如言语方面，指出蒋介石通常斥责人之短，不如鼓励人之长等③。除对蒋介石的批评外，为配合改革，需要在人事上进行调整。CC系如陈果夫提出"党政人事似应略有变动"，特别是调整财政与金融负责人④。张厉生、陈克文谈论时也认为当前政府困局只有"更动几个政府负责的重要人物，以一新内外的耳目"才能解决⑤。蒋介石基本同意吴铁城刷新人事的主张，只是"负责之人难选为苦耳"⑥。不过国民党内部普遍遵循着先更新人事，再革新党政的理念。

　　但人事变更并非易事，国民党内各派系争斗已久，党务系统内派系纠纷尤甚。在王子壮看来，国民党派系起源于孙中山1924年改组国民党，采取容纳共产党员的政策。此举虽然一新国民党的阵容，但也造成国民党内部派系分立⑦。虽然国民党派系起源于孙中山容共政策有待商榷，但王子壮对国民党各派系之间纠纷的勾勒较为明确。1927年国民党CC系与黄复兴系斗争却日趋激烈。直至1938年中国国民党临时全国代表大会，蒋介石宣布取消党内一切小组织，大会决议以朱家骅担任中央党部秘书长，并通过设置党务委员会，由中央秘书长兼任主任委员。1938年4月，中央调查统计局局长职务由朱家骅兼任；1939年12月1日，朱家骅正式执掌中央组织部⑧。朱家骅的快速升迁是蒋介石意图由朱家骅整合党内势力，使党归于统一，同时借重朱家骅制约CC系的结果⑨。但CC系在党务系统多年，根基深厚，一时难以解决；朱家骅则任用亲信（杨公达、陆翰芹、王启江、甘家馨等）作为替代，因此两派不免在人事等方面发生冲突。陈果夫曾向蒋介石报告组织部内部人事变动情形，如科长以上的干部被撤换30余人，并表示朱家骅肃清中央及地方CC系分子，其意

　　① 王世杰著，林美莉编校：《王世杰日记》（上册），1944年5月19日，台北："中央研究院"近代史研究所，2012年，第606页。

　　②③ 熊式辉：《海桑集》，1944年5月19日，香港：明镜出版社，2008年，第441页。

　　④ 《陈果夫函蒋中正恐因病不能出席全会故将对党政各方面研究所得摘要奉告》（1944年5月16日），《一般资料——党国先进书翰（三）》，《蒋中正总统文物》，台北"国史馆"藏，典藏号：002-080200-00621-049。

　　⑤ 陈克文著，陈方正编校：《陈克文日记（1937—1952）》（下册），台北："中央研究院"近代史研究所，2012年，第860页。

　　⑥ 《蒋介石日记》（手稿），1944年4月13日，斯坦福大学胡佛研究所档案馆藏。

　　⑦ 王子壮：《王子壮日记：1943年》（手稿本），1943年11月6日，台北："中央研究院"近代史研究所，2001年，第430页。

　　⑧ 胡颂平：《朱家骅先生年谱》，台北：传记文学出版社，1969年，第45、46、49页。

　　⑨ 王子壮：《王子壮日记：1939年》（手稿本），1939年12月4日，台北："中央研究院"近代史研究所，2001年，第415页。

图在下次国民党全国代表大会上完全控制国民党党权①。在王子壮看来，国民党内部CC系原本与黄复兴系纠纷颇多，后又出现朱家骅系与之竞逐，党内将鼎足而三，相激荡之程度，更何有也②？

　　在派系争斗与改革声音之中，以CC系为主导的党政革新运动逐渐形成。CC系为壮大自身势力，在五届十二中全会召开之前，采取与黄复兴系联合的举措，而这一举措也是通过私人聚会得以实现。萧铮回忆党政革新运动的核心成员多是CC系的骨干分子，如余井塘、程天放、潘公展、姚大海、赖琏、张强等人；最初他们以孔祥熙、翁文灏为打击对象，试图以此二人去职作为革新的开端③。1944年5月19日晚CC系与黄复兴系的聚会尤为重要。CC系徐恩曾、潘公展、叶秀峰，晚上邀约程天放、张道藩、余井塘、贺衷寒、康泽、萧赞育、张震等会谈；会上所有人都痛恨国民党的无能，希望此次全会有些成就。康泽甚至希望总裁对于领导方式有所改革；最终由潘公展提出CC系与黄复兴系必须合作④。蒋介石虽然明了外界对孔祥熙的批评，并深知"此非权势所能平息"⑤，但因无合适人选而不愿孔祥熙离职⑥。尽管孔祥熙已经提交辞呈，蒋介石仍委派陈布雷对孔加以慰留⑦。孔祥熙的地位暂时稳定。因此CC系只能暂时放弃政治上的革新，转而在党务方面试图有所突破。这一举措一方面有助于CC系进一步推行党政革新运动，减少党内阻力；另一方面也能够给予党内竞争对手朱家骅系有力的打击，清除党务系统中朱家骅系的势力，并在第六次全国代表大会代表选举中占据优势。因而打击的对象便由孔祥熙、翁文灏等人转向了时任国民党中央组织部部长朱家骅。面对CC系会前频繁的活动，朱家骅并非毫无察觉，他也积极联络熊式辉等加以应对。如5月20日，朱家骅就曾在和熊式辉等人的聚会中讨论五届十二中全会形势以及如何应对CC系活动等话题⑧。

　　对于这些派系的政治运作，蒋介石并非完全不知情。蒋介石曾记下与戴季陶谈中央全会各种准备工作时，"彼对中央若干委员之浮动与愤慨，甚觉为全会忧虑，而孙科之乘机攻讦，尤为可痛也"⑨。作为蒋介石幕僚的陈布雷也曾在会议前通过张道

① 《陈果夫函蒋中正报告近来党务组织与人事情形》（1942年6月12日），《一般资料——党国先进书翰（三）》，《蒋中正总统文物》，台北"国史馆"藏，典藏号：002-080200-00621-050。
② 王子壮：《王子壮日记：1943年》（手稿本），1943年11月6日，台北"中央研究院"近代史研究所，2001年，第430页。
③ 萧铮：《土地改革五十年：萧铮回忆录》，台北：中国地政研究所，1980年，第253页。
④ 公安部档案馆编注：《在蒋介石身边八年——侍从室高级幕僚唐纵日记》，1944年5月19日，北京：群众出版社，1991年，第431页。
⑤ 《蒋介石日记》（手稿），1944年4月13日，斯坦福大学胡佛研究所档案馆藏。
⑥ 公安部档案馆编注：《在蒋介石身边八年——侍从室高级幕僚唐纵日记》，1944年5月21日，北京：群众出版社，1991年，第432页。
⑦ 陈布雷：《陈布雷从政日记（1944年）》，1944年5月20日，台北：民国历史文化学社，2019年，第85页。
⑧ 熊式辉：《海桑集》，1944年5月20日，香港：明镜出版社，2008年，第441页。
⑨ 《蒋介石日记》（手稿），1944年4月29日，斯坦福大学胡佛研究所档案馆藏。

藩得知"萧、郑、赖等之嚣张益甚，颇感革命道德何以薄弱至此"，并试图通过张道藩对 CC 系众人加以劝诫①。陈布雷甚至直接劝诫陈立夫"约束同志，但彼意似淡漠"②。同一天，蒋介石也与陈布雷谈及"全会各委意见分歧状态"，并表示自己不以为意③。不过这种心态与其说是漫不经心，更多还是蒋介石在日记中对自己形象的塑造，毕竟从五届十二中全会前后蒋介石的政治行为来看，他尽可能控制中央全会的意图非常明显。

二、预备会议：确定中央全会的"规则"

预备会议是国民党中央全会的重要组成，它经历了由惯例到制度的变化。通常而言，预备会议包括选举主席团、决定会议期限、确定会议议程等事项，可以说是确定一次中央全会的"规则"。在没有预备会议的时候，通常是在第一次大会确定相应事项，可以这样说，国民党早期部分中央全会的第一次大会承担了预备会议的职能。

预备会议前仍有一个重要的环节，即"开幕式"。开幕式通常由以下礼仪组成：1.仪式开始；2.全体肃立；3.主席就位；4.唱党歌；5.向党国旗及总理遗像行三鞠躬礼；6.主席恭读总理遗嘱；7.总裁致辞；8.奏乐；9.礼成④。开幕式在国民党会议的历史中有着长期的历史。国民党一大时的开幕式较为简单，仅有宣布开会、向党旗行三鞠躬礼和总理致开会辞三项。自国民党二大起，宣读总理遗嘱成为开会仪式的程序之一。在1926年国民党中央暨各省区代表联席会议上开幕礼已经基本形成，党国旗及总理遗像行三鞠躬礼、宣读总理遗嘱等项目均有所出现⑤。唱党歌这一程序是在第三届中常会第13次会议上决定纳入开幕礼之中，被设置在肃立与向总理遗像鞠躬之间⑥。这些仪式一方面强化着孙中山政治符号的象征功能，另一方面不断建构着国民党的权威地位。

在开幕式中，最具实际意义的就是"总裁训词"。开幕词最早在国民党一大上就

① 陈布雷：《陈布雷从政日记（1944年）》，1944年5月18日，台北：民国历史文化学社，2019年，第84页。

② 陈布雷：《陈布雷从政日记（1944年）》，1944年5月19日，台北：民国历史文化学社，2019年，第85页。

③ 《蒋介石日记》（手稿），1944年5月19日，斯坦福大学胡佛研究所档案馆藏。

④ 《五届十二中全会第1次大会速纪录》（1944年5月21日），台北中国国民党文化传播委员会党史馆藏，会议纪录，馆藏号：会5.2/166.1。

⑤ 民国历史文化学社编辑部编：《中国国民党中央暨各省区代表联席会议纪录》，台北：民国历史文化学社，2019年，第6页。

⑥ 《中国国民党第三届中央执行委员会常务委员会第13次会议纪录》（1929年5月20日），中国第二历史档案馆编：《中国国民党中央执行委员会常务委员会会议录》（第8册），桂林：广西师范大学出版社，2000年，第208页。

已经出现，1926年10月国民党中央暨各省区代表联席会议也曾由谭延闿致开幕词①。国民党二届三中全会是中央全会第一次出现开幕词。蒋介石对于会议演讲词颇为重视。以五届十二中全会为例，四月底蒋介石就已经开始构思全会开会演讲的要旨，大致拟定了六点，具体包括革命党之精神（自信心）与历史、党内与敌党（认清敌我，不可混淆）、民主集权制的意义、假民主与暴民专制的危害、党员必须在党内自由发言与批评等②。5月6日蒋介石指示陈布雷起草全会演讲稿，"口授要点，达一小时余毕"，5月9号、5月10号蒋介石又多次与陈布雷沟通开会演讲稿，陈布雷不禁感叹蒋介石对此"用心至深"③。陈布雷5月12日开始写作，他先让秘书王冠青写出演讲词草稿，不过陈布雷对于王冠青的文章并不满意，认为"叙次太杂，组织不清"，只好自己重写，5月15日一天基本完成，16号把稿件交给蒋介石审阅④。17号蒋介石专门抽出三个小时修改讲稿，18号陈布雷继续修改讲稿，19号开会演讲稿才基本完成⑤。在预备会议上，蒋介石花费三十分钟完成了演讲。演讲从国民党革命历史讲起，强调此时国民党面对国内"民主"的呼声以及国外舆论的指责相较于国民党历史上环境而言，已经有了很大的改善，因此，国民党员要发扬"患难与共生死一致的精神，承担国家民族安危的重任"⑥。对于开幕演讲，蒋介石自我感觉尚可："全会开会词煞费苦心，会前散漫纷乱之空气与现象，赖此一文完全镇定矣。"⑦不过从后续会议的进程而言，蒋介石此言明显言过其实。此次全会上CC系对朱家骅系的攻击明显出乎蒋介石的意料。

自国民党二大以来，预备会议就出现在历次全国代表大会之中。不过此时的预备会议更多是一种惯例，并未能形成制度。中央全会第一次举行预备会议是在国民党二届三中全会上⑧。当时与会的代表就中央全会会议规则如表决权问题、法定人数问题展开讨论。结果却只能反映出国民党内部"开会问题，无很多研究"，更何况依

① 民国历史文化学社编辑部编：《中国国民党中央暨各省区代表联席会议纪录》，台北：民国历史文化学社，2019年，第7页。
② 《蒋介石日记》（手稿），1944年4月29日，斯坦福大学胡佛研究所档案馆藏。
③ 陈布雷：《陈布雷从政日记（1944年）》，1944年5月6日、5月9日、5月10日，台北：民国历史文化学社，2019年，第77、79页。
④ 陈布雷：《陈布雷从政日记（1944年）》，1944年5月12日、5月15日，台北：民国历史文化学社，2019年，第80、82页。
⑤ 《蒋介石日记》（手稿），1944年4月29日，斯坦福大学胡佛研究所档案馆藏；陈布雷：《陈布雷从政日记（1944年）》，1944年5月18日、5月19日，台北：民国历史文化学社，2019年，第85、86页。
⑥ 中国第二历史档案馆、海峡两岸出版交流中心编：《中国国民党历次全国代表大会暨中央全会文献汇编》（第26册），北京：九州出版社，2012年，第282页。
⑦ 《蒋介石日记》（手稿），1944年5月20日，上星期反省录，斯坦福大学胡佛研究所档案馆藏。
⑧ 荣孟源主编：《中国国民党历次代表大会及中央全会资料》（上册），北京：光明日报出版社，1985年，第298页。

照党章，只有全国代表大会对会议规则拥有解释权①。最终与会代表们只得参考联席会议等会议惯例作为解决，原定是二届三中全会的第一次会议最终变成了预备会议。直到《中央执行委员会全体会议议事规则》出现预备会议才成为会议制度的一部分，这也是部分中央全会如国民党五届四中全会没有预备会议的制度原因所在。《议事规则》明确中央全会在进行正式会议前都要举行预备会议，预备会议由总裁主持，负责组织主席团、组织审查委员会、决定会议期限、决定议案提交截止日期等事项②。因而在五届五中全会至五届十二中全会的历次预备会议，蒋介石都会以会议主席的身份出席并主持预备会议的议程。《议事规则》就成为蒋介石控制中央全会的制度性工具，围绕中央全会的政治运作都要在程序上对《议事规则》保持遵循。

《中央执行委员会全体会议议事规则》从制度角度规范了国民党中央全会的运作，但其产生过程并非一蹴而就。早在1917年，孙中山曾在撰写《会议通则》时就系统解释了会议的程序及各种情形的应对方法。这本书后改名为《民权初步》，成为国民党内部召集会议普遍奉行的规范。1926年国民党中央暨各省区代表联席会议上就曾提出过《中国国民党中央各省联席会议规则》。它对于会议主席团、开会闭会延会程序、议事日程、程序等作出明确规定③。之后国民党历次中央全会对于会议规则都有过或多或少的讨论，比如二届五中全会时曾通过分组审查提案的议案④，但这些举措都未能形成系统的规则。

《中央执行委员会全体会议议事规则》作为议案被提出最早是在第五届中常会第102次中常会（1938年11月24日举行）。国民党中央秘书处以中央全会议事规则尚未明确为由，拟定了规则草案，"其内容要点在于提高审查委员会的职权，使讨论及决议均集中于重要议案，并注重报告及质询"，最终该《规则》草案修正后通过⑤。该规则明确会议由总裁蒋介石主持，蒋介石缺席由副总裁汪精卫主持，若两人同时缺席，则由主席团内推选一人主持。主席团由总裁提名五至七人，经会议通过即组成。提交全会的议案分为三种类型，即"总裁副总裁交议案件""中央常务委员会及所属

---

① 《中国国民党中央执行委员会第三次全体会议预备会议纪录》（1927年3月7日），中国第二历史档案馆、海峡两岸出版交流中心编：《中国国民党历次全国代表大会暨中央全会文献汇编》（第2册），北京：九州出版社，2012年，第326、327页。

② 《中国国民党第五届中央执行委员会常务委员会第102次会议纪录》（1938年11月24日），中国第二历史档案馆编：《中国国民党中央执行委员会常务委员会会议录》（第24册），桂林：广西师范大学出版社，2000年，第232页。

③ 民国历史文化学社编辑部编：《中国国民党中央暨各省区代表联席会议纪录》，台北：民国历史文化学社，2019年，第346页。

④ 荣孟源主编：《中国国民党历次代表大会及中央全会资料》（上册），北京：光明日报出版社，1985年，第541页。

⑤ 《中国国民党第五届中央执行委员会常务委员会第102次会议纪录》（1938年11月24日），中国第二历史档案馆编：《中国国民党中央执行委员会常务委员会会议录》（第24册），桂林：广西师范大学出版社，2000年，第232页。

各部会之提案""各委员之提案"。委员正常提案需要至少十人连署，临时动议至少三十人连署才能提出。各项提案可由会议主席决定直接讨论或交审查委员会审议。审查委员会依照党务、政治、军事等专题设置，同时也可设置特种委员会起草或审议特种议案。各审查委员会的召集人及其他人选由会议主席决定。议案审议过程中可通知提案人进行说明。议案审议过程中可通知提案人进行说明。除审议提案外，听取党政军各主要部门的报告也是中央全会的重要议程。这些书面报告必须在中央全会召开前送交秘书处，开会时负责人需出席全会进行口头报告。对于一些"特种议题"可由会议主席提交全会讨论，但不必做出决定。不过对于同一问题除会议主席特许外，每人发言不得超过两次，每次发言不得超过5分钟，报告者说明发言不得超15分钟，回复质询发言次数不限。表决方式由主席决定，分举手、起立、投票三种形式。经过表决的议案需要在下次会议前进行宣读①。

此《议事规则》内容并非一成不变。1938年12月汪精卫离渝出走，并发表"艳电"响应日本近卫第三次声明，逐步走上了投敌叛国之路。因此1939年1月1日第五届国民党中常会第108次会议通过开除汪精卫党籍，并撤除其一切职务的决议②。《议事规则》的相应规定也在1939年1月国民党五届五中全会上做出调整，有关于"副总裁"的文字被全部删除，主席团的规模由"五至七人"变为"七至十一人"，其余条文未加调整③。该份《议事规则》一直沿用到五届九中全会，但1942年11月举行的五届十中全会时《议事规则》再次发生变动。变更的主要部分是委员正常提案的人数，即由需要至少十人连署改为五人连署④。

《议事规则》再一次的改动就是在五届十二中全会上。就在五届十二中全会召开的前一天，国民党第五届中常会第256次会议修正通过了《中央执行委员会全体会议议事规则》，5月20日国民党五届十二中全会的预备会议正式通过修正案。改动内容主要为主席团产生方式和审查委员会程序。主席团由蒋介石就中央执行委员会中提出加倍候选人，经预备会议投票选出。提交全会的议案分为三种类型，当议案进入审查委员会后，首先会依据自身重要程度进行处理，重要的议案应专案审查，其余并案审查，按分类归纳成若干要点，并由审查委员会拟具意见表提交中央全会讨

① 《中央执行委员会全体会议议事规则》（1938年11月24日），中国第二历史档案馆编：《中国国民党中央执行委员会常务委员会会议录》（第24册），桂林：广西师范大学出版社，2000年，第237—239页。

② 《中国国民党第五届中央执行委员会常务委员会第108次会议纪录》（1939年1月1日），中国第二历史档案馆编：《中国国民党中央执行委员会常务委员会会议录》（第24册），桂林：广西师范大学出版社，2000年，第370页。

③ 《中央执行委员会全体会议议事规则》（1939年1月21日），中国第二历史档案馆、海峡两岸出版交流中心编：《中国国民党历次全国代表大会暨中央全会文献汇编》（第15册），北京：九州出版社，2012年，第8页。

④ 《中央执行委员会全体会议议事规则》（1942年11月12日），中国第二历史档案馆、海峡两岸出版交流中心编：《中国国民党历次全国代表大会暨中央全会文献汇编》（第23册），北京：九州出版社，2012年，第13页。

论，如果未能列入并案且无无须专案审查的议案交中常会参考，审查委员会列表报告全会即可①。各提案审查委员会因提案数量不同，繁忙程度不一。军事组提案审查委员会成员何成濬日记中记载第一次审查会因无议案可审查而直接结束，第二次审查会仅用30分钟讨论了军事报告的决议案②。

在五届十二中全会的预备会议上，与会人员针对《中央执行委员会全体会议议事规则》第三条"本会应行出席及列席中央委员候补中央委员及开会与决议人数标准缺席递补办法均依总章规定"，实际上是围绕候补中央执行委员的临时表决权展开讨论。CC系中央执行委员郑亦同首先指出依照总章的规定，候补执行委员应当有临时表决权，但五届十一中全会时也有同样的事情，当时的主席团决定照惯例办理，因此"究竟我们照惯例办还是照总章办"？秘书长吴铁城对此回应称："中央执行委员出席人数已经够法定人数的时候，候补执行委员不再递补，也没有临时表决权。"为了更具体地解释，吴铁城以今日（5月20日）预备会议为例进行说明："中央执行委员共120人，今天到会只有89人（先到86人后到3人），缺席31人，89的三分之一就是29.6，就是说，最多只能有29个候补执行委员有临时表决权，选举时也照这个数字发票。""今天到会候补执行委员22人，因此这22人全数有临时表决权。"③在得到满意的答复后，郑亦同等人停止发言。蒋介石趁机询问与会众人"还有什么异议"，彭学沛在文字上对第十八条提出修改意见，丁超五又试图询问第三条中央委员的法定人数问题，但被蒋介石以第三条"已经通过，不再讨论"为由驳回，最终《中央执行委员会全体会议议事规则》"众无异议"地通过了。不过蒋介石在日记中却写下"为候补委员补员缺事之决定，又发生一错误也"④。推测蒋介石之所以认为自己发生错误，应是此举使部分候补中央执行委员获得临时表决权，增强CC系在会议中的实力，而陈立夫、潘公展入选全会主席团即为明证。⑤

在五届十二中全会上，依据《中央执行委员会全体会议议事规则》规定，预备会议主要负责确定全会日期、组织主席团、组织审查委员会这三大事项。作为主席的蒋介石，对谈话会形成的意见给了尊重和一定程度的采纳。组织审查委员会较为顺利，按照《中央执行委员会全体会议议事规则》中的条款执行即可。对于会议期限，蒋介石一定程度上接纳了谈话会形成的意见，正如蒋介石在主持时发言："在中央委员谈话会时候，很多同志都说五天不够，希望增加到七天或九天，个人意思

① 上述均引自《中央执行委员会全体会议议事规则》（1944年5月20日），中国第二历史档案馆、海峡两岸出版交流中心编：《中国国民党历次全国代表大会暨中央全会文献汇编》（第26册），北京：九州出版社，2012年，第290—293页。

② 何成濬著，沈云龙校：《何成濬将军战时日记》（下册），1944年5月22日、24日，台北：传记文学出版社，第426、427页。

③ 《五届十二中全会第1次大会速纪录》（1944年5月21日），台北中国国民党文化传播委员会党史馆藏，会议纪录，馆藏号：会5.2/166.1。

④ 《蒋介石日记》（手稿），1944年5月20日，斯坦福大学胡佛研究所档案馆藏。

⑤ 王子壮：《王子壮日记：1944年》（手稿本），1944年5月20日，台北："中央研究院"近代史研究所，2001年，第201页。

一个会议当然最好能够尽量讨论，使他得到圆满的结果，但是时间也很宝贵，尤其在现在军事政治经济情况紧张的时候，我们的讨论要特别注意到重要的几件事，不能讨论太多，所以我想把会期定为五到七天。"①不过从5月20日第一次大会提出的会议日常表看，蒋介石仍想让中央全会在五天完成。无论如何，中央全会会期还是得到了确定。

对于会议主席团的产生方法，预备会议也基本遵循了谈话会形成的意见，通过加倍人数选举的方式选出。主席团选举首先指定四位监选人，并检查投票箱；其次才是有表决权的执行委员或候补委员投票，出席预备会议的中央执行委员89人，列席中央候补执行委员22人，符合国民党总章及议事规则的规定，因此所有候补执行委员都有临时表决权，一共111人。主席团选举结果最终由秘书长吴铁城公布，发选举票111张，投票110张，戴季陶、孙科、居正、何应钦、孔祥熙等十一人当选为大会主席团成员②。从制度上而言，预备会议在早上已经结束，但政治运作却贯穿全会始终。晚八时蒋介石在官邸约见与会的中央执行委员会常务委员并举行晚宴。席间蒋介石征询了众人对于全会的意见并进行交流③。

三、中央全会：会议流程与政治运作

1944年5月21日，国民党五届十二中全会正式召开。依据会议日程表可知，蒋介石仍试图在五天内完成全会的所有流程。日程表明确20日为开幕式及预备会议，21日上午进行党务和政治报告，22日上午进行军事和外交报告，23日上午由物价管制委员会进行报告，21日至23日下午为审查会审查议案。24日全天举行会议，25日举行闭幕典礼④。然而前三次正式会议的进程却超出了蒋介石的构想。

第一次大会原定要进行党务、政治两项报告及质询。在居正完成党务的口头报告后，CC系中央委员质询权，极力攻击组织部部长朱家骅，打乱了原有的会议安排。针对朱家骅的攻击集中在三点，一个是战地党务，一个是地方党部选举，还有一个是组织部人事调动。CC系首先利用朱家骅主持组织部期间，战地党务抗日反共工作成果有限，多个国民党地下组织被破坏大加抨击。赖琏从华北国民党对日工作人员大量被捕出发，指责组织部相关工作"太幼稚、太玩忽、太随便，技术不够"，并要求负责当局"要给我们一个说明，同时要求负责当局，今后要有一个彻底改善的方法"。而吴开先指责组织部在沦陷区内对中共的斗争目标错误，工作不够，缺乏民众支持，导致沦陷区内国民党对中共的斗争始终处于下风。李敬斋指责中央派人

①② 《五届十二中全会第1次大会速纪录》（1944年5月21日），台北中国国民党文化传播委员会党史馆藏，会议纪录，馆藏号：会5.2/166.1。

③ 吴忠信著，王文隆编：《吴忠信日记（1944年）》，1944年5月20日，台北：民国历史文化学社，2020年，第36页。

④ 《十二中全会会议日程表》，中国第二历史档案馆、海峡两岸出版交流中心编：《中国国民党历次全国代表大会暨中央全会文献汇编》（第26册），北京：九州出版社，2012年，第300页。

不慎重，导致战地党务问题迭出①。

孙镜亚、程天放、王秉钧等CC系中央委员利用对地方党部选举问题，指责朱家骅绕开中常会，擅自允许地方党部进行选举。孙镜亚、程天放特别指出江西省召开全省代表大会与现行规定不合等情况。王秉钧指责西南公路特别党部、粤汉铁路特别党部、重庆市党部选举也存在问题，并指出最近很多地方党部未经中常会核准，组织部就擅自命令各地党部进行选举，因而质疑朱家骅为什么不事先向中常会提请核准②。李宗黄、田昆山、陈泮岭等利用组织部人事调动问题大做文章。陈泮岭提出"全国各省市路党部委员有四百人，经过二年来的任用调动，去职的已经有三百人"，进而认为朱家骅更动人员影响党务工作，是对同志不信任的表现；李宗黄质询各省党部主任委员人选存在问题；田昆山更是直接攻击组织部人事制度，认为当前制度与国民党总章不相符，人事调派混乱，缺乏规定；并暗示是朱家骅绕开常会，一人独揽党权。伴随对组织部质询内容的增加，党务质询的时间不断延长，萧铮甚至公然宣称"如果今天质询没有完毕，就必须延长到明天"。大会主席团最终决定"质询时间至11时30分为止，11时30分以后由各部部长答复"③。

面对CC系猛烈的攻击，朱家骅处境十分被动，只得孤军奋战，答复各方。参会的陈布雷感觉"众意似集中组织部，为骝先计，亦甚难堪也"④。针对CC系就战地党务的质询，朱家骅反将责任推给CC系控制下的中统各级组织，认为其不能配合组织部的工作；对于选举问题，朱家骅一口咬定"到现在为止，组织部核准的选举没有不合法规"；孙镜亚等人执意要求暂停江西省党部选举的要求，朱家骅也并不退让，认为这是个人意见影响整个党务的表现；至于所谓的人事变动，朱家骅坚持"所有更动人员均经常会核准，沦陷区的人员如有调动也都经过合法的手续"。⑤王子壮亦观察到"党务质询多系对朱家骅而发；先期以徐恩曾、萧铮之小组讨论，至此乃现出有组织之阵容"；CC系此次集中攻击朱家骅是为国民党六大选举占据有利地位⑥。

面对CC系集中的攻击，朱家骅及其支持者不甘坐以待毙，转而奋起反击。这种反击的形成通过私人聚会的形式得以组织。熊式辉约集朱家骅、张治中、白崇禧等人商谈，主张三点：一、支持组织部；二、改选常会；三、年底年初召开代表大会，同时还讨论了本日（21日）会中CC系的组织活动⑦。王世杰作为参与者也记载了相关活动，"连日朱骝先、张岳军、张文伯、白健生、熊天翼等因不满于立夫、庸之诸人，相约在全会选举常委时，不选立夫"；不过王世杰为体现与CC系的不同，彰显"党内无派"

---

①②③⑤ 《五届十二中全会第1次大会速纪录》（1944年5月21日），台北中国国民党文化传播委员会党史馆藏，会议纪录，馆藏号：会5.2/166.1。

④ 陈布雷：《陈布雷从政日记（1944年）》，1944年5月21日，台北：民国历史文化学社，2019年，第86页。

⑥ 王子壮：《王子壮日记：1944年》（手稿本），1944年5月21日，台北："中央研究院"近代史研究所，2001年，第204页。

⑦ 熊式辉：《海桑集》，1944年5月21日，香港：明镜出版社，2008年，第441页。

的色彩，辩解朱家骅、熊式辉等人"不过交换意见，并无任何组织"①。

　　对组织部的质询只是党务质询中的一部分，对宣传部、海外部等部门的质询及答复在第二次大会上才基本完成。除了党务质询上CC系和朱家骅系的纷争外，对政治方面的质询同样激烈。受党务质询延长的影响，第三次大会才开始政治质询。5月23日第三次大会政治质询中对戴季陶的攻击更引起各方关注。实际上，戴季陶并非政治报告的报告人，但他因发言时间过长遭到了攻击。李敬斋要求会议主席邹鲁注意发言时间，他认为戴季陶讲的内容都无关乎质询。戴季陶对此反应十分强烈，直言大家如果不能忍受自己较长时间的发言，自己可以辞去职务②。相对中立的徐永昌看来"戴季陶于质询之时起立讲话，刺刺不休，李敬斋起而斥之，戴颇有恼羞成怒之势，俱为过矣"③。不过从程序上讲，戴季陶的发言经过了会议主席邹鲁的许可合乎议事规则，李敬斋的行为确有不当之处。经过对前三次大会的观察，在预备会议后一直未出席中央全会的蒋介石采取行动。蒋介石在日记中直言"本日全会秩序极坏，立夫、果夫全无统率能力，不负责任，令人痛愤"，"召立夫、果夫训诫，令其负责对萧铮、赖琏等制止之"④。蒋介石之所以对此大发雷霆，一方面戴季陶毕竟是党内元老，如此公然抨击于情理不合；另一方面，戴季陶是大会主席团成员之一，在选举主席团成员时得票最高；针对戴季陶进行攻击，很有可能被蒋介石认为是对中央全会进行挑战，对自己示威。为有效慑服与会的中央委员，控制全会的进行，蒋介石出席了23日的第四次大会。戴季陶于此次会议上提出辞职，原因为"有感于会场之凌乱无序也"，经过蒋介石、陈布雷等人的劝解，戴季陶最终收回辞呈⑤。得益于蒋介石的出席，会议进程明显加快，24日就完成了军事、物价管制委员会及各省政府主席施政报告。25日、26日分别举行的第五、六次大会，蒋介石都亲自出席，会中各派系之间由于质询而产生的纠纷明显减少。

　　尽管质询少了纷杂的声音，但提案却成为政治运作的绝佳场域。如CC系提出核心内容为限制地方党部主任委员的任用条件的提案，其目的是打击朱家骅系地方层级的干部，确保自身对地方党务的控制。该提案由洪陆东、叶秀峰、赖琏、陈访先、潘公展、余俊贤、萧吉珊、田昆山、陈泮岭提出⑥。换言之，提案人几乎全是CC系

　　① 王世杰著，林美莉编校：《王世杰日记》（上册），1944年5月24日，台北："中央研究院"近代史研究所，2012年，第697页。
　　② 《五届十二中全会第2—3次大会速纪录》（1944年5月22日、23日），台北中国国民党文化传播委员会党史馆藏，会议纪录，馆藏号：会5.2/166.2。
　　③ 徐永昌：《徐永昌日记》（第7册），1944年5月23日，台北："中央研究院"近代史研究所，1999年，第315、316页。
　　④ 《蒋介石日记》（手稿），1944年5月23日，斯坦福大学胡佛研究所档案馆藏。
　　⑤ 陈布雷：《陈布雷从政日记（1944年）》，1944年5月24日，台北：民国历史文化学社，2019年，第88页。
　　⑥ 《提案原文》（1944年5月），中国第二历史档案馆、海峡两岸出版交流中心编：《中国国民党历次全国代表大会暨中央全会文献汇编》（第26册），北京：九州出版社，2012年，第362页。

重要成员。审查该案的党务组审查委员会组成员也多为CC系分子，甚至就是提案人本人①。党务组审查委员会在原案上添加了第三条后作为《党务组审查委员会报告第一号》内容提交大会讨论，最终"众无异议"通过②。并形成《遵照临全大会通过"改进党务并调整党政关系案"之规定各省市党部主任委员应由中央委员担任并负责主持各省市代表大会案》。该案对朱家骅打击不可谓不重，它意味着已经完成选举的地方党部主任委员需要更换，同时尚未进行选举的地方党部，先前由朱家骅任命的主任委员亦须淘汰，取而代之的将是与朱家骅对立的党内资深干部。但朱家骅却因为迟到错过了该案审查报告和讨论表决；虽然他对"审查报告第一号（即该项议案）还有一点意见"，但会议主席何应钦表示"案子已经通过没有方法，有意见只可另外提出来"，事实上阻止了朱家骅的意图③。对朱家骅系打击沉重的议案就这样通过了。

对时人而言，五届十二中全会最直观的感受便是组织部部长变更。五届十二中全会第六次大会速记录揭示，组织部部长变更一事是全会闭幕前最后一个讨论事项。具体是蒋介石提议"组织部部长朱家骅同志辞职照准，由陈果夫同志继任"，"众无异议"后直接通过，前后时间不超过20分钟④。陈果夫在日记中写道"总裁今在中央全体会议提出以余为组织部长。突然下令，未预知，甚惶恐也"⑤。看似突然的人事变更，表面是CC系与朱家骅系争斗的结果，实则出于蒋介石为稳固自身地位，需要重新使用CC系。其背后的政治运作颇为精彩。

朱家骅下台原因可谓众说纷纭。康泽认为是CC系利用"献鼎"事件对朱家骅不利的舆论氛围，以朱家骅党务成绩不彰和对中共斗争不力大肆攻击，促使蒋介石更动组织部人事⑥。胡颂平认为是朱家骅恢复党内选举制度，"引起党内部分人士不谅解，因而辞职"⑦。简言之，大部分观点认为朱家骅的下台是派系争斗的结果。但若无蒋介石的首肯，朱家骅也不会倒台。对蒋介石而言，最迫切的问题是解决当前的因日军"一号作战"所引发军事危机⑧，换言之，蒋介石急需一个稳定的内部环境，但事实却是部分国民党中央委员"责难与诽谤齐集"⑨，国民党内部已经出现对蒋介

① 此次全会党务组审查委员名单：丁惟汾、居正、张继、邓家彦、叶楚伧、潘公展、朱家骅、王子壮、张道藩、洪兰友、贺衷寒、曾扩情、周启刚、林翼中、陈访先、崔广秀、方治、马超俊、李敬斋、何键、丁超五、叶秀峰、田昆山、李绮庵、陈耀垣、段锡朋、王泉笙、吴挹峰、陈庆云、梅公任、王秉钧、姚大海、萧吉珊、赵允义、余浚贤、梁寒操、吴开先。《五届十二中全会各组审查委员名单》（1944年5月），台北中国国民党文化传播委员会党史馆藏，会议纪录，馆藏号：会5.2/153.4。

②③④ 《五届十二中全会5—6次大会速纪录》（1944年5月25日至26日），台北中国国民党文化传播委员会党史馆藏，会议纪录，馆藏号：会5.2/166.4。

⑤ 《陈果夫先生民国二十五年至四十年日记摘录》，1944年5月26日；徐咏平：《陈果夫传》附录，台北：正中书局，1980年，第923页。

⑥ 康泽：《康泽自述及其下落》，台北：传记文学出版社，1998年，第341页。

⑦ 胡颂平：《朱家骅先生年谱》，台北：传记文学出版社，1969年，第58页。

⑧ 《蒋介石日记》（手稿），1944年5月，本月反省录，斯坦福大学胡佛研究所档案馆藏。

⑨ 《蒋介石日记》（手稿），1944年4月23日，斯坦福大学胡佛研究所档案馆藏。

石的批评声音。加之国民党六大已经决议召开，蒋介石为巩固自身地位，需要让拥蒋派系在六大前取得优势①。从外部环境进一步分析，蒋介石也有可能是考虑到中共等党外势力得到发展，需要 CC 系加强国民党的实力，同时巩固自身统治②。王子壮分析朱家骅看似羽翼丰满，实则不过是地方党部委员人选多为朱系③，远不如 CC 系地方实际的势力；更何况朱家骅系和 CC 系虽同为拥蒋派系，但 CC 系无疑更加可靠④。CC 系对朱家骅系的攻击和"献鼎"事件对朱家骅不利舆论氛围不过为蒋介石更动组织部人事创设了条件。

前文已述，早在五届十二中全会召开前，蒋介石就已经在思考调整人事。在 1944 年 4 月 13 日，吴铁城就曾向蒋介石表示"各部首要人员更动……一新各方之耳目云"，蒋介石原则上表示同意，"但此负责之人难选为苦耳"⑤。在此之后，蒋介石又先后与陈布雷等人讨论中央各部长人选问题，只不过陈布雷等人的建议是"中央党部机构不宜更张"⑥。但 1944 年 5 月 25 日，蒋介石下定决心召见朱家骅，商谈组织部、教育部负责人对调事⑦。至此，朱家骅的去职已成定局，唯一的问题是对调后教育部部长人选难以确定。倘若由教育部部长陈立夫担任组织部部长，教育部职务将空缺。而此时的朱家骅尚未应允新职，曾任教育部部长的王世杰也因外交事务无法担任⑧。这一问题让蒋介石十分烦闷，目睹这一切的陈布雷也发出了"人事安排之难"的感叹⑨。最终蒋介石搁置朱家骅、陈立夫对调方案，转而决定由陈果夫出任组织部部长一职⑩。

至于为何由陈果夫出任组织部部长一职，时人也是议论纷纷。如侍从室的陈方

① 胡梦华：《国民党 CC 派系形成经过》，柴夫编：《CC 内幕》，北京：中国文史出版社，1988 年，第 37 页。

② 董必武：《大后方的一般概况》（1944 年 12 月 8 日），董必武文集编辑组编：《董必武统一战线文集》，北京：法律出版社，1990 年，第 232 页。

③ 王子壮：《王子壮日记：1944 年》（手稿本），1944 年 5 月 20 日，台北："中央研究院"近代史研究所，2001 年，第 203 页。

④ 王子壮：《王子壮日记：1944 年》（手稿本），1944 年 5 月 30 日，台北："中央研究院"近代史研究所，2001 年，第 215 页。

⑤ 《蒋介石日记》（手稿），1944 年 4 月 13 日，斯坦福大学胡佛研究所档案馆藏。

⑥ 陈布雷：《陈布雷从政日记（1944 年）》，1944 年 5 月 22 日，台北：民国历史文化学社，2019 年，第 87 页。

⑦ 陈布雷：《陈布雷从政日记（1944 年）》，1944 年 5 月 25 日，台北：民国历史文化学社，2019 年，第 89 页。

⑧ 王世杰著，林美莉编校：《王世杰日记》上册，1944 年 5 月 25 日，台北："中央研究院"近代史研究所，2012 年，第 697 页。

⑨ 陈布雷：《陈布雷从政日记（1944 年）》，1944 年 5 月 25 日，台北：民国历史文化学社，2019 年，第 89 页。

⑩ 王世杰著，林美莉编校：《王世杰日记》上册，1944 年 5 月 26 日，台北："中央研究院"近代史研究所，2012 年，第 697 页。

就认为蒋介石"只以果夫为陈英士之侄，而付以党组织部之重任，而党将越变越小"[1]。陈方的担忧虽不无道理，但对蒋介石而言，容许CC系重掌党务中枢，既是对国民党内CC系实力大于朱家骅系的承认，也是稳定自身地位手段之一。之后的组织部人事变动证实了这一点。1944年11月20日国民党召开临时常会，陈果夫因肺结核病情日益严重辞去组织部部长职务，而继任者是陈立夫[2]，国民党党务大权仍处在CC系的控制之中。同时，CC系也逐步清洗原朱家骅系的干部，甘家馨、陆翰芹等纷纷辞职照准[3]；CC系干部如余井塘升任组织部副部长等[4]。见此情形，王子壮感叹"朱骝先自组织部去职，其所属人员相继为新任所汰"，朱家骅系的干部"均不免有走投无路之悲"[5]。

蒋介石在五届十二中全会闭幕后，感叹"此次会议七日，在河南战事危急，外交不利，经济严重，共党威胁，内部（本党）分歧之中，竟能茹苦饮痛，忍辱负重，持志守约，渡此一关，而且结果圆满，孙科态度亦甚改善，此乃艰苦中之一乐也"[6]。但现实远不如蒋介石所想乐观，会前时人期待此次全会能够解决物价等攸关国家的问题，但社会舆论和时人观感对此次中央全会态度普遍消极。陈克文记载社会上评价此次全会"没什么意义"，"中全会的结果似乎只为换掉一个组织部长"[7]。王世杰也感到失望，毕竟中央全会仅在人事方面对组织部进行调整[8]。社会上还流传此次全会是"烹鱼杀猪祭孔的会"，意思是于右任没有出席，打倒了朱家骅，稳定了孔祥熙的地位[9]。中共对国民党此次全会也予以抨击"际此日寇在我国发动新攻势，河南战局极为紧张，国内外舆论对国民党措施颇多批评与期望之际时，十二中全会竟无改弦更张之表示，殊堪惋惜"[10]；董必武直言五届十二中全会只解决了一个国民党内部问题，即CC系重新掌握国民党的组织权[11]。

---

① 熊式辉：《海桑集》，1944年5月27日，香港：明镜出版社，2008年，第442页。

② 《陈果夫先生民国二十五年至四十年日记摘录》，1944年11月20日、1944年12月11日，徐咏平著：《陈果夫传》附录，台北：正中书局，1980年，第926页。

③ 《中央第二六〇次常会通过中央各部会人员任免案》，《中央党务公报》1944年第6卷第15期，1944年8月1日；中国第二历史档案馆编：《中央党务公报》（1937.7—1947.12），南京：南京出版社，1994年，第28页。

④ 《五届中常会第259次大会速记录》（1944年6月22日），台北中国国民党文化传播委员会党史馆藏，会议纪录，馆藏号：会5.3/495。

⑤ 王子壮：《王子壮日记：1944年》（手稿本），1944年8月7日，台北："中央研究院"近代史研究所，2001年，第317页。

⑥ 《蒋介石日记》（手稿），1944年5月26日，斯坦福大学胡佛研究所档案馆藏。

⑦⑨ 陈克文著，陈方正编校：《陈克文日记（1937—1952）》（下册），1944年5月29日，台北："中央研究院"近代史研究所，2012年，第864页。

⑧ 王世杰著，林美莉编校：《王世杰日记》（上册），台北："中央研究院"近代史研究所，2012年第697页。

⑩ 《中国国民党举行五届十二中全会》，《解放日报》，1944年5月28日，第1版。

⑪ 董必武：《大后方的一般概况》（1944年12月8日），董必武文集编辑组编：《董必武统一战线文集》，北京：法律出版社，1990年，第231页。

结　语

至此，笔者已经基本描绘出国民党中央全会运作的全貌。经过多年的政治实践，在会议的筹备期，名义上由中常会确定中央全会的召开的日期，但实际上往往由蒋介石做出决策；中央全会的筹备期通常依照惯例会举行中央委员谈话会或提案研究会，各派系也往往通过私人聚会进行整合，力争实现自身利益最大化。中央全会进入到预备会议及正式会议的阶段，会严格按照《中央执行委员会全体会议议事规则》规定各项执行。预备会议通常包括开幕词、选举主席团、组织提案审查委员会等事项。正式的会议会按照党务、政治等专题由专人进行报告并进行中央委员的质询。提案审查委员会需要分组审查各项提案并提出意见，交由大会讨论决定。在完成所有议案的讨论后，中央全会以发表会议宣言，举行闭幕礼作为会议结束的标志。

在1938年国民党临全大会至1945年国民党六大期间，中央全会一直是名义上国民党最高权力机关。五届十二中全会就听取了国民党中央党政各部及地方省级政府的工作报告。通常被学界视为抗战时期国民党党政军最高决策机构的国防最高委员会①也要向中央全会提交书面的工作报告，汇报其自五届十一中全会以来各项工作的开展。毕竟国民党五届五中全会在决议设立国防最高委员会时已明确它仍然是国民党中央执行委员会的下设机构②。但中央全会始终无法实现"名实相符"，其原因不仅在于自身召集方式、会议程序、开会周期等制度规范，更在于国民党高层政治运作均以国民党领袖蒋介石为核心，重要事项均在提交中央全会等会议前已经由蒋介石核准。最终出现"党政诸大问题，均决于会议之外"，"中枢机构形同虚设"的政治实态。③

蒋介石通过总裁制度确立了自己国民党最高领袖的政治地位，并对"党权"保持绝对的尊重。可仅从中央全会的举办周期来看，已经违反了国民党党章的相关规定。对于这一点，蒋介石心知肚明，在全会的开幕词蒋介石也直言不讳地提到这一点："（五届十二中全会开幕）距离去年九月间十一中全会的举行，已有八个月了。"④五届十二中全会举行的程序也存在许多问题，特别是蒋介石举办中央全会的手谕竟在最高国防会议上提出，本应决定中央全会举办与否的中常会只是为蒋介石的手谕提供程序上的完备。出席或列席的国民党中央委员们对此熟视无睹，他们更关注自己能否在会议中获得相应的权力。抗战时期，蒋介石的个人政治权力的日益强化

① 刘维开：《国防最高委员会的组织与运作》，《国立政治大学历史学报》2004年第21期，第136页。
② 中国第二历史档案馆、海峡两岸出版交流中心编：《中国国民党历次全国代表大会暨中央全会文献汇编》（第15册），北京：九州出版社，2012年，第80页。
③ 王子壮：《王子壮日记：1944年》（手稿本），1944年5月21日，台北："中央研究院"近代史研究所，2001年，第204页。
④ 中国第二历史档案馆、海峡两岸出版交流中心编：《中国国民党历次全国代表大会暨中央全会文献汇编》（第26册），北京：九州出版社，2012年，第276页。

与象征国民党党权的"中央全会"日益虚化弱化形成了鲜明的对比。

尽管如此，中央全会是国民党全国代表大会闭幕期间名义上的国民党最高权力机构，从会议的筹备到结束，处处展现着国民党的制度规范与政治运作。对蒋介石而言，利用政治手段和会议规则控制会议仍是维持自身权力的必要手段。预备会议上，作为国民党最高领袖的蒋介石虽然接纳了谈话会的部分意见，但这些意见却不能从根本上约束蒋介石的权力。谈话会要求全会主席团由以往直接的方式指定改为选举制，但选举的对象仍然由蒋介石提出。此举看似民主，可事实上选出的主席团成员仍符合蒋介石的需要，实质的改变非常有限。抗战时期，作为规范每次中全会的预备会议，蒋介石都会亲自主持会议，确保自己对会议的控制。五届十二中全会上部分委员对主席团成员戴季陶的攻击很可能被蒋介石视为对自身权力的不满。因此蒋介石严词呵斥陈立夫、陈果夫管理CC系人马，并且为了保证中央全会的顺利进行，之后的中央全会大会蒋介石亲自出席，慑服与会不同派系的中央委员。

各派系也在中央全会制度规范与政治运作逐步寻找到平衡，CC系就是其中的典型代表。在会议的筹备阶段，CC系利用公开的中央委员谈话会（提案研究会）和非正式的私人聚会，了解各方对此次全会的看法，并拉拢黄复兴系作为自己的同盟试图打击政学系、朱家骅系的势力。五届十二中全会第一次大会上，CC系中央委员萧铮、赖琏等人利用质询权对朱家骅大肆攻击。提案权也成为CC系打击组打击朱家骅系的重要手段。CC系控制的党务组提案审查会通过攻击朱家骅派系的议案，予地方党部层级的朱家骅系干部致命一击。蒋介石最终还是默许了CC系对朱家骅系的攻击，使得CC系重新掌握党务大权。不过CC系此举还是会引发各派联合对峙，最终仍是各方相互制衡之局①。上述中央委员的提案权、质询权等蕴含"民主元素"的制度规范，在政治运作中却异化为派系纷争的工具。

（本文作者为南开大学历史学院中国史学系硕士研究生）

---

① 王子壮：《王子壮日记：1944年》（手稿本），1944年5月30日，台北："中央研究院"近代史研究所，2001年，第215页。

辛亥鼎革与中华民族共同体观念
构建的早期探索

严洋宇

摘　要：辛亥鼎革之际，随着王朝国家体系在危机中解体，包含着身份、时间、空间等元素的现代民族国家认同观念开始兴起，同时"中华民族"观念也发生着由传统向现代的多面向转型，考察在此期间，知识精英们如何试图重构国人对"帝国、国家和民族"的观念认知，也即如何开展"中华民族共同体"构建的早期探索，并揭示辛亥鼎革与这一观念发展的历史联系，彰显关于辛亥革命、民国建立与中华民族现代认同之关系的认识与意义的转换。对中华民族共同体形成的历史条件及其价值追求和身份认同的历史过程回溯，是至今值得反思的思想遗产，是加深对中华民族共同体观念内涵与外延认知的应有之义。

关键词：辛亥革命；中华民族共同体；民族国家；中华民族

引　言

　　辛亥鼎革前后，现代意义的"中华民族"观念作为一种"公民"身份象征的含义正式予以确立。具有政治、社会文化符号意义的"中华民族"观念，则是20世纪初形成的，它以民族意识和国家意识的生成为基础，在帝国主义势力的冲击之下，逐渐得到深化。我们更倾向于称"中华民族"为一种观念（Ideas），而非仅仅停留于概念（Concept），更不应表达为一种想法或思想（Thought）。近年来风靡世界关于"民族"的研究当属美国学者本尼迪克特·安德森（Benedict Richard O´Gorman Anderson）的《想象的共同体》。他认为："民族是一个想象出来的政治意义上的共同体，即它不是许多客观社会现实的集合，而是一种被想象的创造物。"[①]其实，对于民族的定义，英国学者厄内斯特·盖尔纳（Ernest Gellner）先于安德森，并认为"要从意愿和文化与政治单位结合的角度来给民族下定义，即民族主义造就了民族，而不是相反，从而民族主义热情包含了文化上富于创造性的、空想的、积极创造的一面"[②]。二者相比，安德森无非突破了社会要素决定论。但毫无疑问他们都深受阿尔都塞（Louis Althusser）的意识形态理论的影响，即倾向于将意识形态理解为一种

---

① 本尼迪克特·安德森：《想象的共同体：民族主义的起源与散布》，吴叡人译，上海：上海人民出版社，2016年，第2页。

② 厄内斯特·盖尔纳：《民族与民族主义》，韩红译，北京：中央编译出版社，2002年，第74页。

先于个体存在的文化客体、社会结构。阿尔都塞在其《意识形态和意识形态国家机器》中认为"意识形态所反映的是人类同自己生存条件的'想象'关系，是人类对人类真实生存条件的真实关系和想象关系的多元决定的统一"[1]。众所周知，意识形态理论有明显的缺陷，如对于科学与意识形态的绝对对立，过分夸大二者区别，过分强调意识形态的功能以及否认人的能动性，故又称其为"结构主义马克思主义"。所以，安德森在此基础上创造性地提出关于民族的定义，又毫无疑问落入了夸大主观性的俗套。他对民族采用"想象、建构"方式的解释，即使是在西方学界，他和盖尔纳也被贴上"现代派"（Modernist/Constructivist）的标签，受到"原初派"（Primordialist）和后殖民理论研究者的批评。[2]在结合我国几千年来民族关系的变迁和近代以来关于"中华民族"观念认知的不断演化来看，民族并非想象的共同体，更不符合"建构说"。当然，安德森对我们扩大民族研究视野有着极大的帮助。

目前，学术界对于"辛亥鼎革与中华民族共同体"及其相关主题的讨论主要体现在几个方面：第一，将辛亥革命和中华民族共同体形成过程纳入整个中华民族伟大复兴的历史进程中考察，突出二者的历史意义及其影响；第二，从社会转型的角度，探讨从传统"王朝国家"到现代"民族国家"的转变过程中中华民族近代"自觉化"进程及其政治和社会基础；第三，探讨辛亥革命相关人物的思想对于中华民族共同体观念的发展的贡献；第四，近年来逐渐深化近代民族民主革命的"国际性"与"世界性"，思考"革命与民族"的内涵和外延；第五，对中华民族共同体观念形成过程中相关词汇的溯源、传播的考察，彰显中华民族意识的萌生和发展进程。[3]学界的研究主要从视角、理论逻辑等方面探讨了中华民族共同体形成的过程进行梳理，笔者认为中华民族共同体观念的早期发展是有一个认知重构的过程，而关于这方面的讨论，学界的关注存在着不足。笔者在梳理辛亥鼎革之际中华民族观念演变的基础之上，揭示知识精英们如何试图重构国人对"帝国、国家和民族"的观念认知，以及如何开展"中华民族共同体"构建的早期实践，以透视辛亥鼎革与这一观念发展的历史联系，并彰显关于辛亥革命、民国建立与中华民族现代认同之关系的认识与意义的转换。

作为一个具有多民族属性的国家，各民族几千年来的交往交流交融让中华民族

---

① 路易·阿尔都塞：《意识形态和意识形态国家机器》，《思想》1970年第151期。

② 论战主要涉及原初主义者阿姆斯特朗《民族主义形成之前的民族》和盖尔纳以及安东尼·史密斯之间的交锋。参见安德森：《想象的共同体：民族主义的起源与散布》，吴叡人译，上海：上海人民出版社，2016年，第19页。后殖民研究理论家夏特吉《民族主义思想和殖民世界——一个衍生性的议论》对安德森的批判认为尽管安德森认识到"民族"是一种意识形态的建构，但他竟然完全忽略了民族主义如何建构"民族"意识形态的具体政治过程。

③ 黄兴涛：《现代"中华民族"观念形成的历史考察——兼论辛亥革命与中华民族认同之关系》，《浙江社会科学》2002年第1期。罗福惠：《辛亥革命与中华民族共同体精神的演进》，《史学月刊》2011年第4期。马敏：《辛亥革命是中华民族走向自觉的重要一环》，《历史评论》2021年第3期。李伟：《辛亥革命前后中华民族观念变革的逻辑探析与当代启示》，《民族论坛》2021年第2期。

从"自在"走向了"自觉"。①作为实体的中华民族一直存在，直到经历了近代以来的多次涉及民族存亡的事件之后，比如鸦片战争、中法战争、甲午中日战争，抗日战争等，中华民族共同体意识才得到了高度深化，民族才逐渐自觉。新时期党中央关于"铸牢中华民族共同体意识"的政策，对于解决新时代的民族关系提供了方案。而对该意识形成的历史条件、历史实践进行有效的梳理，体现辛亥鼎革以来人们对于中华民族共同体观念的价值追求和身份认同的历史过程，是加深对中华民族共同体观念内涵与外延认知的应有之义。

一、身份、时间与空间：民族国家认同观念的表达与体认

在新近的研究中，马敏在评价辛亥革命与民族复兴中的历史传承时谈到，"从王朝到国家，（辛亥革命）开创了完全意义上的近代民族民主革命，开启了中华民族近代自觉化进程，初步奠定了民族复兴的政治与社会基础"②。那么，对于传统王朝国家的"天下观"、民族国家的"认同观"、现代化国家强调的"主权意识"，时代的更替不仅体现着政权之变，更包含着人们对于身份、时间与空间意识的提升和民族的体认以及自觉化进程的进行，这些已经贯穿于民族复兴的历史中。近代中国，革命成了时代主题，辛亥革命便是最重要的变革之一，从革命所产生的结果和影响来看，可以说它不仅仅是一场民族革命，也是一场完整的意识形态革命。

在西学东渐的背景下，或者更明确地说是在西方现代民族国家意识的冲击下，我们逐渐有了现代国家的主权意识。早在清后期，官方已经有了明确的疆界意识。③对国家（民族）意识准确的表达，虽说是统治秩序和人们主权意识展现的需要，但毫无疑问也是一种观念的进步。辛亥鼎革之前，知识精英和旧贵族一直努力寻求着民族国家的新解释，故观念意义上的"中华民族"经历了从无到有的过程，过程大致为1902年梁启超（以下简称梁氏）首提"中华民族"观念，其后1907年杨度有"五族大同"说，同年，部分清宗室成员认为要君主立宪、开国会，主张"五族大同"，而革命派章太炎认为"满族已同化于中华，强调先解决汉民族政权的问题"④。在清末新政背景下，1906年，沈家本、伍廷芳修订法律，国际交涉部分均将本国称为"中国"、本国人称为"中国人"⑤，这是一种观念的自觉行为。立宪运动中还产

① 费孝通主编：《中华民族多元一体格局》，北京：中央民族大学出版社，2003年。
② 马敏：《浅谈深化辛亥革命历史影响研究的三个视角》，《广东社会科学》2021年第5期，第92页。
③ 于逢春：《时空坐标、形成路径与奠定：构筑中国边疆的文明板块研究》，哈尔滨：黑龙江教育出版社，2012年。
④ 张枬、王忍之编：《辛亥革命前十年间时论选集》（第2卷下册），北京：生活·读书·新知三联书店，1963年，第734—743页。
⑤ 上海商务印书馆编译所编纂：《大清新法令（1901—1911）》（第1卷），北京：商务印书馆，2011年，第466—471、531—537页。

生有"国族"观念，如《申报》记载"与国族永聚于斯"①。这些提法有利于大民族观念一体化的传播。

梁氏之观念具有明显的"大汉族"之意，但不可否认他是自觉书写"中华民族"之史的先驱，在当时的历史条件下，有着积极的作用。构建中华民族共同体的关键在于正确处理共同性与差异性的关系②，旧贵族和知识精英的言说都突出为一种"差异化民族"的观念，具体表现为"华夷之辨""夷夏大防""非我族类"等观念。当然，这些都毫无疑问地显示着"大一统"的王朝治理理念以及身份与空间的认同。但是随着西学东渐的持续发酵，传统王朝治理体系下的"保种"观受到严重的冲击，在中西学交融的情况下，这种看似为了维持稳定统治的治理理念，有着"山雨欲来风满楼"的趋势。帝国晚期内外交困之际，部分有着浓厚西方文化背景的知识精英开始登上历史舞台，从"驱除鞑虏，恢复中华"到"五族共和"③，民族资产阶级开始转变对帝国晚期的民族关系认知，带着"近代中国民族主义的兴起"，呈现着从立宪派到革命派的转变，现代民族国家认同观念逐渐得以推广。

伴随着1911年武昌起义谋略处的成立，将"称中国为中华民国"④，而湖北各界人士更是决议"改政体为五族共和，（举）五色国旗，代表汉满蒙回藏为一家"⑤，其实这里面就包含着从"汉族国家"到"共和政体"的观念转变，也即帝国、国家与民族观念的阶段性新诠释。孙中山在《临时大总统宣言书》中提到，希望能尽扫专制之流毒，确定共和，以达革命之宗旨，完国民之志愿。合汉、满、蒙、回、藏诸地为一国，即合汉、满、蒙、回、藏诸族为一人。是曰民族之统一。行动既一，决无歧趋，枢机成于中央，斯经纬周于四至，是曰领土统一。⑥对于这段话的理解需要结合辛亥鼎革之际的"五族共和"观念，这其实表达了一种当时条件下观念的扬弃过程。再举一例，"驱除鞑虏，恢复中华"的口号提出之后，部分清朝旧贵族曾一度非常不赞同，1911底蒙古王公联合会打着"改良政治、保存权利"的旗号致电伍廷芳称："不知诸君子所主张之共和国，将仅以十八行省组织之乎，抑将合满蒙回藏共组织之乎，如诸君子欲合全国共谋组织，则满蒙回藏土宇辽阔，几占全国之大半，其人民习惯，只知有君主，不知何所谓共和。如诸君子固执己见，则我蒙古最

---

① 《申报》宣统三年辛亥六月二十日（1911年7月15日）。

② 郝亚明：《中华民族共同体建设的三个维度》，《西北民族研究》2021年第1期，第14页。

③ 关于"五族共和"观念的形成、确立等论述，请参见彭英明：《从"反满"到"五族共和"——辛亥革命前后中国资产阶级革命派的民族政策》，《江汉论坛》1981年第5期；胡岩：《"五族共和"口号的提出及其意义》，《西藏研究》1995年第1期；潘先林：《"五族共和"思想的提出、确立与渊源论析》，《思想战线》2006年第3期。

④ 张难先：《湖北革命知之录》，武汉大学历史系中国近代史教研室编：《辛亥革命在湖北史料选辑》，武汉：湖北人民出版社，1981年，第149页。

⑤ 曹亚伯：《武昌革命真史》（正编），上海：上海书店，1930年，第37页。

⑥ 《孙中山全集》（第2卷），北京：中华书局，1982年，第2页。

后之主张，未便为诸君子宣布。"①

　　随着以孙中山为代表的知识精英不断地进行观念普及以及国家的形式变化，旧贵族随即表示："决定共和，我蒙古自无不加入大共和国家。"②并表示"（愿）合五大民族组织共和政体"③。由此可见，这些蒙古王公贵族是非常担心（国体）民族归属问题，革命党一系列的观念宣传，让这些贵族们更加举棋不定，最后都妥协于革命党舆论压力、清廷本身的退让以及辛亥革命力量三者之下。在强调差异的情况下，这种明显的观念转变，一方面体现王公贵族于国民政府对民族关系处理政策的逐步认识和对自身身份转变的识别，另一方面体现在早期知识精英推动的中华民族共同体的实践中，中华民族观念也逐渐得到体认。

　　追踪观念的变化性思考，重点是体现"变"，作为一种观念（Idea），"中华民族"观念则是一个复杂而多元的综合体，其内部构造呈现多样性，所以在辛亥鼎革期间，各族对于意识形态的改变恐导致的权利失衡进而与革命派进行的博弈，就是为了寻求体系改变之后的一种新的平衡。从近代开始关于"中华民族"及其相关主题的激烈讨论，却正是"中华民族"观念在政治斗争与民族认同所体现的真正意义，也是中华民族共同体观念曲折形成的应有之义。黄兴涛认为现代中华民族观念，主要由复合性中华民族和单一性中华民族这两种观念形态，以及处于这两者之间的各种含混观念形态所构成。这些具体的观念形态间彼此缠绕，相互渗透和作用。④那么这种多形态现象是如何产生的？我们知道，现代中华民族观念的形成可以准确地说是近代百年以来的不断吸收、消化的结果，这个动态的过程包含着不断体认的成分，它表征着近代百年以来的中外社会环境、文化、经济多因素的综合。尽管西方"新清史"（New Qing Imperial History）学者不断地强调"清朝并非中国"，并认为"涵化"（Acculturation）彼此应是多民族文化的样态，⑤这种所谓的新解释框架无非又是后现代叙事转向的"汉化"问题，以及过度多重认同讨论。

　　从辛亥鼎革的"革命排满"到"五族共和"到"民族同化"，当然这个过程包含着对"中华民族""五族大同""满汉蒙回藏为一大国民""同源同族""大中华思想""中华国族"等观念的演进。持"符号互动论"者认为人对事物意义的理解可以随着社会互动的过程而发生改变，大民族共同体"自觉化"的过程，自然是一种全方位、

　　①　《蒙古王公致伍廷芳函》，渤海寿臣辑：《辛亥革命始末记》，沈云龙主编：《近代中国史料丛刊》（正编第42辑），台北：文海出版社，1969年，第901—905页。

　　②　《今日之御前会议》，渤海寿臣辑：《辛亥革命始末记》，沈云龙主编：《近代中国史料丛刊》（正编第42辑），台北：文海出版社，1969年，第907页。

　　③　《北京蒙古联合会致伍代表电》，渤海寿臣辑：《辛亥革命始末记》，沈云龙主编：《近代中国史料丛刊》（正编第42辑），台北：文海出版社，1969年，第926页。

　　④　黄兴涛：《重塑中华——近代中国"中华民族"观念研究》，北京：北京师范大学出版社，2017年，第2页。

　　⑤　定宜庄、欧立德：《21世纪如何书写中国历史："新清史"研究的影响与回应》，彭卫主编：《历史学评论》（第1卷），北京：社会科学文献出版社，2013年，第129、137页。

多层次、内涵极其丰富复杂的现代民族认同运动。[①]人类社会和政治结构的巨大变化从未导致民族主义的消亡,其所承载的力量也从未减弱,在近代西方的"民族、主权、种族"等概念的多维冲击之下,走向末路的千年王朝体制出现了新旧思想的交锋,从末代王朝的"满族引领"到辛亥鼎革"五族共和",带有政治性的话语体系形成于革命期间,并得以走上历史的舞台。现在看来"共和"的政治理念确有诸多局限,但在当时的形势下,不失为一种时代特征的政治话语权最好的表达方式。所以我们在回溯历史的同时,需要"同情之了解",并且从百年的历史进程来看,中华民族共同体意识构建本身就表现为民族实体认识上进行的观念转变。包含着身份、时间、空间等元素的现代民族国家认同观念开始兴起,同时"中华民族"观念也发生着由传统向现代的多面向转型,而这种历史过程也不断地表征着人们对于观念的体认。

二、早期实践的动力机制

现代性"民族"一词,主要源自与西方"Nation"的互动,我们可以理解其为一种打破传统观念的力量,它兼具着政治文化以及心理多重作用的内涵,包含着政治上的认同,体现着传统与现代的分野。从清末到辛亥鼎革期间"中华民族"观念演变,可以肯定它对于中华民族共同体观念的形成有着历史特定环境的表达,在西方现代民族观念的运用方面甚至可以说有一定的创造性。但从历史的发展进程来看,它又缺乏融合的理念,所以对于时代的感知来说,需要革命的催化。尽管立宪运动以及西方观念对清末所谓"一大民族"思想有着深化的理解,但王朝体制本身具有的局限性阻碍着中华民族共同体的形成进程,辛亥革命在推翻旧政权创立新政权之际,从法律以及民族关系的角度对现代意义的中华民族观念有着积极的推动作用,而这种观念改变的催化作用力,不仅仅表现在民族的融合上,更体现出民族符号的认同。

从消除"排满"到辛亥革命的"五族共和"论的变化,表面上是精英领导人的观念认知变迁,但从革命事业的发展以及政治原则的施行方面,实质上是解决了各民族在一定程度上的融合问题,虽然有对革命原动力需求机制的驱动,但在激发人们对于"共命运"的意识建设方面有着很大的贡献。革命的理念并非朝夕形成,在革命党内部早有着思想准备,革命党人刘揆一的《提倡汉满蒙回藏民党会意见书》载"为今之计,刻不容缓,先择蒙回藏人之有知识者,与吾汉人及满人通其气谊,通其学业,然后多殖汉人、满人于蒙回藏地,以改良其政俗;多移蒙回藏人于腹地,以联络其声援,庶内可倾倒政府而建设共和国家,外可巩固边疆而抵抗东西强敌,

---

① 黄兴涛:《重塑中华——近代中国"中华民族"观念研究》,北京:北京师范大学出版社,2017年,第4页。

此予提倡汉满蒙回藏民党会之大意也"[1]。以至于在武昌起义之后，最早推出"五族共和"[2]等。这些思想早就形成，只是适时地推出，但毫无疑问，在革命爆发期间起着指导思想的作用。但是这个现象在孙中山后来的"民族同化"观念中有了变化，1921年孙中山在驻粤办事处发表言说表示"讲到五族底人数，藏人不过四五百万，蒙古人不到百万，满人只有数百万，回教虽众，大多汉人，讲到他们底形势，满洲既处日人势力之下，蒙古向为俄范围，西藏亦几成英国的囊中物，足见他们皆无自为的能力，我们汉族要帮他们才是。仿美利坚民族底规模，将汉族改为中华民族，组成一个完全民族国家，与美国同为东西半球二大民族主义国家"[3]。这样带有大汉族主义的观念，其实质是想整合全国的力量对抗帝国主义，当然，这也从侧面呈现了辛亥鼎革后的中华民族观念时代表达的构建和认知。

赫伯特·G·布鲁默（Herbert George Blumer）的"符号互动理论"（又称象征互动论）认为"人类在理解有意义的行动中意识乃是最关键的因素，判断它们对自身行动的适应性并根据此种判断做出决策，这便是以符号为基础的解释或行动所赋予的意义"[4]。比如，时南方代表伍廷芳对蒙古王公的复电中提到"若以本代表所闻，民国成立，汉满蒙回藏一律平等，确无疑义，且国民平权，将来之大总统，汉满蒙回藏皆得被举，政治上之权利，决无偏畸"[5]。南方代表伍廷芳对王公做出法律意义上的平等、平权等回复，充分说明民国南京临时政府成立之后，以孙中山为代表的上层人物在处理民族事务有着观念上的进步。另外，在袁世凯欲被推举为临时大总统之前，也曾对库伦活佛哲布尊丹巴复电时说"前清以统治权让于民国，民国人民以总揽政务权，举付于本大总统"[6]。他提到"民国人民"一词，就是想表达为了实现统一，"五族共和"的思想是有利于各民族对话的。

1911年至1912年，中国同盟会先后表达"提倡文言之统一，以期五大族之同化"[7]，以及制定《中国同盟会总章》明示"实行种族同化"[8]，这样的做法毫无疑问也是基于革命前"五族共和"观念在"民族统一"话语下的延伸。此时更有其他

---

① 刘揆一：《提倡汉满蒙回藏民党会意见书》，章开沅、罗福惠、严昌洪主编：《辛亥革命史资料新编》（第6册），武汉：湖北人民出版社，2006年，第237—239页。

② 曹亚伯：《武昌起义》，《中国近代史资料丛刊·辛亥革命》（五），上海：上海人民出版社，1957年，第130页。

③ 孙中山：《在中国国民党本部特设驻粤办事处的演说》（1921年3月），《孙中山全集》（第5卷），北京：中华书局，1985年，第473—474页。

④ 黎民、张小山主编：《西方社会学理论》，武汉：华中科技大学出版社，2005年。

⑤ 《伍廷芳复蒙古各王电》，渤海寿臣辑：《辛亥革命始末记》，沈云龙主编：《近代中国史料丛刊》（正编第42辑），台北：文海出版社，1969年，第905页。

⑥ 中华民国史事纪要编辑委员会编：《中华民国史事纪要（初稿）》，台北：中华民国史料研究中心，1913年，第107页。

⑦ 《共和统一会章程》，中国第二历史档案馆编：《中华民国史档案资料汇编》第3辑·政治（2），南京：江苏古籍出版社，1991年，第757页。

⑧ 《孙中山全集》（第2卷），北京：中华书局，1982年，第160页。

党派的推动，如公民急进党之"融合民族，划一政区，巩固国土，保障海权"[1]，中华平民党之"种界融合"[2]，国民共进会之"同化五大民族"[3]等，它们在观念转变上有了更进一步的深化。1913年6月29日成立的平民党，其党纲第一条明示"促进种族同化"[4]。这些章程的宣传反映了当时社会上各阶层人民对于民族融合的愿望，加深了民众对于民族的深层次的理解，更无形中推动了人民对于中华民族共同体形成的认同。

在"中华民族"观念表达的过程中出现的对于政治权利的诉求，实质是对观念认知的深化过程。比如，黄兴涛认为辛亥革命时期将"中国"转变为"中华民国"的称呼与其说"中国"是"中华民族"的简称，不如说"中华民国"是以否定帝制为标志的王朝国家之新的"共和国"形式。[5]作为王朝国家转型的重要的标志一，我们可以认为，"中国"一词共享就表达了一种的历史传承，这一切都建立在观念意义的承接和情感的表达上。在这里还有重要的一点，在辛亥鼎革时期的"中华民族"的认同上，国名的延续实质上受全球形势的主导。作为"中国"（China）成为一种默认的主权意义上的续写，这种观念无形中也具有一定的法律意义上的平等对话的意义。从另一个角度讲，这样的过程也伴随着传统王朝国家"天下""华夷"观念的打破与重塑。上升为民族意识的符号表达，其实质上也是为现代中华民族观念的构建准备了基础。

革命时期，民族观念不仅包含着对政治主权的独立和对历史文化的要求，还包含着中国的民族认同与民族解放运动的旗帜。中华民族共同体之形成过程，强烈地反映了近代以来中国人整体认同观念的变迁，同时也表现出观念之于历史进程的作用力。费孝通先生强调"中华民族作为一个自觉的民族实体，是近代百年来中国和西方列强对抗中出现的，但作为一个自在的民族实体，则是几千年的历史过程所形成的"[6]。我们不难看出，费孝通先生提到"对抗"一词，显然不仅仅是停留在"冲击—回应"的解释层面，这种对抗更应显示出一种"对话—重塑—升华"的过程，是一种认知程度提升的表现。对于辛亥鼎革之际的"中华民族"观念的一系列的时代表达，本身就充斥着政治立场和权力的诉求，在不同的话语体系下，其实也是对

① 《公民急进党章程》，章伯锋、李宗一主编：《北洋军阀（1912-1928）》（第1卷），武汉：武汉出版社，1990年，第397页。

② 《中华平民党简章》，章伯锋、李宗一主编：《北洋军阀（1912-1928）》（第1卷），武汉：武汉出版社，1990年，第362页。

③ 《国民共进会讨论政纲》，章伯锋、李宗一：《北洋军阀（1912-1928）》（第1卷），武汉：武汉出版社，1990年，第403页。

④ 参刘苏选编《五大民族共和联合会章程》及《平民党宣言书暨暂行章程》，《北京档案史料》1992年第1、3期。

⑤ 黄兴涛：《重塑中华——近代中国"中华民族"观念研究》，北京：北京师范大学出版社，2017年，第40页。

⑥ 费孝通等：《中华民族多元一体格局》，北京：中央民族学院出版社，1989年，第3页。

于"中华民族"不同程度的理解，对于"中华民族共同体"形成的早期表达有着非凡的意义，它不仅体现了人们对于民族意识的丰富认知，而这种观念产生的过程本身也是中华民族共同体意识构建的一部分，同样也是一个对"中华民族"符号认同的强化和加深的过程。

三、观念的意涵与认知的重构

对于特定时代观念的解读，在无法还原历史现场的情况下，我们需要借助于认识论的改变，从多角度进行认知（Cognitive）。一种观念体系总是为了解决人们对社会的需求而产生的，随着时代的变迁，人们对于社会的需求发生改变，在这种情况下，观念必须发生相应的变化，体现认知过程（Cognitive Process）。近代以来人们对于"中华民族"观念的不断改变，也不同程度地体现着认知的变迁。

"中华民族"意识是中华民族实体存在的最终认知表达形式，"中华民族"系统主要涵括了对"中华民族"的定义、中华民族的结构以及中华民族意识运行和控制的实际表达。每一次人们对于"中华民族"情感的释放最终都会呈现出一种可以表征民族特征的样态，而观念的不同阐释与转变，也就是实现认知的高度深化的结果。由此我们可以认为，近代以来对于"中华民族"观念的不断的认知过程，其实是一个递归构建的持续实现的过程，而人们表现出来的这种认知体验，就是"中华民族"观念客观存在的主观映射。辛亥鼎革以来，不同阶层对于"中华民族"观念及其形成的逻辑的调整也是为了"中华民族共同体"能更好地凝聚民族的力量，这是一种无限的认知重构的过程。

在中国的现代转型中"人们的思想观念发生着根本性的改变，并付诸以现代国家形成，包括以中华民族为'国族'的近代民族国家的形成"[①]。对于自在的中华民族实体的认知的变迁，总是体现着人们（认知主体）对近代民族国家（认识客体）的认识以及认识客体对主体的反馈，而这样的过程就突出了认知的重构，并且在认识上呈现两个阶段，包括对观念不断地去粗存精以及嵌入新观念，当然，通常这两个阶段是并行的。观念的转变包含了"刺激—解释—反应"[②]的模式，传统王朝国家观念在近代冲击模式之下土崩瓦解，在民族主义的刺激之下，人们开始逐渐觉醒，并思考王朝体制下的"天下"观念的局限，人们逐渐做出了改变观念的反应，并在辛亥革命中充分予以体现。其实，观念的转变源自对事物认知的不断深化，近代百年以来，从精英人物思想到普通大众观念，从王朝的毁灭到现代化国家的建立，不断地调整观念体系的结构，使体系对需求的变更始终具有较强的适应能力。

---

① 鲁西奇：《谁的历史》，桂林：广西师范大学出版社，2019年。

② 何景熙、王建敏主编：《西方社会学说史纲》，成都：四川大学出版社，1995年，第381—382页。

结　语

本文论述在辛亥鼎革之际知识精英在社会转型时期试图重构国人对于"中华民族"观念的理解及其早期的实践。在此背景之下，旧贵族与新式各派团体对于"中华民族共同体"观念包含着对身份的理解以及多民族属性国家的认同。近代以来，随着西方民族国家观念的传入，知识精英开始引介和解释，但在西方观念的本土化的过程中，出现了水土不服的情况，经历从王朝国家到民族国家转型的阵痛。辛亥革命后，民国的建立意图，对于早期"中华民族共同体"观念的构建实践以及打破王朝国家的民族观念有着积极的作用。那么，跳出革命史观的研究范式，将近代以来的民族关系和国家发展结合起来，打破时间的限制，有利于从长时段考虑这段历史对于"中华民族共同体"观念最终形成的作用。近代以来的尝试无疑是螺旋式的上升，这样的过程显然就包括了辛亥革命、民国建立、中华人民共和国成立各时期的贡献。

英国观念史学家以赛亚·伯林（Berlin，S.I.）认为观念获取力量并不仅仅甚至并不主要依靠它们的意义，而是依靠它们与情感和其他联想的联结。[1]辛亥鼎革之际，"中华民族"观念发生着由传统向现代的转型，国内各民族的融合为大民族共同体的观念形成创造了必要的政治和文化条件，这一观念也成了"中华民族共同体"观念的早期表达。那么，自辛亥鼎革对于民族观念的讨论也是人类自我意识的发展，在人文社科领域对于观念的讨论当然可以认为是对于人类发展进程以及社会治理（形态变迁）的观照。事物的意义、解释并非事先就存在，它有一个形成的过程，人们通过经验去认知事物，结合事物存在的状态赋予事物意义，做出决策并通过反馈来检视该策略是否适宜，这样的一个类似于程式化的过程，让事物随时得以修正，中华民族共同体的形成过程也是这样。

由百年观之，从"中华民族"观念的提出以及所表达的话语权利，以及在观念转换过程体现着的人们的认知变迁，这些都存在着对事物认知的不断重构。王朝国家向现代民族国家的转型之路以及对于民族观念重塑的过程体现了人们认知过程中对于社会现实的不断理解和"中华民族"意识的不断提升，而认识主体也从上层的精英贯穿至底层的人民。从王朝体制（贵族体制）到共和体制的变迁，这样的过程不仅仅是社会控制力量的博弈，更是人们意识结合行为的产物，而且我们不得不承认现代中华民族观念的形成、认同，是一个长久持续的过程。观念作为一种政治的手段表现出对于社会系统的干预，以及对文化的传播，在特定时期还起着舆论导向的政治作用。

新时期，党中央对民族工作政策体现出了新的时代特性。辛亥鼎革以来，人们对中华民族共同体构建的实践，充分反映了我国人民在长期的历史发展中对中华民

---

① 以赛亚·伯林：《观念的力量》，胡自信、魏钊凌译，南京：译林出版社，2019年。

族的深刻认同和对国家的情感表达。在历史嬗变的过程中，中华民族共同体的构建不断深化，而一代又一代人民的历史实践为我们当前处理民族关系提供了丰富的参考，然而对于中华民族共同的体形成的认知还需要进一步的深化，这有待于学术界的研究者们不断地推陈出新。对于中华民族共同体构建，需要在情感、历史文化认同的基础上做进一步的探索。

（本文作者为华中师范大学历史文化学院中国近现代史专业博士研究生）

"永恒帝国"：罗马记忆空间中的"帝国转移说"研究

卢浩南

　　摘　要："帝国转移说"是一个源自中世纪的概念，该概念反映了中世纪基督教世界的时空观念。"帝国转移说"依托于四大世界帝国更迭的观念，其中基督教传统中的世界帝国观念可以追溯至《但以理书》中先知但以理在梦中看到的异象。这种预言式的异象经过圣哲罗姆及奥古斯丁等拉丁教父的演绎，逐渐成为拉丁基督教欧洲的重要传统。按照"帝国转移说"的叙事逻辑，人类历史被视为（罗马）帝国统治权的线性转移。实际上，"帝国转移说"是在"永恒罗马帝国"观念影响下出自8世纪罗马教宗之手的一种说辞，其目的在于捍卫罗马教宗的权威，公元800年查理大帝的加冕便是这种理论的第一次公开运用。

　　关键词："帝国转移说"；罗马帝国；罗马教宗；查理大帝

　　"永恒帝国"（*imperium Aeterna*）是中世纪基督教世界一种非常盛行的观念[①]。在

---

　　① 早在罗马帝国统治初期和基督教诞生之前，人们就逐渐地把罗马城称为"永恒城"，因为罗马以一种帝国统治的方式给战乱许久的地中海世界带来了和平与统一，这种观念根深蒂固，所以将罗马看作是永恒的观念由来已久；后来在基督教末世论影响之下，不仅罗马城是永恒的，就连罗马帝国也成了一种永恒的制度性存在。关于罗马城的永恒神化，详见科克伦：《信仰与古代文明：从奥古斯都到奥古斯丁》，石鹏译，北京：东方出版社，2020年，第102—149页。关于罗马永恒（Roma Aeterna）的学术考察，详见 Benjamin Isaac, *Empire and Ideology in the Graeco-Roman World: Selected Papers*）II, Cambridge: Cambridge University Press, 2017, pp. 33–44. 认为最早提出罗马是永恒之城这一说法的应该是古罗马诗人提布鲁斯（Albius Tibullus），原文为：*Romulus aeternae nondum firmaverat urbis Moenia.* 此外古罗马著名的诗人维吉尔（Pubilus Vergilius Maro, 70BC–19BC）的《埃涅阿斯纪》（*Aeneid*）的主旨便是歌颂罗马这座"永恒之城"（*Urbs Aeterna*），伊萨克认为文学修辞层面上的"永恒罗马"可能是受当时希腊人把罗马城神格化的影响。此外对"永恒之城"的歌颂不仅体现在文学方面，还体现在罗马帝国的方方面面，比如哈德良皇帝（Publius Aelius Traianus Hadrianus, r.117–138）在罗马神庙的铭文中正式把"永恒"（aeterna）从众多形容词中挑选出来，钦定为罗马的尊号，并铸造到发行的铜币上；随着哈德良这位深爱希腊文化皇帝的钦点，"永恒之城"不单是人们对于城市神格化的膜拜，同时也是其官方尊号（ROMA AETERNA），见 Stefano Riccioni, "Rewriting Antiquity, Renewing Rome. The Identity of the Eternal City through Visual Art", Monumental Inscriptions and the Mirabilia, *Medieval Encounters*, Vol.17, 2011, pp. 439–463. 之后，"永恒"一词特指罗马城，罗马帝国也被泛化式地称为"永恒帝国"。

基督教神学框架中，帝国被内化为一种兼具神圣和历史使命的制度性存在：一方面中世纪的帝国需要保护罗马教会、率领基督教徒更好地迎接"末日审判"；另一方面这个帝国还要延续古代罗马帝国的历史。按照"帝国转移说"的逻辑，尽管罗马帝国已经崩溃，但属于罗马帝国的统治权并没有随之消散，而是被先后转移到了不同的族群手中。

　　"帝国转移说"（*Translatio imperii*）是一种强调罗马帝国的统治权在不同族群手中转移的理论叙事，这种罗马帝国内部的权势转移叙事对中世纪拉丁基督教世界的政治结构影响深远，因为它反映了"政治理念关乎统治权在拉丁基督教世界内的地位、作用、职权和目标"[①]。一般认为，"帝国转移说"的历史和神学渊源是犹太—基督教传统中四大世界帝国变迁的叙事[②]。这种叙事又可以上溯至《但以理书》（*The Book of Daniel*）中的预言，该书记载了先知但以理在梦中看到的异象[③]，这种预言式的异象经过圣哲罗姆（St. Jerome，约347—420年）及奥古斯丁（St. Augustine，约354—430年）等拉丁教父的演绎，成为此后拉丁基督教欧洲的重要传统。

　　有关"帝国转移说"的研究，国内外学者多侧重于从史学史和思想史的角度来分析其诞生的神学和历史哲学背景。例如，克里斯陶多（Wayne Cristaudo）认为"帝国转移说"是一种兼具神学和史学的末世论（eschatology）愿景，这种愿景在中世纪的教会看来是帝国随着教会发展而迈向的新方向[④]；剑桥大学著名政治思想家波考克（J. G. A. Pocock）在《蛮族与宗教》一书的第二卷中梳理了"帝国转移说"的演变发展，认为该观念是一种包含具体历史事件的"元史学"观念（metahistorical concept），在这种观念中教会和帝国都被视为超越时间和环境的神圣实体，并服务于

---

　　① 关于这种基督教世界观对中世纪政权的影响，见 Joesph Canning, *A History of Medieval Political Thought: 300-1500*, London: Routledge, 1996, pp. 39-44. 坎宁教授认为神圣君主制和教宗的理论都是在基督教关于人类命运和历史的普遍教义的背景下形成的。在这种普遍教义中，人类历史被认为是由两个关键事件来塑造的，分别是"堕落"和"救赎"。

　　② J. G. A. Pocock, *Barbarism and Religion*, Vol. 2, Cambridge: Cambridge University Press, 2001, pp. 127-128.

　　③ 《但以理书》中最关键的内容在于第二章和第七章，这两章描述了新巴比伦国王尼布甲尼撒（Nebuchadnezzar）做的梦及其先知但以理对这个梦的解释。尼布甲尼撒曾在梦中看见一个巨大的雕像，头是金的，胸和臂是银的，腹和大腿是铜的，腿是铁的，脚是铁和泥的混合物，然后看见雕像被一块石头摧毁，变成一座山，填满了整个地球。随后，但以理向国王解释了这个梦：这座雕像象征着四个连续的王国；而且从尼布甲尼撒开始，所有的王国都将被上帝的王国压碎，而上帝的王国将永远存在。显然这位化名为但以理的先知并没有"指名道姓"地说出这四头异兽或是四个被巨石击碎的王国究竟是何者，但现在学者通过文本分析和符号解读的方式，确定了但以理口中的四个王国分别代表巴比伦、米底、波斯和马其顿。见 John J. Collins, "The Son of Man and the Saints of the Most High in the Book of Daniel", *Journal of Biblical Literature*, Vol.93, No.1, 1974, pp. 50-66。

　　④ Wayne Cristaudo, "History, theology and the relevance of the *translatio imperii*", *Thesis Eleven*, Vol.116, 2013, pp. 5-18.

中世纪的教会和帝国争论[①]；布达佩斯大学的托马斯（Tamás Nótári）从帝国延续的角度，考察了从古典欧洲历经罗马帝国再到中世纪东西欧及其第三帝国中的帝国转移思想，着重强调了基督教文化圈中的帝国更迭和延续观念以及帝国所代表的某种"正统"地位（legitimism）[②]；新泽西州立大学的穆尔德（James Muldoon）在《帝国与秩序：800—1800 的帝国观念》的第五卷中强调了"帝国转移说"对于形而上学意义上的"基督教帝国"（Imperium Christianum）的神学末世论影响，并认为"帝国转移说"本身是审视和理解西方历史延续性的重要手段[③]；第戎大学的富尔茨（Robert Folz）在《西方从公元 5 世纪到 14 世纪的帝国观念》一书中，从普世角度分析了帝国的持久性，并认为中世纪的帝国观念很大程度上是罗马教宗塑造的结果等[④]。此外，12 世纪的德意志主教弗莱辛的奥托（Otto of Freising）的《双城史》［奥托亲自将这本书命名为《双城史》（Historia de duabus Civitatibus），后世学者通常以《编年史》为名[⑤]］主要是通过"帝国转移说"的叙事逻辑来编排人类历史[⑥]，所以在涉及有关"帝国转移说"的具体叙事时笔者会着重考察这位主教的描述。国内系统研究"帝国转移说"这种观念的学者较少，仅东北师范大学的朱君杙在论述中世纪四大帝国的撰史原则时提到了"帝国转移说"，其认为是中古西欧史家建构了帝国权力转移的理

---

① J. G. A. Pocock, *Barbarism and Religion*, Vol. 2, Cambridge：Cambridge University Press, 2001, pp. 127-128.

② TAMÁS NÓTÁRI, "*Translatio imperii* -thoughts on continuity of empires in European political traditions", *Acta Juridica Hungarica*, Vol.52, 2011, pp. 146-156.

③ James Muldoon, *Empire and Order：The Concept of Empire.800-1800*, London：Macmillan Press LTD, 1999, pp. 101-106.

④ Robert Folz, *The Concept of Empire in Western Europe：From the Fifth to the Fourteenth Century*, Forme and London：Edward Arnold Ltd, 1969, pp. 3-7, 10-16.

⑤ 该书在 1158 年献给腓特烈·巴巴罗萨（Frederick Barbarossa, r, 1153-1190）时的标题是"*De mutatione rerum*"，此外该书的内容基本都是按照奥古丁的"双城"思想来编排的，所以一般这部书也叫《双城史》，同时学者们为方便起见，也直接将该书称为《编年史》（*Chronicle*）。Otto of Freising, *The Two Cities：A Chronicle of Universal History to The Year 1146 A. D.* Trans. Charles Christopher Mierow, New York：Columbia University Press, 1966, p. 23.

⑥ 详见 Felix Fellner, "The "Two Cities" of Otto of Freising and Its Influence on the Catholic Philosophy of History", *The Catholic Historical Review*, Vol. 20, No.2 (Jul, 1934), pp. 154-174。奥托在《双城史》的前言中提到："罗马帝国由于是全世界——一个被战争所征服的世界——的唯一主人（希腊人称之为君主制 monarchy），所以人们把《但以理书》中的铁看作是这个帝国的象征。罗马帝国由于频繁的动荡和剧变——尤其是在我们生活的年代——它并没有成为最崇高和最重要的存在，而是成了一个几乎是垫底的存在，以至于诗人也认为它'几乎连它威名的一片影子都没有留下'。这个帝国从罗马城转移到希腊人手中，又从法兰克人转移到伦巴第人手中，再从伦巴第人手中转移到日耳曼法兰克人手中。帝国不仅随着时间的流逝而日益赢弱衰老，而且就像一粒曾经随波逐流的光滑的鹅卵石一样，在滚动中沾染了很多污秽并使得表面凹凸不平。"Otto of Freising, *The Two Cities：A Chronicle of Universal History to The Year 1146 A. D.*, p. 94.

论，以求迎合但以理"四大帝国"的梦幻启示①；北京大学的孙璐璐则从"帝国正统论"的角度出发，认为是罗马帝国西半部分的崩溃刺激了"帝国转移"观念的产生，是教会将其纳入基督教的拯救史的世界观和历史观②。

通过对上述文献的简单梳理，可以得知虽然世界帝国更迭的观念早在希腊化时期就已萌发③，但其显然不能等同于帝国转移的观念。世界帝国更迭的前提是承认诸如巴比伦帝国（Babylonian Empire）、亚述帝国（Assyrian Empire）、波斯帝国（Persian Empire）等帝国已经灭亡，取而代之的是后起的新生帝国；而转移说则侧重在罗马帝国的历史空间之内进行的统治权转移，并强调位居罗马城的罗马教宗在"罗马"帝国统治权转移中的重要性，所以"帝国转移说"也许并非中古西欧史家的构建或者是罗马帝国西半部分崩溃的刺激。本文先从历史传统和神学观念两个维度来阐明"帝国转移说"出现的前提，并结合现实背景分析该观念的适用范围。之后，通过考察《君士坦丁的赠礼》（Donation of Constantine，以下简称《赠礼》）来分析8世纪中叶罗马教宗的处境，最后结合公元800年查理大帝的加冕礼来说明"帝国转移说"对中世纪帝国结构和二元政治观的影响。

一、"永恒的诞生"：罗马历史空间中的"帝国转移说"

帝国转移的观念基于基督教末世论（eschatology）的思想来构建，即承认罗马帝国是永恒的和上帝命定（predistination）的。在基督教神学理论中，罗马帝国是孕育基督教的历史空间和基督教实现普世理想的外在框架。站在"神明天意"的角度来看，罗马帝国具有永恒性④。实际上只有在基督教的话语体系和历史叙事中罗马帝国才具有神学意义上的永恒性，而这种罗马帝国永恒的观念为中世纪转移理论的出现提供了历史空间。

考察历史不能仅囿于思想观念而忽略具体的历史变迁和时代背景，"帝国转移说"出现的现实背景正是公元800年"罗马帝国"在西部的"复活"（resurrection）。在公元800年西部帝国被唤醒之前不仅不存在"帝国转移说"，而且也没有孕育这种理论的土壤。因为时人无一例外地将拜占庭帝国看作是古代罗马帝国的直接继承者，

---

① 朱君杕、王晋新：《长存多变的"巨兽"——论中古西欧史家"四大帝国"结构原则的运用》，《历史教学》2016年第4期，第35—42页。

② 孙璐璐：《西方"帝国正统论"之流变》，《中央社会主义学院学报》2018年第5期，第60—66页。

③ 莫米利亚诺（Arnaldo Momigliano）在经过严密翔实的考究之后，认为这种世界帝国更迭说的理论和观念源于古希腊人的盛衰观念，《但以理书》则是把希腊人关于世界帝国的勾勒转变成了一种为救世主时代做铺垫的计划蓝图，详见刘小枫编，杨志诚、安蒨等译：《西方古代的天下观》，北京：华夏出版社，2018年，第140—166页，或见Joseph Ward Swain, "The Theory of the Four Monarchies Opposition History under the Roman Empire", *Classical Philology*, Vol. 35, No. 1（Jan. 1940）, pp. 1–21。

④ Robert Folz, *The Concept of Empire in Western Europe: From the Fifth to the Fourteenth Century*, pp. 2–3.

很多蛮族国王将自己的土地视作罗马帝国的一部分[1]。比如勃艮第国王贡多巴德（Flavius Gundobadus，r.473-516）和西吉斯蒙德（Sigismund，r.516-524）都曾任罗马贵族（patricians），西吉斯蒙德在给东罗马皇帝查士丁一世（Justin I，r.518-527）的信中曾如此奉承：

> 吾之民众也是陛下之民众，吾国也是陛下那辉煌（罗马）国家的组成部分。
> 且吾只是陛下麾下的一员武将，正是通过陛下的恩赐才得以统治您遥远的边疆地区。吾努力想知道陛下是否肯屈尊命令什么，以便让吾更好地尽忠职守。[2]

此外，被誉为"英格兰史学之父"的比德（The Venerable Bede，约672—735年）在两部《论计时》（De Temporibus）中也将东罗马帝国的皇帝理所应当地看作是正统的罗马皇帝。其在《大编年史》（Chronica maiora）中曾提到：

> 西部帝国伟大的救世主、曾是震慑阿提拉国王（King of Attila）的将军，罗马贵族埃提乌斯（Flavius Aetius）被皇帝瓦伦提尼安（Placidius Valentinianus，r.425—455）杀死；伴随着帝国这位伟大将军的离世，西部王国沦陷且直到今天也没有恢复原先的力量。[3]

但紧接着他又提到利奥（Leo I，r.457-474）和芝诺（Flavius Zeno，r.474-475，476-491）皇帝的统治，只是说在芝诺统治的第17年哥特人的国王奥多亚克（Odoacer）长期占领了罗马城[4]，并没有说罗马帝国已经灭亡。在比德另外一本更为简略的《小编年史》（Chronica parvus）中也仅仅是说在利奥二世（Leo II，r.474）统治的第一年，狄奥多里克（Theoderic the Great）夺取了罗马城[5]，随后他列举了东罗马帝国皇帝的谱系。具体来看，有关罗马帝国灭亡这样的论调似乎最早可以追溯至马塞利努斯（Marcellinus）的《编年史》（Annales）[6]，比德在论述5世纪末西帝国的具体局势时也确实引用此书[7]，但其只是引用了埃提乌斯之后西部王国丧失力量、王国沦陷这样的表述，并没有引用马塞利努斯西部帝国就此灭亡的说法。可见，生活

---

① Anthony Kaldellis，*Romanland：Ethnicity and Empire in Byzantium*，Cambridge：Harvard University Press，2019，p.39.

② Avitus，*Ep. LXXXXIII* In J. H. Burns，*The Cambridge History of Medieval Political Thought c.350-c.1450*，Cambridge：Cambridge University Press，1991，p. 129.

③ Bede，*The Reckoning of Time*. Trans，with introduction，notes and commentary by Faith Wallis，Liverpool：Liverpool University Press，1999，p.222.比德的《大编年史》收录在该书中第167—239页，比德称之为世界编年史（World-chronicle）。

④ Bede，*The Reckoning of Time*，p. 223.

⑤ Bede，*On the Nature of Things and On Times*. Trans with introduction，notes and commentary by Calvin Kendall and Faith Wallis，Liverpool：Liverpool University Press，2010，p. 129.其《小编年史》收录在该书第117—135页。

⑥ 详看李隆国对"西罗马帝国"这种历史叙事的学术梳理，李隆国：《认识西罗马帝国灭亡——公元476—800年》，《北大史学》2012年第1期，第212—232页。

⑦ 见Bede，*On the Nature of Things and On Times*，p. 129的注释。

在七、八世纪之交的比德认为罗马帝国和罗马皇帝一直存在，无非是帝国的疆域有了缩水，皇帝的统治中心从罗马变成了君士坦丁堡。同样，奥托在《双城史》第七卷末尾的罗马皇帝列表中，也是很自然而然地提到瓦伦提尼安皇帝之后的诸位东帝国统治者，奥托则明确提及了罗马西帝国统治的崩溃，但是崩溃之后还有东罗马存在，即奥托也认为罗马帝国至少延续到了他所处的时代[1]。因此，无论是生活是8世纪的学者还是生活在12世纪的学者都没有否认拜占庭帝国是罗马帝国的合法继承者。

如果世间只有一个罗马帝国，就不会有所谓的"帝国转移说"，因此转移叙事出现的现实前提是在基督教世界中出现了两个自称是拥有罗马统治权的政权。从现实政治的角度来看，罗马教宗是为了摆脱东方拜占庭帝国的干预和控制，才炮制出"帝国转移说"。该过程也可以看出随着拜占庭势力在意大利乃至整个拉丁西部的撤退以及与之相对应的法兰克人势力在拉丁西部的强势崛起，罗马教宗得以重新定义自己的身份、审视自己的权利并塑造自己的权威。当然"帝国转移说"并非一次性的创造，而是随着时局的具体变迁而缓慢构建出来的[2]。早在754年罗马教宗和法兰克国王丕平（Pepin the Short，r.751–768）正式合作之前[3]，罗马教会中就已经有了类似"帝国转移"这样的措辞表达[4]。

罗马帝国因为基督教政治神学理论的加持和在民众心中的辉煌记忆，已成为基督教徒心目中一个永恒的存在物；同样罗马帝国也是具有公共色彩的历史空间和记忆载体，在这个空间和载体中，不同的势力可以就罗马帝国的治权和归属做出各自的解释和说辞，而兼具神学（最高依据便是《圣经》）和历史色彩（依据是以往的历史传统）的"帝国转移说"不仅可以塑造罗马教宗的权威，还可以将西部新生的帝国打造成保护罗马教会的武器。

---

① Otto of Freising, *The Two Cities：A Chronicle of Universal History to The Year 1146 A.D.*, pp. 450–51.

② J. G. A. Pocock, *Barbarism and Religion*, Vol. 2, p. 128.

③ 公元七八世纪之交，意大利北部的伦巴第人势力崛起，一度威胁罗马教宗的安全。在此情况下，罗马教宗开始在基督教世界内寻找政治援助，当时拜占庭由于正值圣象破坏运动时期，管辖意大利事务的拉文纳总督（Exarch Ravenna）也应接不暇，早在754年之前，教宗格列高利三世就曾向法兰克的宫相（maior domi）查理·马特寻求帮助，加洛林家族成员编写的《弗里德伽编年史续编》对此有明确记载："（教宗）祈求订立盟约以便放弃皇帝那一方，并保证查理王出任罗马执政官。"陈文海译注：《弗里德伽编年史》，北京：人民出版社，2017年，第200页。同时也需要指出，丕平和罗马教宗合作也有自己的算盘，因为他是以"宫廷政变"的方式推翻了墨洛温王朝的统治，在中世纪这个宗教谶纬盛行的年代，此举很可能被时人议论，为处理自己僭位之后的政权合法性问题，丕平需要通过教宗来为自己提供合法性依据，从而使得自己的王权更具神圣色彩。这在《法兰克王家编年史》中有着明确的记载："国王丕平答应保卫罗马教会。获此承诺之后，教宗斯蒂芬为他举行了加冕仪式。"见陈文海译注：《法兰克王家年代记》，北京：人民出版社，2018年，第97页。该文献的原始文本收录在 *Annales Regni Francorum*, ed. F. Kurze, MGH SRG 6, Hanover：Hahn, 1895, p. 754。

④ Robert Folz, *The Concept of Empire in Western Europe：From the Fifth to the Fourteenth Century*, p. 11. 也见李隆国：《重建"神圣的罗马帝国"：中古早期欧洲的政治发展道路》，《历史研究》2020第2期，第127—147页。

从神学观念的角度看,"帝国转移说"是世界四大帝国更迭观念的天然继承。世界帝国更迭的观念反映了早期基督徒眼中的时间观。在拉丁教父(The Latin Fathers)构建的世界图景中,罗马帝国被视为四个世界帝国中的最后一个,会一直存续到"末日审判"(The Domesday Judgment)①;在"末日审判"之后,线性时间已不复存在,时间内化于基督本身,世人进入到一种永恒状态②。地中海世界的民众保留了对从公元前开始即已出现的几个世界帝国的历史记忆,这在各种各样的世界编年史中均有提及,尤其是在开创教会编年史传统的尤西比乌斯(Eusebius of Caesaria)的《编年史》(Chronicle)中。这位博学多才的主教在书中描绘了基督诞生之前的古代各国历史③,这部编年史分为两部分:年代纪事和年表④。其中年表提供了基督教历史、犹太人追溯到道成肉身和各种希腊年代系统之间的关联并记录了期间发生的重要事件,其始于亚伯拉罕(Abraham)的第一年[对应传说中的亚述开国国王尼努斯(Ninus)统治的第三十四年],可见当时地中海世界的教会知识精英还存留着在罗马之前那些古代帝国的模糊记忆。如古列维奇所言:"圣哲罗姆的观点建立在这样一种前提之上:神圣的上帝从一开始就设计好了世界历史的这样一种连续不断的发展过程……四个君主国不允许有第五个出现。"⑤也就是说,如果按照那些古代拉丁教会构建的神学框架,世界帝国在罗马之后的"转移"只能转化为罗马帝国内部转移,而此时罗马教宗"刚好"又身居罗马城且是罗马周边名义上的主人,凡此种种这些都有利于罗马教宗基于自身利益来构建"帝国转移说"。

从历史传统的角度看,罗马帝国在西部的统治秩序在5世纪末崩溃,取而代之的日耳曼族群建立起来一系列王国。这些王国各自为政、互不统属,这意味着如果出现一个可以再征服和整合原先罗马帝国西部故地的政权,那么至少可以在威望方面赋予这个政权以帝国的名号。后来在加洛林家族三代人的不懈努力下["铁锤"查理(Charles the Hammer)、矮子丕平和查理大帝]⑥,查理大帝最终完成了这个任务。而此时又恰逢拜占庭帝国深陷圣象破坏运动(Iconoclasm)之后的混乱局势;圣象破坏运动同时也加深了拜占庭帝国和罗马教宗之间的裂痕。大约在725年前后,在失

① J. H. Burns, *The Cambridge History of Medieval Political Thought c.350-c.1450*, p. 125.
② A.古列维奇:《中世纪文化范畴》,庞玉洁、李学智译,杭州:浙江人民出版社,1992年,第149—150页。
③ 随后他的教会编年史由圣哲罗姆所翻译和继承,而后者进一步发扬了这种编年史传统。《编年史》原文已佚,通过杰罗姆的拉丁文译本和续编本(至378年)可以知道第二部分的大致情况,关于《编年史》的具体流传以及圣哲罗姆传抄的真实性考证,详看 Richard W. Burgess, *Studies in Eusebian and Post-Eusebian Chronography*, Stuttgart: Steiner, 1999, pp.20-43。
④ 详见 Timothy D. Barnes, "Eusebius of Caesarea," *The Expository Times*, Vol. 121, No.1, 2009, pp. 1—14。
⑤ A.古列维奇:《中世纪文化范畴》,庞玉洁、李学智译,杭州:浙江人民出版社,1992年,第150页。
⑥ 关于加洛林家族崛起的具体过程,参考彼得·希瑟:《罗马的复辟:帝国陨落之后的欧洲》,马百亮译,北京:中信出版集团,2020年,第24—27页;关于加洛林家族角色的历史叙事和史料考证,参考 Rosamond McKitterick, *History and Memory in the Carolingian World*, Cambridge: Cambridge University Press, 2004, pp. 84-156。

去的东部省份移民的强大影响下，拜占庭在罗马的统治已接近尾声①。当时罗马教宗和拜占庭皇帝之间还发生了公开冲突，比如教宗格列高利二世（Gregory II，r.715-731）将破坏圣像列为异端行为，他的继任者格列高利三世（Gregory III，r.731-741）在罗马组织了一次宗教会议，公开宣布违反圣像的人要被逐出教会（excommunication）②。利奥三世在732到733年间做出针锋相对的回应，武力没收了意大利南部和西西里岛的所有教宗遗产，并将萨洛尼卡（Thessalonica）、科林斯（Corinth）、叙拉古（Syracuse）、雷乔（Reggio）、尼科波利斯（Nicopolis）、雅典（Athens）和佩特拉（Patras）的主教辖区从教宗管辖范围中移除，交由当时听命于自己的君士坦丁堡大牧首管辖③。这一事件从事后来看实际上并不利于拜占庭帝国巩固在意大利的统治，利奥三世虽然加强了帝国对意大利南部的控制，但这也几乎导致了拉文纳总督区的最终覆灭。事后来看，利奥这么做的直接后果就是罗马教宗实际上已经被"驱逐出帝国"。公元741年，扎迦利（Zachary，r.741-752）是最后一个寻求拜占庭皇帝批准和承认的教宗④。

事情的转折点发生在伊琳娜女皇统治拜占庭帝国期间（约780-803）。站在拉丁西方的立场来看，当时的罗马帝国的皇位落入了一个女性手中，奥托在《双城史》中这样记载："虽说她（指伊琳尼）理应统治这个世界，但这种统治世界的权力以一种不体面的方式传到了一个妇女手中，也因此在她统治的那个时期，帝国权力转移到了法兰克人手中。"⑤加洛林早期的王家编年史《法兰克王家年代记》也提到："希腊人的土地上已再无皇帝，因为他们的皇帝是一名女性。"⑥其实在拜占庭帝国中，女性摄政的情况时有发生⑦。但在查理所属的法兰克人的传统惯例中⑧，女性无权干涉朝政，所以站在查理的立场来看，"罗马帝国"皇位出现空缺，似乎是一个千载难

① Jonathan Shepard，*The Cambridge History of the Byzantine Empire c. 500－1492*，Cambridge：Cambridge University Press，2019，p. 410.

② Thomas F. X. Noble，*The republic of St Peter：the birth of the papal state，680－825*，Philadelphia：University of Pennsylvania Press，1984，p. 61.

③ Jonathan Shepard，*The Cambridge History of the Byzantine Empire c. 500－1492*，p. 410.但是继任的君士坦丁五世皇帝就对此做出了补偿，他在753年将两处地产授予罗马教宗扎迦利，这很有可能是为了恢复与罗马教宗的关系，见 Jonathan Shepard，*The Cambridge History of the Byzantine Empire c. 500－1492*，p. 443。

④ 毕尔麦尔等编著：《中世纪教会史》，雷立柏译，北京：宗教文化出版社，2010年，第34页。

⑤ Otto of Freising，*The Two Cities：A Chronicle of Universal History to The Year 1146 A.D.*，p. 352.

⑥ *Annales Laureshamenses*，Trans in. Richard E. Sullivan，*The Coronation of Charlemagne－what did it signify？*，D. C. Heath and Company，1959，p. 2.此外，当时的法兰克的其他编年史都以拜占庭帝国是女性、皇位出现空缺为借口来支持查理的称帝行为。见 Sullivan，*The Coronation of Charlemagne*，pp. 3-5。

⑦ 关于拜占庭帝国中期女性掌握国家政治权力的具体情况，可见 Lynda Garland，*Byzantine Empresses：Women and Power in Byzantium AD 527-1204*，London：Routledge，999。

⑧ 在法兰克人的习惯法汇编——《萨利克法典》（*Lex Salica*）中，明令禁止女性和女性后裔继承家族中的头衔或职位，而这部习惯法汇编也是日后查理曼帝国的法律基础。

逢的机会①。不管是查理所想，还是教宗所愿，结果是这位威名赫赫的法兰克国王经过数十年的积蓄和酝酿之后，在罗马教宗的加冕中获得了皇帝头衔，而这也是"帝国转移说"的应运而生日。

二、基于教宗本位所构建的"帝国转移说"

"帝国转移说"的一个隐含前提是承认罗马教宗拥有任命和另立帝国皇帝的权力，这意味着教宗可以监督（Munt）和审判帝国，所以尽管罗马教宗没有直接行使帝国权力，但他才是西部帝国真正的所有者②。由于教宗如此行为没有任何历史先例支撑，为此其只能"发明传统"，用历史依据来支撑自身诉求，这主要体现在《赠礼》这一著名伪造文书之中，同样"帝国转移说"的叙事逻辑也直观地体现在这部文献之中。该文书流传千余年，最早的副本源自公元8世纪的圣德尼修道院（Abbey Church of Saint-Denis），现代学者倾向于认为这部文献是在罗马教会的支持下约在8

---

① 这样的叙事主观色彩很明显，很容易模糊和淡化查理本身对于皇帝一职的觊觎和野心。 支持查理是有意加冕称帝的学者认为女性统治帝国这个现实为查理称帝提供了机会，关于查理大帝是有意称帝还是无心称帝的学术梳理，详看孙宝国：《查理曼加冕历史真相之再思考》，《长春师范学院学报》，2004年第5期，或 François Louis Ganshof, *The Carolingians and the Frankish Monarchy: Studies in Carolingian History*, trans Janet Sondbeimor, London: Longman Group Limited, 1971, pp.41-54。李隆国认为从查理曼频频使用"罗马国老"一词就可以看出他有意识地回归到以罗马帝国为最高政治权威和目标的轨道上来，见李隆国：《重建"神圣的罗马帝国"：中古早期欧洲的政治发展道路》，《历史研究》2020年第2期。笔者以为，查理在称帝前的种种举动都足以证明他有称帝的野心，比如在官方头衔中他经常被称为新的"大卫王"，同时还营建新都——被时人称为第二罗马的亚琛，并明确要求这座新都可以和君士坦丁堡相媲美，此外在这之前的教宗司提反二世（Stephen II, 仅仅在位三天）在写给矮子丕平的信中就曾提到"是圣彼得本人亲自向法兰克人布道，并告诉他们，上帝承认他们是独一无二的民族，注定要承担和罗马人一样的伟大使命"，后来的保罗一世（Paul I, r.757—767）也认为法兰克人是新的上帝选民（The Chosen People）；可以说，早在查理的父祖时代，加洛林家族就频繁地与罗马教宗合作，开始构建自己的罗马意识形态并进行了颇具神圣色彩的政治宣传。详见亚历桑德罗·巴尔贝罗：《欧洲之父：查理大帝》，赵象察译，北京：民主与建设出版社，2021年，第9—17页，第80—90页或见 Rosamond McKitterick, *Charlemagne: The Formation of a European Identity*, Cambridge: Cambridge University Press, 2008, pp. 266-279。查理投身于复活帝国的种种举动，也被历史学家称之为"模仿帝国"（Imitation *Imperii*），见 Fritz Kern, trans.by S.B.Chrimes, *Kingship and Law in the Middle Ages*, Clark&New Jersey: The Lawbook Exchange Ltd, 1985, pp. 34-40。而让查理感到困惑的可能是他要成为何种意义上的皇帝及其成为皇帝时的具体仪式。

② James Muldoon, *Empire and Order: The Concept of Empire.800-1800*, p. 72.

世纪中叶创作的[①]，现实背景很有可能是为754年的丕平献土提供一种历史依据。《赠礼》的很多早期抄本至今还保留在巴黎国家图书馆中[②]，可见在此过程中教宗总是竭尽全力地保存有关自己权威的意识形态记忆，而这些记忆经过伪造文献的阐释又可转换成为理论依据和新的历史"事实"。

《赠礼》的主题是4世纪的教宗西尔维斯特一世（St.Sylvester I，c.314-335）和君士坦丁皇帝之间发生的故事：颇具传奇色彩的教皇西尔维斯特从当地一条恶龙的掠夺中拯救了罗马，并通过圣水的洗礼奇迹般地治愈了皇帝的麻风病（gafeira）[③]。作为报答君士坦丁皇帝认可教宗的权威，并且以一种近乎谦卑的态度承认了教宗的尊贵地位且将帝国西部的全部统治权赠给了罗马教宗：

　　在吾世俗皇权的范围之内，吾要求教宗所属的神圣罗马教会受到尊敬；圣彼得最神圣的宝座将比吾之帝国和尘世间的宝座更为崇高；吾赠与它帝国权力、光荣的尊严以及力量和荣誉。而且吾将宣布罗马教会的地位高于安条克（Antioch）、亚历山大里亚（Alexandria）、君士坦丁堡和耶路撒冷（Jerusalem）这四个主教区[④]以及尘世间所有教会.让吾向经常提到普世教皇西尔维斯特传达最诚挚的敬意；无论是吾的皇宫，还是罗马城、意大利和乃至西方所有的省份吾都赠予这位伟大的教宗；此外吾还将这种统治权赠予随后的罗马教宗，吾（通过我们神圣和权威法令批准）决定并颁布法令将帝国的西部

---

① 相关梳理详见 Joseph M. Levine，"Reginald Pecock and Lorenzo Valla on the Donation of Constantine"，*Studies in the Renaissance*，Vol.20，1973，pp.118-143。此外，厄尔曼认为"《赠礼》产生于教宗的档案馆，时间不晚于8世纪50年代初，肯定要早于教宗对法兰克人的访问（指754年斯蒂芬教宗与丕平的会面）"。沃尔特·厄尔曼：《中世纪政治思想史》，夏洞奇译，南京：译林出版社，2011年，第53页。富尔茨认为这部文献伪造时间大致是公元750年到760年中的某一年，更有可能是教宗斯蒂芬二世在会见完丕平后返回意大利所书写的，当时的教宗国面临着巨大的风险，所以很有可能是在这一时期创作的。Robert Folz，*The Concept of Empire in Western Europe：From the Fifth to the Fourteenth Century*，p. 11.

② Lorenzo Valla，*On the Donation of Constantine*，trans G.W.Bowersock，Cambridge：Harvard University Press，2007，p. 12.

③ 拉丁语原始文本参考 "The Donation of Constantine"，*Decretum Gratiani*. Part 1，Division 96，Chapters 13-14. Quoted in：Coleman，Christopher B.1922. *Discourse on the Forgery of the Alleged Donation of Constantine*. New Haven：Yale University Press.（Translation of：Lorenzo Valla，1440. *Declamatio de falso credita et ementita donatione Constantini.*）Hosted at the Hanover Historical Texts Project. 或 Lorenzo Valla，G.W.Bowersock，*On the Donation of Constantine*，pp. 162-185.

④ 在君士坦丁大帝亲自出席的第一次尼西亚大公会议（Councils of Nicaea）上承认了五大具有较高权威、对《圣经》有解释权的主教区，分别是：罗马、君士坦丁堡、耶路撒冷、安条克和亚历山大里亚大主教区。这五个主教区在罗马帝国承认基督教合法地位的随后几个世纪里，对基督教的完善和发展起到了巨大作用，早期的大公会议在某种程度上就是为了解决这五个主教区对《圣经》做出的不同阐述所引起的争论。关于五大主教区的争论和对基督教的贡献，详情参考 Diarmaid MacCulloch，*A History of Christianity：The First Three Thousand Years*，New York：Penguin，2010。

交由教宗处置并依法将其作为神圣罗马教会的永久财产。①

接着，教宗或是教宗的御用文人笔下的君士坦丁皇帝又对自己的这一举动做出如下解释：

基于此，世人皆以为把吾之帝国和王国的权力转移到东部地区是合法之行；在拜占庭这个最合适的省区内，应该再以罗马之名建立一座雄伟之城，而吾之帝国便在此城奠基。因为在一个由上帝建立了神职人员和基督教领袖的最高权威的地方，不应只有一个世俗的统治者拥有管辖权。

就《赠礼》中所涉及的内容而言，并不纯粹是"发明传统"的结果，因为这份文书中包含着三个不可否认的历史依据：一是君士坦丁大帝确实将罗马城及其周边地区的管辖权授予了教宗（彼时还叫罗马主教）②；二是他确实在原先拜占庭（Byzantium）的地盘上另外营建了一座新都并将很多政府机构都搬迁至此③，这座新都成了不容置喙的"新罗马"（Nova Roma）④；三是这位皇帝在米尔维桥战役（Battle of the Milvian Bridge）之后确实赋予了基督教以合法地位，并在他生命行将结束时受洗，8世纪的教宗正是利用了这三个已发生的历史依据来伪造《赠礼》。另外，当代学者厄尔曼认为《赠礼》的内核——有关西尔维斯特教宗的这些传奇故事，其实早在公元5世纪后期已经产生，具体的背景可能是卡尔西顿大公会议（Council of Chalcedon）⑤。

更值得注意的是罗马教宗对《赠礼》作出的解释——转移理论的叙事，即君士坦丁大帝迁都新罗马这个举动意味着罗马帝国统治权的转移，这种"帝国转移"按照《赠礼》中的口吻来看是君士坦丁大帝主动进行的。但如果按照公元4世纪罗马帝国的具体情况来看，帝国的经济、人口、资源大多集中在东部，就连面临的敌人也主要来自东部方向，当时罗马城所在亚平宁半岛饱受战火摧残、人口锐减、经济凋敝，迁都已是势在必行，所以君士坦丁大帝迁都完全是出于一种深思熟虑的现实考量，其中并没有涉及任何帝国权力的转移。在"君士坦丁皈依"之后的两百年间，

① 参考贝滕森教授的英文译本，Henry Bettenson, *Documents of the Christian Church*, Oxford: Oxford Paperbacks, 1967, pp. 107–110 或 Brian Tierney, *The Crisis of Church and State: 1050–1300, with selected documents*, Toronto: University of Toronto Press, 1988, pp. 21–22。

② 关于君士坦丁对罗马教会的资助以及他建设圣约翰拉特兰大教堂（The Basilica of St John Lateran）中的作用，见 Richard Krautheimer. *Rome: Profile of a city, 312–1308*, Princeton: Princeton University Press, 2000, pp. 20–24。

③ 比如君士坦丁大帝还在新都建造了一座规模更大的元老院（称之为 Clari），关于君士坦丁堡的奠基礼详见约翰·诺里奇：《拜占庭的新生：从拉丁世界到东方帝国》，李达译，北京：社会科学文献出版社，2020年，第44—69页。

④ 关于君士坦丁堡的具体名字颇有讲究，君士坦丁堡（Κωνσταντινούπολις）一般是非官方的称谓，当时这座皇城的正式名称是新罗马（Νέα Ῥώμη），有时会加上尊称"第二罗马"（δευτέρα Ῥώμη），民间一般称呼为皇城或大写的城（βασιλεύουσα）—— "Names"，https://encyclopedia.thefreedictionary.com/Constantinople#cite_note-5，于2021-7-26查阅，从都城名称足以看出拜占庭对罗马的强烈认同。

⑤ 沃尔特·厄尔曼：《中世纪政治思想史》，夏洞奇译，南京：译林出版社，2011年，第53页。

庞大的罗马帝国日益缩水，尤其是在 5 世纪下半叶它在西部的统治已全面崩溃。正是在这个过程中，罗马教宗逐渐彰显出自己的宗教权威，最具代表性的教宗便是大格列高利（Gregorius Magnus，r.590–604）这位中世纪教宗权威的奠基者①。同时，君士坦丁堡的拜占庭皇帝也召开宗教大会重申罗马教会在基督教历史的首席地位以抗衡君士坦丁堡大牧首（Ecumenical Patriarch of Constantinople）潜在的宗教和政治影响力②。在此过程中，罗马教宗的独立于拜占庭皇权的趋势愈发明显。虽然罗马教宗自诩是圣彼得的直接继承人且这种领导世间全部教会的地位是由耶稣基督亲自委任的，但由于其本身没有"硬实力"，且当时很多日耳曼王国的基督教化程度尚浅，所以这一时期罗马教宗的地位并没有完全凸显出来③。尤其是拜占庭帝国在查士丁尼大帝（Justinian the Great，r.527–565）统治期间重新占领了意大利，此后伦巴第人又占领并在意大利北部定居下来并多次入侵罗马地区，所以这一时期罗马教宗要经常听命于君士坦丁堡的皇帝（或者说帝国派往意大利的拉文纳总督④），其中最具代表性的一幕是教宗马丁一世（Martin I）在未得到拉文纳总督同意的情况下就任教宗，还不顾君士坦斯二世皇帝（Constans II，r.641–668）的禁令公开讨论敏感的基督一志论（Monothelitism）问题。随后皇帝派遣总督将其缉拿至君士坦丁堡受审，在受尽折磨之后以叛国罪的名义将其流放到克里米亚的赫尔松（Cherson），不久后这位自诩坚持正统教义的老人就客死该地⑤。可见 8 世纪前后的转移理论的出现在某

---

① 格列高利任职教宗期间，虽然教宗的土地被伦巴第人、拜占庭在拉文纳的总督和地方权贵所包围，但教宗逐步成为罗马以及周边地区的世俗统治者是不争的事实。此外，他与君士坦丁堡大牧首欧提修斯（Patriarch Eutychius of Constantinople）争夺教会最高的普世治权，并开始使用"天主众仆之仆"（*Servus servorum Dei*，该头衔等同于普世教会之首 "*caput omnium ecclesiarum*"）的头衔来界定自己的权威，详见 John Moorhead, *Gregory the Great*, London：Routledge，2005，pp. 1–49。尽管从具体的生平事迹来看格列高利显然是一位热衷于在修道院过沉思生活的博学雅士而并非什么与拜占庭皇帝和其他主教争权夺势的政治野心家，但格列高利流传下来的书信集、作品却间接地成为后世教宗追寻传统和塑造权威的重要依据。

② Jonathan Shepard，*The Cambridge History of the Byzantine Empire c.500 – 1492*，Cambridge：Cambridge University Press，2019，p. 201.

③ 关于公元 500—700 年罗马教宗的具体处境，《新编剑桥中世纪史》（第 1 卷）中有很好的概括："公元 500 年到 700 年间教宗权力的发展揭示了一些问题：在罗马市民中间存在着不断地争执，还有与东哥特人和伦巴第人争执不断，而且教宗得经常卑躬屈膝地依靠君士坦丁堡的皇帝。此外，在蛮族王国里，那些新的基督教会是在罗马控制下发展起来的，但他们却更忠实于他们自己的国王。"保罗·福拉克主编：《新编剑桥中世纪史》（第 1 卷），徐家岭等译，北京：中国社会科学出版社，2021 年，第 758 页。

④ 拉文纳总督区（Exarchatus Ravennatis）大约在 584 年由莫里斯（Maurice，r.582–602）皇帝设立，其代表皇帝全权处理意大利半岛的军政事务，见陈志强：《拜占庭帝国通史》，上海：上海社会科学院出版社，2013 年，第 45 页。按照拜占庭金字塔式的皇权结构，罗马教宗是皇帝的封臣，所以他要直接听命于帝国派去意大利的拉文纳总督，或见 Jonathan Shepard，*The Cambridge History of the Byzantine Empire c.500 – 1492*，p. 126。

⑤ 约翰·朱利叶斯·诺里奇：《拜占庭的新生：从拉丁世界到东方帝国》，李达译，北京：社会科学文献出版社，2020 年，第 387—388 页。关于此事一般有两种不同的现代解读，站在拜占庭皇帝一方的现代学者往往通过这一事件来强调君士坦斯二世皇帝在西部重建了帝国权威；站在罗马教宗一方的现代学者往往把该事件看作是教宗反抗皇帝的重要案例，且由于他表现了对异端顽强斗争的决心和牺牲精神，后世尊他为殉教者。

种程度上是罗马教宗的"触底反弹"。因为在很长一段时间内教宗虽享有名义上的权威和地位，但在现实生活中又饱受外部军事威胁和罗马城内部权贵的袭扰，所以尼尔森（Janet Nelson）才认为《赠礼》的目的并非要强调教皇拥有普世权威，而是出于一种教会财产不受任何世俗权力暴力侵犯的狭隘目的①；同样坎宁也主张不宜过分夸大罗马教宗争权夺利的野心，并认为教宗伪造《赠礼》更多是基于现实目的，即让加洛林统治者承担起保护其在意大利领地的责任，尤其是在"圣像破坏运动"这个拜占庭皇帝大力侵吞教产的时代②。与此相反，富尔茨、厄尔曼③以及施拉姆④等人则强调教宗在伪造文献以及谋取自身独立性中的主动姿态，其中富尔茨形象地概括到："一切证据都表明《赠礼》作者的意图是让教宗成为帝国观念的核心，并让教宗身披环绕在世俗皇帝身上的华冠丽服。"⑤笔者以为8世纪中叶的罗马教宗可能不像后来的利奥九世（Leo IX，r.1049–1054）、格列高利七世（Gregory VII，r.1073–1095）还有英诺森三世（Innocent III，r.1198–1216）等教宗想得那么远，扎迦利、斯蒂芬二世、保罗一世等8世纪中叶的教宗的初衷可能只是想在乱世当中保住罗马教会的"一亩三分地"，然后有意地创造了一些可以证明自己权威和管辖地盘由来已久的文献，这些文献的很多内容也是含糊其辞，有着很大的解释空间，所以日后的教宗完全可以根据现实状况做出不同解释。但无论出于何种目的，《赠礼》确实使帝国观念和罗马教宗紧密地联系在一起，"帝国转移说"也确是8世纪罗马教宗塑造自身权威的一种合法性叙事。

通过以上考察可以看出，正是《赠礼》为公元800年罗马教宗复活帝国的这一举动提供了主要的"历史依据"，同时也为"帝国转移说"提供了"历史事实"支撑：因为君士坦丁皇帝已经将帝国西部的全部管辖权赠予教宗，所以教宗有权决定是否再在西部将帝国复活，同样也有权决定通过何人之手来复活帝国。"帝国转移说"进一步顺着《赠礼》中的话语逻辑来构建教宗权威：既然拜占庭已难以胜任帝国头衔，拜占庭皇帝也就难以拥有皇帝冠冕，那么这个头衔和冠冕就应该转交给自己认可的法兰克人。当然教宗的这种转移说并没有超出原先罗马帝国的历史空间，转移的也是罗马的世界统治权。

中世纪基督教世界的统治者需要具备以下几个要素才能成为合法的国王：家族血脉、贵族选举、民众同意以及信仰上帝。很多君主往往声称自己的权力来自上帝，

---

① Janet Nelson，"Kingship and Empire" 收录于 J. H. Burns，*The Cambridge History of Medieval Political Thought c.350–c.1450*，Cambridge：Cambridge University Press，2008，pp. 212–213。

② Joesph Canning，*A History of Medieval Political Thought：300–1500*，pp. 73–74.

③ Walter Ullmann，*The Growth of Papal Government in the Middle Ages*，p. 141.

④ P.E.Schramm，*Sacerdotium und Regnum im Austausch ihrer Vrrechte* In Robert Folz，*The Concept of Empire in Western Europe：From the Fifth to the Fourteenth Century*，p. 11.

⑤ Robert Folz，*The Concept of Empire in Western Europe：From the Fifth to the Fourteenth Century*，p. 11.

厄尔曼将王权的这种来源称为"上源理论"（The Descending Theory）①。其实公元800年之前基督教世界的传统，君王无须教宗这样的中介来与上帝沟通，这种传统可以追溯到君士坦丁大帝和著名教父尤西比乌斯生活的年代②。或许在基督教刚取得合法地位的年代里，它要为罗马的皇权服务、为罗马的统治提供理论依据，但在经过几百年的发展之后，基督教在"区别他者，凝聚自我，构建理论"③的过程中已逐渐发展完善，已完全掌握了拉丁西部的意识形态和话语权威。随后，罗马教宗在公元800年的加冕礼中又重新给自己增添了一种新角色——人间统治者和天国统治者之间的沟通者。查理国王也是经由这位"圣彼得的传人"之手才获得了来自上帝的神圣权威。正如厄尔曼所言："（中世纪）拉丁西方的政治思想具有强烈的教会性质，也正因为如此，它的政治思想就不可避免地受到了罗马教会亦即教宗制的塑造和影响。"④

三、"帝国转移说"的实践——查理大帝和他的帝国

　　虽然教宗掌有的这种意识形态权力深刻影响了日后的拉丁基督教世界走向，但《赠礼》以及"帝国转移说"在当时并未产生多大影响。事实上是利奥三世教宗

---

　　①　乌尔曼用国王权力的两种来源——上源和下源来考察中世纪政治观念的变迁，强调说中世纪国王权力来源的复杂性和多样性，一方面国王是"天选之子"是上帝在尘世的代言人，所以基督教徒应服从国王；另一方面国王又是"民心所向"，没有境内贵族民众的支持和同意，国王很难维系统治。因此，上源主要是基督教神学理论的贡献，下源则主要是日耳曼习惯法的反映。而基督教因素、日耳曼因素以及希腊罗马古典因素构成了西欧文明的底色，关于西欧文明的来源详看侯建新：《交融与创生：西欧文明的三个来源》，《世界历史》2011年第4期，第15—27页。乌尔曼的王权观则主要反映在他的两本著作里：Walter Ullmann, *Principles of Government and Politics in the Middle Ages*, London：Routledge, 2010. 和 *Medieval Political Thought*, Penguin, 1976.

　　②　主教尤西比乌斯的王权和神学理论可参考优西比乌：《教会史》，瞿旭彤译，上海：三联书店，2009年。在这本书中，尤西比乌斯将皇权的概念与基督教这个影响越来越大的一神教（monotheism）联系起来，他还追溯历史回顾了奥古斯都之前的罗马多神教（polytheism），并认为在奥古斯都之前，宗教大多是多神教，因此当时尘世间也存有许许多多的统治者；但自从耶稣基督在奥古斯都统治的年月里降生之后，世间就只有一位万能的真神，因此皇帝也只能有一位，而正是这为奥古斯都勘定了罗马共和国晚期以来的内乱，给世间带来了和平和统一，因此尤西比乌斯的观点可以概括为"一位上帝，一个帝国和一个教会"。

　　③　关于基督教的发展史涉及诸多问题，这种区别他者、凝聚自身则是笔者的简要概括，最开始时基督教并不是一个组织严密、有着精深思想的宗教，它更多的是一种内在修炼的方式，而且内部派系林立，彼此之间互有争论，基督教在很大程度上便是在与多神教的辩论过程中逐步确立起自己的身份认同的。公元4世纪之后，在一些核心教义方面，基督教的几个核心城市——安条克、亚历山大利亚和耶路撒冷等就圣父和圣子的关系、圣子的性质、圣灵是否神性等问题展开激烈争论，最终解决方式往往是通过皇帝号召的基督教大公会议（The Ecumenical Council）来解决，在这个过程中基督教逐渐发展成为一个"整体性的话语"（Discours holistique）。关于该过程详见胡斯托·L.冈萨雷斯：《基督教史：初期教会到宗教改革前夕》（上卷），赵城艺译，上海：上海三联书店，2016年，第127—259页。

　　④　沃尔特·厄尔曼：《中世纪政治思想史》，夏洞奇译，南京：译林出版社，2011年，第59页。

（Pope Leo III，r.795-816）狼狈地前往帕德伯恩（Paderborn）主动面见了查理国王。这位教宗出身普通，晋升自拉特兰宫的官僚群体，缺乏有影响力的罗马权贵的支持。更严重的是，他遭到有侵吞财富等背德行为的严厉指控，所以他愿意尽一切可能获得法兰克王国的有效保护①。特别是在公元799年，利奥被其在罗马城中的政敌抓住把柄，并被迫接受审判。据说他的政敌挖了他的眼睛，割下了他的舌头，但后来又被圣彼得神奇地医治②。这种颇具传奇色彩的叙事在中世纪的史料典籍中可谓屡见不鲜，几乎可以肯定这位教宗并没有被刺瞎双眼、割掉舌头，这种叙事有可能是想进一步烘托出公元800年圣诞节的皇帝加冕礼的神圣色彩，看不见、说不了话的教宗竟然可以为查理国王加冕，这足以说明查理国王是"天选之子"。当时的情况应是罗马城的权贵发动了一次政变，意图另立一位新教宗，在这次政变中利奥教皇确实受了伤。正是在这样的情况下，利奥教宗逃出罗马城并狼狈地面见了查理。面对教宗的遭遇和境况，查理与幕僚们进行了商讨，他尤其询问了阿尔昆（Alcuin）的意见，后者回应道：

> 臣以为有三个人应该处于（基督教世界）的最高地位：罗马教宗、君士坦丁堡的皇帝还有法兰克国王。但是自从每个人都知道教宗和皇帝③都曾被废黜、遭到自己民众的背叛之后，国王现在已经超越了这二人，成为罗马教会的唯一希望……我们已经知道教宗在永恒之城的圣座上发生了什么。现在轮到您去裁决了。④

阿尔昆的言论消除了查理的疑虑（当然情况也有可能是查理和阿尔昆演了一出自问自答的好戏）。随后查理派了一支军队护送利奥返回罗马，铲平叛乱⑤。事后来看，在799年的罗马城叛乱和教宗出逃等事件中，查理延续了自父祖以来即与罗马教宗结盟的传统政策，罗马教宗需要法兰克人的军事保护，而这位法兰克国王也需要罗马教宗所掌握的意识形态和代表的神学权威来进行军事扩张活动。帝国的现实基础建立在一系列成功的征服活动之上，一个帝国必然可以统治着众多的族群⑥，显

---

① Rosamond McKitterick，*The Carolingians and Written World*，Cambridge：Cambridge University Press，1989，p. 88.

② 关于查理大帝挖眼割舌的描写最早出自阿尔昆的书信集中，收录于MGH，*Epistolae Karolini aevi* I 2：1481。关于对这次审判事件以及利奥是否真的是被刺瞎了眼、割下了舌的史学分析，见Rosamond McKitterick，*The Carolingians and Written World*，Cambridge：Cambridge University Press，1989，pp. 88-90。

③ 指被伊琳娜刺瞎双眼并废黜的君士坦丁六世（Constantine VI，r.780-797）。

④ *Alcuini*，174e177 in MGH，*Epistolae Karolini aevi* I 2：1481。转引自亚历桑德罗·巴尔贝罗：《欧洲之父：查理大帝》，赵象察译，北京：民主与建设出版社，2021年，第88页。

⑤ Rosamond McKitterick，*The Frankish Kingdoms under the Carolingians：751–987*，London and New York：Longman Publishing Group，1983，p. 86.

⑥ 关于帝国的概念，伯班克和库珀合著的《世界帝国史》中有明确的定义："所谓帝国是一个庞大的政治单元，是扩张主义的或是曾经权威扩及广大空间，以及当其兼并新民族时任维持差异和等级制度的政体。"简·伯班克、弗雷德里克·库珀：《世界帝国史：权力与差异政治》，柴彬译，北京：商务印书馆，2018年，第2页。

　　然查理的政治威望来自他多年戎马生涯所取得的一系列战果。再考虑到当时基督徒对帝国和历史进程的理解①，似可得出以下结论：查理是一位出身高贵的法兰克人，他之所以能够征服各族、极大地扩张法兰克王国的疆域是因为他秉承了上帝的意志，他有足够的威望和权势继承"永恒罗马"之名。因此接下来的事件似乎都是那么顺理成章，奥托主教在《双城史》中就事件的先后顺序有着明确记载：

　　　　利奥教宗在祷告诵经时遭到了罗马人的虐待，他很有可能被刺瞎了双眼。他面见了查理国王并倾诉了罗马城发生的叛乱。查理国王取得了伟大的胜利，他通过征服巴伐利亚人、阿基坦人、萨克森人、丹麦人、北方人、布列吞人和潘诺尼亚人和其他诸多省区，极大地扩展了法兰克王国的疆域。现在他准备前往罗马城为教宗报仇。在他进城的前一天，教宗亲自出城12英里并以至高的荣誉迎接他。查理在黎明时分进入罗马②，受到教宗和全体市民的隆重接待并被护送到圣彼得教堂。在我主道成肉身之后的第801年，罗马建城之后的1552年，查理国王统治的第33年，教宗用皇帝和奥古斯都（Emperor and Augustus）的头衔替代了他之前的罗马人的国老（patrician）③，他是第69位奥古斯都……因此罗马人的统治权——从君士坦丁皇帝的年代到现在它都集中在君士坦丁堡——转移到了法兰克人手中……君士坦丁女皇伊琳娜遣使查理，请求希腊人和法兰克人之间缔结和平……波斯国王④也曾向皇帝赠送礼物。⑤

　　在奥托提供的这幅历史图景中，很容易得出查理去罗马城接受加冕是应教宗之邀而非自己有意为之，所以这次加冕典礼完全是一种自然且合法的事件。而在加冕事件的叙事中突出强调是受教宗邀请一方面可以掩盖查理自己的称帝野心；另一方面还可以印证《赠礼》中的内容，毕竟《赠礼》明确提到早在4世纪时君士坦丁大帝就已经将帝国西部的管辖权交给了罗马教宗，所以按照这种叙事逻辑可以得知从5世纪到8世纪帝国西部的权柄都掌握在教宗手中。因此查理"想要"称帝必然要与

---

　　①　8世纪人所理解的帝国是一种形而上学式的帝国，带有很强烈的宗教意涵和末世倾向，它是上帝在人间设立的完美秩序，并常常被冠以罗马之名。详见James Muldoon, *Emprie and Order: The Concept of Empire*, 800-1800, pp.101-114。

　　②　查理进入罗马城的具体日期是800年11月23日，详看Rosamond McKitterick, *The Frankish Kingdoms under the Carolingians: 751 - 987*, p.102。

　　③　该词在中文语境中通常也被译为"国老"，正是依托《赠礼》这个伪造文献，罗马教宗拥有了任命罗马城执政官的权力。概念预示了日后教宗制将世俗统治者视为辅助机构的学说，这种职位明确地指出了任何想染指罗马的世俗国王所需要承担的责任，矮子丕平和查理大帝都曾拥有此头衔。

　　④　指阿巴斯王朝著名哈里发（Abbasid caliph of Baghdad）哈伦·拉希德（Harun Rashid, r.786—809），这位颇有名望的哈里发赠给了查理大帝很多来自东方的奢侈品，还有一头大象；这在当时的文献中均有提及，详见*ARF*, 116-117, 引自Rosamond McKitterick, *Charlemagne: The Formation of a European Identity*, p.101。

　　⑤　Otto of Freising, *The Two Cities: A Chronicle of Universal History to The Year 1146 A. D.*, pp. 353-354. 此外，同时代的编年史文献中也详细记载了查理加冕的经过，布莱斯在作品《神圣罗马帝国》中收录了查理加冕的三段原始材料，中文译本见詹姆斯·布赖斯：《神圣罗马帝国》，戚国淦译，北京：商务印书馆，2016年，第56—58页。

教宗合作，且当时其已完全占据主动地位，他有权有势，教宗充其量只不过是他迈向帝国之路的重要棋子，正是基于此逻辑才有了公元800年的加冕事件——通过加冕礼，教宗把罗马人的统治权从"希腊人"那里转交给查理。但在查理看来，其权威直接来自上帝，当时的官方编年史《法兰克王室年代记》中有明确记载，比如786年在查理命部将成功征伐布列塔尼人（Brittany）之后，这部编年史记载说："查理国王陛下发现，仰仗上帝之恩赐，他已得享四海升平。"①随后在记载加冕的具体过程时也强调了利奥教宗举行这场加冕礼完全在查理的意料之外：

> 在圣诞节这一最为神圣的日子里，国王来到使徒圣彼得的灵堂前祈祷，然后起身准备参加弥撒，就在此时，利奥教宗把皇冠戴在他头上，在场的所有罗马民众都欢呼到：蒙上帝恩赐加冕，伟大且热爱和平的罗马人的皇帝——查理陛下，祝您万寿无疆，所向披靡。②

这种官方叙事符合法兰克人的诉求：通过淡化查理的称帝野心，突出强调其虔诚的个性和此次加冕的偶然性。法兰克人的编年史在叙述过程中还突出强调教宗对皇帝的臣服，其中记载到利奥将王冠戴在查理曼的头上时，他是拜倒（proskynesis）在皇帝面前的，"这一程序让人想起在戴克里先统治时期已成为帝国仪式的一部分的跪拜礼，这种利益仍然是君士坦丁堡的皇帝的加冕仪式的一部分"③。纵观整场加冕礼，让查理"始料未及"的是教宗利奥三世将皇冠戴在自己头顶的这一举动依循惯例是国王承认了教宗的权威，所以艾因哈德在《查理大帝传》中才声称查理大帝并不情愿称帝："他最初非常不喜欢这种称号，他肯定地说，假如他当初能预见到教皇的意图，他那天是不会进教堂的，尽管那天是教会的重要节日。"④按照艾因哈德的叙事逻辑来看，查理不满意的是教宗在皇帝加冕礼上所扮演的角色⑤，因为加冕仪式都伴随有重要的政治隐喻和影响，查理大帝接受教宗的冠冕，某处程度上就是承认了自己的权威来自教宗所代表的圣彼得。

---

① Bernhard Walter Scholz, with Barbara Rogers, trans., *Carolingian Chronicles: Royal Frankish Annals and Nithard`s Histories*, Michigan: The University of Michigan Press, 1970, p. 63. 或见《法兰克王家年代记》，陈文海译，北京：人民出版社，2018年，第134页。

② Bernhard Walter Scholz, with Barbara Rogers, trans., *Carolingian Chronicles: Royal Frankish Annals and Nithard`s Histories*, p.81.或见陈文海译注：《法兰克王家年代记》，北京：人民出版社，2018年，第134页。

③ Walter Ullmann, *The Growth of Papal Government in the Middle Ages*, London: Routledge, 2009, p.144.

④ 艾因哈德、圣高尔修道院僧侣：《查理大帝传》，戚国淦译，北京：商务印书馆，1979年，第31页。

⑤ 虽然很多学者都从文学修辞的角度分析，认为艾因哈德明显模仿了苏维托尼乌斯（Suetonius）的《罗马十二帝王传》，例如François Louis Ganshof, *The Carolingians and the Frankish Monarchy: Studies in Carolingian History*, pp.19-20。意在强调查理大帝是迫于形势才登上帝位，但笔者以为原因应更多地从现实情况去考量，即便是像艾因哈德这样相对比较客观严谨的知识分子也要想方设法为自己的主子服务，事实上加洛林时代的史料很多都是精心策划的结果，大多是别有用心的政治宣传以此来营造有利于自身的记忆，详见Anne A. Latowsky, *Emperor of the World: Charlemagne and the Construction of Imperial Authority, 800-1229*, pp. 19-30。或见Rosamond McKitterick, *History and Memory in the Carolingian World*, pp. 120-133。当然可能就是如下面所述的那样查理大帝不反感当皇帝，他反感的只是当"罗马人的皇帝"。

　　然而至少在当时没有人会公开宣称查理皇帝的权威是来自教宗所代表的圣彼得，因为在绝对的政治军事实力面前，加冕仪式和宗教观念所代表的力量要退居其次①，何况利奥教宗在795年继位时主动向查理示好并表示归顺②。此外在查理称帝前，一个来自耶路撒冷的代表团把尘世间最神圣的基督教城市——耶路撒冷的圣墓钥匙交给了他，《法兰克王家年代记》记载说："为了表达其美好愿望，耶路撒冷宗主教让二位修士带来耶稣的圣墓钥匙和加尔瓦略山的钥匙而且还带来了耶路撒冷城钥匙以及锡安山（Mount Zion）钥匙……"③耶路撒冷是基督教徒心中的圣城，如果这部加洛林时期的官方编年史所言不虚的话，掌有耶稣圣墓和耶路撒冷城钥匙就代表得到了耶路撒冷方面的正式承认。因此13年后查理大帝在亚琛的宫廷教堂亲自为儿子兼帝国继承人——路易（Louis I the Pious, r.814–840）加冕并且完全采用法兰克人的加冕仪式和传统④，在整场加冕仪式中教宗没有扮演任何角色。

结　论

　　通过考察"帝国转移说"诞生的背景、前提以及使用语境，可以看出该观念（依托《赠礼》这本文献）是罗马教宗主导下的话语权述求和历史神话理路。"帝国转移说"混杂了希伯来人的历史变迁（vicissitudes）观念和基督教罗马的传统因素，其现实目的极有可能是摆脱拜占庭帝国的干预并重新寻找可以保护自己领地的势力。在践行教宗这种想法的同时，"帝国转移说"也成了查理大帝及其继任者凝聚帝国认同和施行霸权政治⑤所需的意识形态。"帝国转移说"孕育于罗马帝国这个基督教语

---

　　①　虽然查理也强调了自己有责任和义务保护教会，但这里的保护的隐性含义是整个教会都处于皇帝的权威之下。在位的且是由上帝认定的查理皇帝可以按照自己的意愿安排帝国继承人，这是《赠礼》和"帝国转移说"都无权干涉的权利，因此当时不会有人觉得这是查理大帝的傲慢之举。见 Joesph Canning, *A History of Medieval Political Thought: 300–1500*, pp. 69–70。

　　②　《法兰克王家年代记》中记载说"（796年）利奥刚一继任教宗的位子，便派遣使节带着礼品前来拜见国王。他还让使节将圣彼得墓葬的钥匙以及罗马城的城旗转交给国王"。修订本中则记载说："利奥请求国王派一名亲信前往罗马代表其接受罗马民众的归顺和宣誓效忠"。

　　③　陈文海译注：《法兰克王家年代记》，北京：人民出版社，2018年，第159页。

　　④　Rosamond McKitterick, *The Frankish Kingdoms under the Carolingians: 751–987*, p. 108.

　　⑤　在法兰克人的传统观念中，帝国就是统治多个王国（regnum）的存在，而皇帝就是众王之王，比如阿尔昆认为，"imperium"一词意味着对众多族群的最高统治权，而这些族群由于各自祖先的不同，其语言不同且分属不同族裔。François Louis Ganshof, *The Carolingians and the Frankish Monarchy: Studies in Carolingian History*, p. 120. 所以成为皇帝的一个标准就是征服更多的王国，这在查理大帝的头衔中有着很好的体现。除查理大帝之外，秃头查理（Charles the Bald）于869年在梅斯（Metz）加冕为洛林王国之后，就在自己的头衔中加入了"Emperor and Augustus"头衔，而其成为皇帝的理由是他统治着两个王国。同理，由于日耳曼的路易（Louis the German）统治的区域辽阔，其族群众多，所以按照圣高尔修道院的诺克特的说法，他也拥有皇帝头衔。见 James Muldoon, *Empire and Order: The Concept of Empire. 800–1800*, p. 48. 或见 Robert Folz, *The Concept of Empire in Western Europe: From the Fifth to the Fourteenth Century*, pp. 27–29。

境中的永恒历史空间之内，但是这样的话语表达却出自教宗之手，其核心概念是：只能存在一个被称为帝国的统一体且这个帝国要保护和捍卫教宗。

在塑造自身权威时，教宗的话语优势遮蔽了罗马帝国的群像（group portraits）和集体记忆，由他所"召唤"（Evocation）[①]出来的西部帝国，神圣性远远超过其罗马性（Romanitas）[②]；城邦传统、皇帝崇拜统统被基督教的耀眼光芒所掩盖，所以800年之后出现的这个被冠名为帝国的政治结构很大程度上可以被称为"基督教帝国"（Imperium Christianum）[③]。这个帝国自诞生之日起就肩负了神圣使命，查理大帝在自己的官方法令集中如此自称："承蒙上帝恩典及其仁慈的慷慨，法兰克王国的国王和教长，神圣罗马教会的忠实捍卫者及其谦卑的助理。"[④]这样的头衔预设了查理大帝作为教会捍卫者的角色。同样，罗马因素也体现在查理大帝的头衔之中，在加冕时他被冠以"罗马人的皇帝"（Imperator Romanorum）。在随后的801年他又使用了"由上帝加冕，最和蔼的奥古斯都，伟大、热爱和平的罗马帝国的统治者，上帝恩赐的法兰克和伦巴第国王查理"[⑤]这样的头衔。从某种程度上来讲，官方头衔可以反映出查理大帝的罗马皇帝和法兰克国王的双重身份，这种双重身份即是一种塑造自我归属的体现也是凝聚集体认同的手段，正是"帝国转移说"这样的理论叙事将查理大帝的这两种身份紧密地结合起来，并在"罗马记忆空间"内界定了他的权威来源——蒙上帝恩典的法兰克人且接受了由希腊人转移而来的罗马统治权的统治者。在这个过程中，罗马教宗通过"帝国转移说"垄断了罗马统治权的归属叙事，这使得教宗和帝国紧密而又复杂地交织在一起，并对随后中世纪二元政治格局的发展乃至整个西方世界的政治传统产生了深远影响，这种影响一直延续到了21世纪的今天。

（本文作者为四川大学历史文化学院世界史专业硕士研究生）

---

① 笔者在此借用的是著名政治思想史家沃格林的概念，沃格林认为中世纪的政治观念以对神圣帝国的集中召唤（Evocation）为导向，见沃格林：《政治观念史稿·卷二：中世纪（至阿奎那）》，叶颖译，上海：华东师范大学出版社，2019年，第25页。Evocation是沃格林频繁使用的核心概念之一，其基本含义是"制度、事件在观念史中的建构"。

② "Romanitas"是罗马人定义自身政治实践和文化概念的一个抽象词汇。该词最早出现于公元三世纪，意为"罗马特征"，它在传世的罗马文献中并不常见。一般认为该词最早是由公元3世纪的著名拉丁教父德尔图良（Tertullian）在他的著作 De Pallio 中首次提出，现代历史学家用作指代罗马人身份和自我形象的简写。"Literal meaning and origin"，https：//encyclopedia.thefreedictionary.com/Romanitas，于2021-10-15查阅。

③ "基督教帝国"这样的称谓在阿尔昆的书信集中已出现，显然在这位查理大帝时代最瞩目的知识分子眼中，查理曼帝国的基督教属性而非罗马属性才是最重要的特征。Robert Folz, The Concept of Empire in Western Europe：From the Fifth to the Fourteenth Century，p. 17.

④ CRF. 22 In Rosamond McKitterick, History and Memory in the Carolingian World，p. 127.

⑤ 原文为 "Carolus serenissimus Augustus a deo coronatus magnus pacificus imperator Romanum gubernans imperium，qui et per misericordiam dei rex Francorum et Langobardorum"，收录于 MGH, Legum sectio II, Capitularia Regum Francorum（CRF），45，Vol.1.ed.A. Boretius，Hannover。

中世纪晚期英国治安维持官初探

张质雍

摘　要：治安维持官是中世纪晚期英国地方治理体系中的一个重要官职，最早出现于12世纪末，主要由骑士和乡绅担任，其产生的思想渊源是中世纪早期形成的"王之和平"观念。治安维持官在13世纪及14世纪上半叶逐渐获得了管理地方治安的行政权和司法权，在维护地方社会秩序方面发挥了重要作用，并于1361年正式转变为治安法官。探究中世纪晚期英国治安维持官的产生与发展，有利于深入了解这一时期英国的地方治理体系，也有利于更好地梳理治安法官这一起源于英国的独特政治制度的历史发展脉络。

关键词：中世纪晚期；英国；治安维持官

治安维持官（keeper of the peace）作为治安法官的前身，在中世纪晚期英国地方治理体系中占有重要的位置，因此也理所当然地获得了学者的关注。早在19世纪末期，著名的英国政治与法律史学家威廉·斯塔布斯在其编纂的《英国宪政史资料选编与相关描述——从远古到爱德华一世时期》中就记录了标志着治安维持官诞生的法令。[1]治安维持官产生以后，中央政府对其的管理主要记录于《特许状案卷日志》（*Calendar of the Patent Rolls*）以及《王国法令集》（*Statutes of the Realm*）中，这也是后世的历史学者研究治安维持官在中世纪晚期活动的主要资料。20世纪初期，另一位研究中世纪晚期英国法制史的学者B·H·普特南在其论文《1327—1380年治安维持官向治安法官的转变》[2]和其编纂的《十四与十五世纪治安法官之前的诉讼程序》[3]中详细论述了治安维持官是如何转变为治安法官的。20世纪中期，阿兰·哈丁又发表了论文《治安维持官的起源和早期历史》[4]，比较细致地描绘了治安维持官从12世纪末期至14世纪初期职能和权力的变迁。除此之外，由于治安维持官与治安法官的密切联系，在一些研究治安法官的论著中也可以得到一些与治安维持官有关的

---

　　① 　William Stubbs （ed.）, *Select Charters and Other Illustrations of English Constitutional History from the Earliest Times to the Reign of Edward the First*, Oxford：Clarendon Press，1874，p. 264.

　　② 　B.H.Putnam，"The Transformation of the Keepers of the Peace into the Justices of the Peace 1327−1380", *Transactions of the Royal Historical Society*，1929（12）.

　　③ 　B. H. Putnam （ed.）, *Proceedings before the Justice of the Peace in the Fourteenth and Fifteenth Centuries*, London：Spottiswoode，Ballantyne&Co.Ltd，1938.

　　④ 　Alan Harding，"The Origins and Early History of the Keepers of the Peace：The Alexander Prize Essay", *Transactions of the Royal Historical Society*，1960（10）.

介绍，例如C·A·比尔德的《英格兰治安法官一职的起源与发展》[1]和托马斯·斯盖姆爵士的《治安法官史》[2]中均对治安维持官有所涉及，虽然篇幅不长，但仍然可以提供一些有益的借鉴。与国外学者相比，国内学者对于治安维持官尚未展开系统深入的研究，仅有少数学者在研究治安法官时对治安维持官进行过简单的介绍[3]，由此可见，对于治安维持官进行专门研究确有必要。

一、治安维持官诞生的社会背景

1066年，诺曼底公爵威廉率军击败英王哈罗德并在此后逐步征服英格兰的各个地区，最终在英格兰建立了诺曼王朝，英国的历史由此进入了一个新的发展阶段。威廉一世在把欧洲大陆上的许多政治管理方法引入英格兰的同时也继承了很多英国传统的社会治理模式，"王之和平"观念作为国王维持社会秩序的重要理念，理所当然地被继承下来。诺曼王朝的诸位国王都把维护"王之和平"放在重要的位置，例如威廉一世和亨利一世都在对外发布的命令中强调了和平的重要性。[4]这一时期在地方基层除了继续实行十户联保制之外，中央政府把维持治安的责任更多地放在了郡长（sheriff）身上。郡长的前身是盎格鲁-撒克逊时期村庄基层的小首领"里夫"（reeve），诺曼征服之后，郡长取代伯爵成为地方上的执牛耳者。有历史学者对此评论道："是郡长而不是伯爵掌握了公共司法权力并维护和平，此外伯爵在郡中军事首领的地位也被取而代之了。"[5]尽管诺曼王朝的国王们采取了多种措施来维护"王之和平"，但效果并不明显，主要原因在于此起彼伏的地方贵族叛乱使得这一时期的英格兰社会长期处于动荡之中，而土著的盎格鲁-撒克逊人与新近到来的诺曼人之间的仇恨更是为社会增添了不稳定因素。总而言之，诺曼王朝时期英格兰的社会治安相比于诺曼征服之前并没有明显改善，设置专门人员来维护社会秩序的必要性日益凸显。

1154年安茹伯爵亨利即位，即亨利二世，开始了安茹王朝的统治。亨利二世推行多种政策加强中央集权，削弱地方贵族的势力，成功地保持了社会的长期稳定，在此基础上他采取进一步措施维持社会秩序，保护"王之和平"。郡长在亨利二世统

① C. A. Beard, *The Office of Justice of the Peace in England in Its Origin and Development*, New York: Burt Franklin, 1904.

② Sir Thomas Skyrme, *History of the Justices of the Peace*, Chichester: Barry Rose and the Justice of the peace, 1994.

③ 参见顾荣新：《12世纪~19世纪英国治安法官的起源与流变》，《法律文化研究》2007年，第338—346页；刘显娅、倪铁：《论英国治安法官的产生原因》，《历史教学问题》2013年第1期，第77—80页；刘显娅：《英国治安法官制度研究——历史、价值与制度安排》，上海：上海人民出版社，2017年。

④ William Stubbs (ed.), *Select Charters and Other Illustrations of English Constitutional History from the Earliest Times to the Reign of Edward the First*, Oxford: Clarendon Press, 1874, p. 83, p. 101.

⑤ W. A. Morris, *The Medieval English Sheriff to 1300*, Manchester: Manchester University Press, 1927, p. 45.

治初期仍然是保障地方治安所倚靠的主要对象，在1166年颁布的《克拉伦登敕令》（*Assize of Clarendon*）中亨利二世把维持地方秩序的职责明确授予郡长。[①] 除了继续任用郡长之外，在地方基层亨利二世继续强化"全民皆兵"的政策，1181年颁布著名的《武器敕令》（*Assize of Arms*）规定所有自由人都要按照其财产状况准备不同规格和质量的武器装备，要在每年特定的时间宣誓对国王保持忠诚，并不得以出售、抵押、献祭或任何其他的方式出让自己的武器。[②] 虽然这一政策主要是出于军事目的，但平民持有武器可以更加有效地保护自己的人身和财产安全，当然从另一个角度来看，平民随意持械也提高了各种暴力犯罪行为发生的机率，为了防范这种情况，该敕令还规定如果有人持有超过与其财产状况相称数量的武器，那么他要将多余的武器出售或赠送给能够忠心为国王效力的人。[③] 在亨利二世统治期间，社会治安相较于从前的时期略有好转，虽然也出现过贵族反叛等影响社会秩序和"王之和平"的事件，但总体来看社会的稳定性有所增强。

1189年亨利二世去世，其子理查德即位，称理查德一世。这位尚武好战的国王在即位后并没有留在国内巩固自己的统治，反而率领军队离开英国去参加第三次十字军东征，这就给其他的王位觊觎者，例如其弟弟约翰，提供了发动叛乱的机会，结果导致刚刚有所好转的社会秩序又重新陷入了动荡之中。1194年理查德一世回国平定了约翰的叛乱，但旋即又返回大陆同法王腓力二世争战[④]，他将英国内政托付给时任坎特伯雷大主教同时也是首席大法官的胡伯特·瓦尔特（Hubert Walter）。面对英格兰国内如此复杂的形势，这位颇具才能而又经验丰富的大臣意识到必须利用专门的人员来维持地方治安，才能更好地保障"王之和平"，给社会重新带来稳定，他将目光投向了地方上的中间阶层——骑士阶层，准备将这一重任交给他们来完成。之所以如此，首先是因为此前承担地方治安任务的郡长在这一时期已经广受诟病，他们在自己的辖区内大权独揽、专横跋扈，引起了地方居民的广泛不满，中央政府对郡长在一定程度上也已经失去了信任。早在1170年亨利二世在位时就曾颁布《调查郡守令》，组团分赴各地彻底调查郡守之败政。通过此次调查，大多数郡守因其败政而被国王罢免。[⑤] 与此同时，骑士们在地方上的实力和影响力与日俱增，虽然他们已经初步开始了向乡绅阶层的转变过程，但这一时期的骑士大多数还是弓马娴熟、能征惯战的职业武士，他们在制止犯罪、抓捕罪犯方面有天然的优势；同时他们又占有较为殷实的地产和一定数量的仆从，不需要亲自参与生产劳动，有比较多的闲

① Sir Thomas Skyrme, *History of the Justices of the Peace*, Chichester: Barry Rose and the Justice of the peace, 1994, pp. 40-41.

② D. C. Douglas and G. W. Greenaway (ed.), *English Historical Documents*, Vol. 2 1042-1189, London: Routledge, 1996, pp. 449-450.

③ D. C. Douglas and G. W. Greenaway (ed.), *English Historical Documents*, Vol. 2 1042-1189, London: Routledge, 1996, p. 450.

④ 钱乘旦主编，孟广林、黄春高著：《英国通史》第二卷，南京：江苏人民出版社，2016年，第55页。

⑤ 钱乘旦主编，孟广林、黄春高著：《英国通史》第二卷，南京：江苏人民出版社，2016年，第52页。

暇时间可以支配。显而易见，骑士阶层是在地方上维持治安的最佳人选。

1195年，瓦尔特发布公告，命令每个百户区选出四名骑士，他们要负责召集本区域内所有年满15岁的居民在骑士们面前发誓绝不成为罪犯、抢劫者、盗贼或唆使犯罪者，居民们还要发誓无论何时有人发出呼喊他们都会参与捕捉罪犯，并将罪犯送交给这些骑士，再由骑士们将罪犯移交给郡长。① 由此英国产生了历史上第一批治安维持官，斯塔布斯对此评论道："盎格鲁-撒克逊的法律体系与现代的应用之间产生了一个有趣的联系。"② 尽管瓦尔特的政策随着国王的更替而没有得到延续，而且在关于历史上第一批治安维持官的零星历史记载中，他们维持治安的效果似乎并不理想③，但是这一政策还是为英国治安法官的产生与发展迈出了第一步，也为骑士和其继承者乡绅参与地方事务管理进一步奠定了基础。

二、13世纪治安维持官的发展

1199年理查德一世去世，其弟约翰经过一番角逐终于夺得了梦寐以求的王位。约翰即位后并没有延续瓦尔特的政策，因此治安维持官们暂时偃旗息鼓了，但维护"王之和平"的紧迫性并没有丝毫减弱，尤其是在1204年约翰丢掉了在法国的一系列领地之后，英国东南沿海诸郡因为面临遭到侵略的风险，社会局势愈发动荡，也是从这一时期开始直到13世纪末，地方官员维护治安的职责通常和军事防御的职责结合在一起。1205年中央政府在每个郡任命了一名"首席警长"（拉丁语称为capitalis constabularius）来辅助郡长维持郡内治安，首席警长有权在每个百户区或小城镇任命低级警官。有学者认为这是英国历史上首次在郡一级政府任命专门人员使用强制手段维护社会秩序，而不是仅仅强化对于传统治理体系的监管。④但是这一官职也没有存续很长时间，在1242年亨利三世颁布的关于维护和平的令状中，管理郡内治安的大权又回到了郡长手中。⑤此后一段时间除了常规的维持治安的机制以外，当发生一些临时性的恶性事件时，国王还会任命专人负责平息事态并维护社会秩序。例如1263年时英格兰北部地区以教堂和教会人士为目标的非法活动日渐猖獗，犯罪分子以暴力手段破坏教堂、伤害教会人士并抢夺他们的财物。为了遏制这些非法活动，亨利三世于当年6月专门任命罗伯特·德·内维尔（Robert de Nevill）为约克郡以及特伦特河以北各郡的防务首长，他有权召集和命令当地的所有人为他提供帮助。另一个名叫斯蒂芬·德·佩内赛斯特（Stephen de Penecestre）的人在肯特郡和苏塞克

---

① Sir Thomas Skyrme, *History of the Justices of the Peace*, Chichester: Barry Rose and the Justice of the peace, 1994, p.46.

② William Stubbs, *The Constitutional History of England in Its Origin and Development Vol. 1*, Oxford: The Clarendon Press, 1875, p. 507.

③④ Alan Harding, "The Origins and Early History of the Keepers of the Peace: The Alexander Prize Essay", *Transactions of the Royal Historical Society*, 1960 (10), p. 87.

⑤ William Stubbs (ed.), *Select Charters and Other Illustrations of English Constitutional History from the Earliest Times to the Reign of Edward the First*, Oxford: Clarendon Press, 1874, pp. 362-363.

斯郡执行相同的任务。①

　　虽然骑士们在约翰王时期不再担任治安维持官，但是他们对于地方事务的参与性并没有降低，例如1215年的《大宪章》（*Magna Carta*）第18条规定中央派出的两名法官要同每个郡内选出的四名骑士一同在该郡召开法庭审理诉讼。② 亨利三世即位后地方骑士的作用变得更加显著。1230年骑士们被要求和郡长一起检查几个郡内《武器敕令》的实施情况；1242年亨利三世又在令状中要求郡长和郡内的两名骑士共同巡游本郡并迫使郡内所有年满15岁的居民发誓按照自身的财产状况准备相应的武器装备。③ 1258年的《牛津条例》规定每个郡都要选出四名谨慎的骑士负责听取当地居民对于郡长及其警役错误行为的控诉，并在中央的首席法官来到当地时进行汇报。④ 这一时期虽然骑士们没有被明确地赋予维护治安的职责，但在执行中央政府的命令方面他们已经成为郡长的重要助手，同时还初步掌握了监督郡长的权力。

　　13世纪60年代随着国王和大贵族之间的矛盾不断激化，作为地方实力派的骑士成为斗争双方不得不依靠的对象，因此也同时受到了王室和以莱斯特伯爵西蒙·德·蒙福尔（Simon de Montfort）为首的反叛贵族的双重拉拢。借此机会，骑士阶层大大扩充了自身的权势，这突出表现在管理地方事务和维持地方社会秩序方面。1263年反叛贵族在每个郡任命了一个治安维持官，这一职务主要由骑士们充任，他们负责在郡长之外独立地维持郡内的治安。1264年反叛贵族们在刘易斯（Lewes）战役中取得对王室的胜利之后又重新任命了治安维持官，他们有权制止他人携带武器、逮捕抢劫者并监督为即将召开的议会而进行的骑士选举。⑤ 有鉴于此，亨利三世也针锋相对地任命了效忠于自己的骑士担任类似的职务，例如他于1263年6月任命约翰·德·桑克托·瓦勒维科（John de Sancto Valerico）担任南安普顿郡的治安维持官，并授权他帮助找回居民丢失的财物以及制止袭击和抢劫事件的发生。⑥ 1265年随着王子爱德华率军在伊夫舍姆（Evesham）战役中最终击败反叛贵族，重新掌权的亨利三世在此后的两年中陆续重新任命了22个郡的治安维持官，其中还包括一小部

---

① Calendar of the Patent Rolls: *Henry Ⅲ, 1258-1266*, London: Public Record Office, 1910, pp. 263-264.

② 参见薛波主编《元照英美法词典》"Magna Carta"词条，北京：北京大学出版社，2017年，第880—881页。

③ Harry Rothwell（ed.）, *English Historical Documents, vol. 3 1189-1327*, London: Routledge, 1996, p. 357. 亨利三世1242年的令状原文见 William Stubbs（ed.）, *Select Charters and Other Illustrations of English Constitutional History from the Earliest Times to the Reign of Edward the First*, Oxford: Clarendon Press, 1874, pp.371-373. 编者斯塔布斯在书中将此令状颁布的时间误认为是1252年。

④ C. A. Beard, *The Office of Justice of the Peace in England in Its Origin and Development*, New York: Burt Franklin, 1904, p.20.

⑤ Alan Harding, "The Origins and Early History of the Keepers of the Peace: The Alexander Prize Essay", *Transactions of the Royal Historical Society*, 1960（10）, p. 92.

⑥ Calendar of the Patent Rolls: *Henry Ⅲ, 1258-1266*, London: Public Record Office, 1910, pp. 271-272.

分此前为反叛贵族服务的人员。① 虽然历史资料对于王室和贵族两股势力各自任命的治安官如何行使自己的权力记载不多，但可以肯定的是，骑士阶层在地方社会治理中的作用正在不断加强，并且他们不再仅仅是郡长的助手，而是成为既有资格也有能力保障一方平安的中坚力量。

　　1272年爱德华一世即位以后暂时取消了治安维持官这一官职，在地方上维护"王之和平"的任务再一次回到了郡长及其下属的警役身上。然而经过亨利三世时期的一系列事件，骑士在地方上的实力和作用已经得到了非常明显的体现，想要维护好地方社会的秩序却不利用骑士们的力量是非常不明智的，爱德华一世也很快认识到了这一点。因此在1277年6月，爱德华一世准备再次进攻威尔士前夕，他在向北安普顿郡郡长发出命令的同时要求每一个郡长在本郡选出一个不随国王出征的"好人"负责帮助郡长维持治安，主要任务是逮捕为非作歹者。②1285年，为了更好地维持社会治安，爱德华一世颁布了著名的《温彻斯特法令》（The Statute of Winchester），其中虽然没有明确提到治安维持官，但法令第6条规定每个百户区或特许地区要选出两名警官对当地居民进行每年两次的武器装备检查，并在巡回法官到来时将武器检查情况以及当地居民是否有窝藏陌生人的情况汇报给法官③，而这些警官很多都是由地方骑士充任的。两年以后，为了检查《温彻斯特法令》在地方的落实情况，爱德华一世在每个郡都单独任命了一个由两人组成的委员会，而这些委员会的成员基本出自骑士阶层。④必须要指出的是，虽然1287年委员会的成员们没有被赋予治安维持官的头衔，但其事实上仍然有维持地方治安的责任。更为重要的是，除了维护治安，委员会还承担起了监督王国法令在地方实施情况的责任，也就是说地方骑士除了掌握传统的治安方面的权力以外，还初步获得了与司法相关联的权力，这标志着治安维持官向治安法官的转变迈出了重要一步。阿兰·哈丁对此评论道："每个郡内有两个人分享权力，就像两个法官分享正常的司法委员会一样。"⑤

三、治安维持官向治安法官转型的最终完成

　　骑士在地方获得司法权的又一个里程碑出现于1300年。在这一年，爱德华一世

① Alan Harding, "The Origins and Early History of the Keepers of the Peace: The Alexander Prize Essay", *Transactions of the Royal Historical Society*, 1960（10）, p. 93.

② Calendar of the Patent Rolls: *Edward Ⅰ, 1272-1281*, London: Public Record Office, 1901, p. 218.

③ Statutes of the Realm, *13 Edw. Ⅰ*, c.6.

④ Calendar of the Patent Rolls: *Edward Ⅰ, 1281-1293*, London: Public Record Office, 1893, pp. 264-266.事实上在国王最初的命令中并没有写明委员会的成员来自哪个社会阶层，但在后续国王发给萨塞克斯郡长的命令中明确指出选择另一名骑士替代该郡委员会中一个保有土地数量不符合要求的成员，因此可以确定之前任命的委员们也都来自骑士阶层。

⑤ Alan Harding, "The Origins and Early History of the Keepers of the Peace: The Alexander Prize Essay", *Transactions of the Royal Historical Society*, 1960（10）, p. 100.

为了更好地贯彻落实其父亨利三世颁布的《特许权大宪章》(the Great Charter of Liberties) 与《森林宪章》(the Charter of the Forest)，专门立法要求每个郡选出三名"骑士或其他守法、智慧且友善的人"组成委员会，此三人经过国王的确认并宣誓后即成为王国的法官，有权审理并裁决本郡发生的所有违反上述两部法令的行为①，这就标志着骑士阶层这一地方上的中坚力量获得了真正意义上的司法审判权和裁决权，其职责中"法官"的分量越来越重。不仅如此，法令还规定郡长和警役要随同执行这些法官们发出的诫命②，这就意味着这些地方法官的权力已经开始凌驾于郡长及其领导的地方官员之上，治安法官日后取代郡长成为地方上的首席领导者在此时便已经初显端倪了，有学者因此将1300年上述地方司法委员会的建立看作是治安法官在英国历史上的首次出现。③

　　爱德华一世时期骑士对于地方司法权的逐步掌握为爱德华二世时期治安维持官的稳步发展奠定了重要基础。在爱德华二世执政的二十年间，治安维持官逐渐由临时性官职转变为常设性官职，其职能权限也不断扩大。1307年爱德华二世即位不久便发布命令授权郡内的治安维持官保障流通货币的重量和成色与爱德华一世时期相同，并监控郡内的商品价格，使之不得超过前一个时期。这意味着治安维持官开始获得经济方面的权力。除此之外，治安维持官还有权在城市、自治市以及市场所在地挑选值得信赖的助手帮助维护相关法令。④1316年治安维持官获得了调查重罪与轻罪的权力，同年肯特郡的治安委员会首次获得了提审委任状（gaol delivery）的权力，他们可以审判所有在押的未决犯。⑤随着治安维持官和治安委员会的权力逐渐膨胀，中央政府也相应地加强了对于这一机构及其成员的监管。爱德华二世时期治安维持官们被要求每个月把他们处理的诉讼和犯罪者的姓名上报给位于威斯敏斯特的御前会议（king's council），若有收取罚金的诉讼，还要将审判记录副本送交财政署（exchequer）。⑥到爱德华二世执政末期，治安维持官已经成为英国地方政府的一个不可动摇的组成部分，其对于地方事务乃至整个国家大政方针的影响力都在与日俱增，这也是14世纪以来英国地方骑士及其后继者——乡绅阶层日渐崛起的一个缩影，而这一切都为该世纪中期治安法官的正式诞生奠定了基础。

　　1327年，爱德华二世的统治被叛乱贵族伙同王后推翻，其年仅14岁的长子登上

① Statutes of the Realm, 28 Edw. I, c.1.

② Statutes of the Realm, 28 Edw. I, c.1.

③ Alan Harding, "The Origins and Early History of the Keepers of the Peace: The Alexander Prize Essay", Transactions of the Royal Historical Society, 960 (10), pp.108-109.

④ C. A. Beard, The Office of Justice of the Peace in England in Its Origin and Development, New York: Burt Franklin, 1904, pp. 28-29.

⑤ Sir Thomas Skyrme, History of the Justices of the Peace, Chichester: Barry Rose and the Justice of the peace, 1994, p. 55.

⑥ C. A. Beard, The Office of Justice of the Peace in England in Its Origin and Development, New York: Burt Franklin, 1904, p. 30.

王位，称爱德华三世。治安维持官在爱德华二世时期权力的不断扩展以及由此映衬出的骑士与乡绅阶层的日益崛起引起了大贵族们的不安和不满，在掌握政权之后他们开始着手削弱治安维持官的权力。虽然在新国王即位后不久颁布的第二部《威斯敏斯特法令》中规定国王将在每个郡中挑选遵纪守法之人负责维持治安[①]，但不久之后各郡成立的治安委员会却被剥夺了逮捕嫌疑人的权力。随后的一段时间治安维持官的权力被不断调整，中央政府对其态度也在积极与消极之间不断摇摆。1328年在北安普顿制定的法令中仅仅要求治安维持官与郡内其他官员一起执行禁止携带武器出行的命令，而司法审判权则转移到了国王委派的王座法庭法官手中[②]；1329年5月重新成立的治安委员会又再次获得了裁决犯罪的权利，且有学者考证出在与此次任命有关的请愿书中首次出现了治安法官的拉丁语名称"justices de la peace"[③]；然而仅仅一年之后治安维持官又再一次丧失了司法权力，在爱德华三世1330年于威斯敏斯特制定的法令中，审判和裁决的权力被赋予国王任命的巡回法官，而治安维持官只需要将自己收到的全部诉讼上报给巡回法官。[④]总而言之，在爱德华三世即位初期，伴随着地方乡绅和大贵族对于地方治理权力的争夺，治安维持官的地位和职权也在不断变化，其重要性相比于爱德华二世时期有所削弱。

1337年英法战争爆发使英国社会再次陷入了动荡，随着战争的进行，大贵族为了保障自身安全所豢养的私人武装和从法国战场上返回英国的士兵进一步加剧了社会的动荡。这种情况对于国家的稳定发展当然是不利的，但对于乡绅阶层和治安维持官来说，这却是又一次展示实力、大显身手的好机会。面对社会上盗匪横行、暴力冲突不断的局面，中央政府也不得不主动求助于骑士和乡绅。1338年4月，国王从每个郡召集了2到4名代表（其中大多数为骑士）分别在约克和威斯敏斯特召开了两次会议，国王在召集会议的令状中明确表示"我们希望和你们一起讨论关于我们的和平以及其他相关事宜"[⑤]，同年6月新任命的治安委员会又重新获得了审理并裁决犯罪的权力。[⑥]1344年，乡绅控制的议会下院又向国王递交了请愿书，要求将贵族行使的调查权移交给治安维持官，国王部分同意了他们的要求，但是为了防止维持官过于专权，同时也为了解决维持官法律专业知识不足的问题，国王在随后颁布的法令中提出任命一批"智慧且富有法律知识的人"与治安维持官一起审理和裁决案件[⑦]，这便是日后治安法官制度的重要组成部分之一——法定治安法官（quorum）

① Statutes of the Realm, *1 Edw. III*, c.16.

② Statutes of the Realm, *2 Edw. III*, c.3, c.7.

③ B. H. Putnam, "The Transformation of the Keepers of the Peace into the Justices of the Peace 1327-1380", *Transactions of the Royal Historical Society*, 1929（12），p. 27.

④ Statutes of the Realm, *4 Edw. III*, c.2.

⑤ B. H. Putnam, "The Transformation of the Keepers of the Peace into the Justices of the Peace 1327-1380", *Transactions of the Royal Historical Society*, 1929（12），p. 34.

⑥ Calendar of the Patent Rolls: *Edward III, 1338-1340*, London: Public Record Office, 1898, p. 135.

⑦ Statutes of the Realm, *18 Edw. III*, c.2.

的由来。

　　1348年黑死病传播到了英国，这种在当时破坏力极强的瘟疫令英国本就动荡不安的社会局势雪上加霜。一时间，人口大量死亡，物价飞涨，城乡到处是一片萧条的景象，而那些侥幸存活下来的健康劳动力则变得"奇货可居"，他们到处流动，寻找着能为自己开出更高工资的雇主。为了遏制上述现象，1349年国王颁布了《劳工法令》（the Statute of Labourers）试图控制物价、工资以及劳动力的流动，然而负责执行该法令的地方官员中并没有治安维持官，该法令的执行权被交给了郡长、自治市市长以及他们领导的警役或警官。① 一年以后新任命的治安委员会也仅仅被要求执行早前颁布的温彻斯特法令和北安普顿法令②，这意味着治安维持官的地位在黑死病之前有所膨胀后迎来了一次下降。可是不久之后转机再一次出现，《劳工法令》的收效甚微迫使中央政府采取其他的方式控制物价和劳工的自由流动。1352年国王下令组建一个专门的劳工委员会负责执行与《劳工法令》相关联的一切事务，因此治安委员会的大部分职能都转移给了劳工委员会。事实上，除了巡回法官以外的治安委员会成员都被纳入了劳工委员会③，因此从1352年开始，几乎同一批人员在两个委员会中承担着管理地方秩序的责任。然而面对着黑死病和对外战争的双重压力，委员会中的地方乡绅们也无力彻底扭转局面，只能勉强维持地方秩序不至于过于混乱，最终在1359年劳工委员会被并入了治安委员会。

　　虽然治安维持官们在14世纪50年代没能完成使社会恢复到黑死病之前状态的任务，但是在此期间他们积累了大量执法和管理经验，在地方上的影响力也不断增强。因此当1360年中央政府希望把地方的行政和司法管理权统一到一起时，由乡绅充任的治安维持官成为接受这一任务的理所当然的人选。1361年，国王在威斯敏斯特颁布法令，明确规定每个郡都要有一位领主、三至四位郡中最值得尊敬的人以及一些熟悉法律的人士承担起维护和平的职责，该法令同时规定了这些人所拥有的权力，治安法官由此正式诞生，治安维持官至此也彻底完成了向治安法官的转变，英国的地方治理史也从此揭开了崭新的一页。

结　语

　　综上所述，从治安维持官的出现到治安法官的最终产生，这既是英国地方治理体系经过不断探索逐渐成形的过程，也是以骑士和乡绅为主体的地方中间阶层不断崛起的过程。这一过程并不是一蹴而就、一帆风顺的，反而是充满了曲折和坎坷，治安维持官的权利范围多次变动，地位几经沉浮，甚至一度遭到弃置，但是乡绅们

---

① 参见 Statutes of the Realm，*23 Edw. Ⅲ*.

② Calendar of the Patent Rolls: *Edward Ⅲ*，1348–1350，London：Public Record Office，1905，p. 526.

③ Sir Thomas Skyrme，*History of the Justices of the Peace*，Chichester：*Barry Rose and the Justice of the peace*，1994，pp. 67–68.

始终没有放弃对地方治理权力的争取。在同国王和大贵族进行了无数次博弈之后，乡绅们终于在14世纪中期取得了阶段性的胜利。表面上看来，治安维持官的产生似乎充满了偶然性，但是如果由表及里地仔细剖析就会发现，就英国地方治理体系而言，纯粹的地方自治或中央政府的直接管理都不能达到维护社会秩序的最佳效果，只有由地方中间阶层充当纽带才能把中央与地方有机地结合起来，而治安维持官正是这样的一个纽带，其产生过程也符合这一历史逻辑。1195年瓦尔特开始使用骑士帮助维持地方治安，骑士承担这一任务的优势条件除了上文所论述的以外，还有一个重要的方面就是与地产分布在全国各处的大贵族们相比，骑士相对于自己的辖区来说都是土生土长的本地人，他们的产业也基本上聚集在此处，因此不论是出于对故土的情感还是自身的切实利益，骑士都比大贵族有更大的热情和动力来维护地方的和平稳定，这也是日后治安维持官和治安法官能够比较有效地发挥作用的原因之一。不过骑士在12世纪末时仅仅是依靠其在地方上的公信力而成为地方治安旧有体系的监督者和辅助者，直到13世纪中期的内战时期才开始独立承担起维持地方秩序的职责。此时的治安维持官只具有行政执法权，尚不具备司法权力。此后随着英格兰法制的不断强化，到13世纪末期，仅仅依靠中央的王座法庭和每年派出数次的巡回法官已经难以满足地方上越来越多的司法需要，因此中央政府只能将司法权力部分地下放给地方，在地方上既具有公信力、又已经获得执法权力的治安维持官顺理成章地接受了这一权利。虽然在14世纪上半期伴随着乡绅阶层与贵族的博弈治安维持官的地位几经沉浮，但此时想把这一地方上的中坚力量完全排除在地方治理体系之外已经是不可能的事了。最终在1361年，乡绅阶层成功地使治安维持官转变为治安法官并从此在英国的地方治理体系中稳固地占有了一席之地，并为其之后在英国政治和历史舞台上扮演更重要的角色铺平了道路。

（本文作者为天津师范大学历史文化学院欧洲文明研究院博士研究生）

《华大史学论坛》稿约与注释体例

　　《华大史学论坛》是华中师范大学历史文化学院主办的面向国内外历史专业研究生的学术性刊物，目前每年出版一辑，与本院一年一度举办的"华大史学论坛"学术会议相映相成，旨在为广大有志于史学研究的青年学人提供一个学术讨论与交流的平台。本刊一方面吸收每年入围"华大史学论坛"的优秀作品，同时也面向国内外各高校及研究院所的研究生征求史学论文。举凡中国史、世界史、史学理论、史学史、专门史、历史文献学等方向的学术论文皆所欢迎，诚邀国内外史学专业博士、硕士研究生惠赐佳作。

　　来稿注意事项：

　　一、来稿请用简体横排，不超过20000字，附200~300字内容提要、3~5个关键词。

　　二、本刊每年10月左右出版，出版之后即付薄酬。

　　三、文末务请注明作者简介、所属院系、通讯地址、邮编、联系电话、电子邮箱。

　　四、投稿邮箱：hdyjssxlt@163.com。

　　五、来稿所有注释皆采用页下注，每页重新编号，序号用带圈字符①②。注释格式如下：

（一）中文文献

1.普通图书（包括现代著作、古籍原版、古籍影印本、古籍整理本、地方志）

标注顺序：责任者/书名/出版地/出版者/出版年/页码。例如：

张伯伟：《全唐五代诗格会考》，南京：江苏古籍出版社，2002年，第288页。

王应麟：《困学纪闻》第11卷，清嘉庆十八年扫叶山房刊本。

杜预注，孔颖达疏：《春秋左传正义》第10卷，北京：中华书局影印阮刻《十三经注疏》本，1980年，第1997页。

王先慎撰，钟哲点校：《韩非子集解》第2卷，北京：中华书局，1996年，第33页。

正德《建昌府志》第15卷，上海：上海古籍书店影印明正德刻本，1964年，第8页。

2.专著中析出文献

标注顺序：责任者/析出文献题名（或篇名）/原文献责任者（与析出责任者同

为一人的，可不写）/原文献题名/出版地/出版者/出版年/页码。例如：

苏颂：《乞致任第一》，《苏魏公文集》第39卷，北京：中华书局，1988年，第590—591页。

章太炎：《俱分进化论》，《章太炎全集》第4册，上海：上海人民出版社，1985年，第391页。

3．期刊中析出文献

标注顺序：责任者/篇名/期刊名/年期/页码。 例如：

杨洪升：《四库馆私家抄校书考略》，《文献》2013年第1期，第56—75页。

李炳海：《〈离骚〉抒情主人公的佩饰意象》，《华中师范大学学报》（人文社会科学版）2008年第5期，第94页。

4．学位论文

标注顺序：责任者/文献题名/发表地/发表单位/发表年/页码。例如：

马欢：《人类活动影响下海河流域典型区水循环变化分析》，北京：清华大学，2011年，第27页。

5．报纸中析出的文献

标注顺序：责任者/篇名/报纸名/出版年月日/版面。例如：

丁文祥：《数字革命与竞争国际化》，《中国青年报》2000年11月20日，第15版。

6．报告

标注顺序：责任者/文献题名/报告时间；责任者/文献题名/报告时间/查询时间/网址； 责任者/文献题名/报告地址/报告时间。例如：

中华人民共和国国务院新闻办公室：《中国武装力量的多样化运用》，2013年4月16日。

中华人民共和国国务院新闻办公室：《中国武装力量的多样化运用》，（2013年4月16日）［2014年6月16日］，http：//www.mod.gov.cn/affair/2013-04/16/content_4442839.htm.

World Health Organization，Factors Regulating the Immune Response：Report of WHO Scientific Group，Geneva：WHO，1970.

7．专利文献

标注顺序：责任者/文献题名（包括专利号）/获得专利时间。例如：

张凯军：《轨道火车及高速轨道火车紧急安全制动辅助装置》：201220158825.2，2012年4月5日。

8．标准文献

标注顺序：责任者/文献题名/出版地/出版者/出版年月。例如：

全国信息与文献标准化技术委员会：《文献著录》第4部分，非书资料：GB/T 3792.4—2009，北京：中国标准出版社，2010年3月。

9. 电子文献（不包括电子专著、电子连续出版物、电子学位论文、电子专利）

标注顺序：责任者/文献题名/发布时间/查询时间/网址

萧钰：《出版业信息化迈入快车道》，（2001 年 12 月 19 日）［2002 年 4 月 15 日］，http：//www.creader.com/news/20011219/200112190019.html.

（二）外文文献

1. 专著

标注顺序：责任者（名字在前，缩写；姓氏在后）/书名（斜体，实词首字母大写）/出版地/出版者/出版年/页码。例如：

J.J.Phillips，*Handbook of Training Evaluation and Measurement Methods*，Houston，TX：Gulf Publishing，1991，p.10.

R. J. Montgomery，*Examinations：An Account of Their Evolution as Administrative Devices in England*，London：Longmans Press，1965，pp.17－43.

2. 期刊

标注顺序：责任者（名字在前，缩写；姓氏在后）/篇名（加引号，正体，实词首字母大写）/期刊名（斜体，实词首字母大写）/年期（年在前，期用括号）/页码。例如：

J.H.Greehaus，"Sources of Conflict between Work and Family Roles"，*Academy of Management Review*，1985（10），p.13.

3. 专著中析出文献

标注顺序：析出责任者（名字在前，缩写；姓氏在后）/析出文献题名（或篇名，加引号，正体，实词首字母大写）/In/原文献责任者（与析出责任者同为一人的，可不写）/原文献题名（斜体，实词首字母大写）/出版地/出版者/出版年/页码。例如：

L .Weinstein，M. N.Swertz，"Pathogenic Properties of Invading Microorganism"，In W. A. Sodeman，Jr. W. A. Sodeman，*Pathologic Physiology：Mechanisms of Disease*，Philadelphia：Saunders，1974，pp.745－772.

（三）补充强调事项：

1. 凡同一文献在一篇文章中多次引用，均须标注完整格式，以便校对，不能省略。例如：

① 张舜徽：《中国古代史籍校读法》，武汉：华中师范大学出版社，2004 年，第 52 页。

② 张舜徽：《中国古代史籍校读法》，武汉：华中师范大学出版社，2004 年，第 43 页。

2. 所有作者皆不标朝代和国籍。

3. 所有译著，译者在书名之后。

4．所有文献卷数皆用阿拉伯数字，如第1卷。

5．中文文献连续页码中间用一字线连接，如"—"；英文文献连续页码中间用半字线连接，如"–"。

6．英文文献中单页码标注如：p.6；连续页码标注如：pp.123–126。

7．所有文献名皆用全称，不能省略。

8．注释中的外文一般使用Times New Roman字体。

9．补充说明性质的注释中若有引文，也须标注完整的出处。

《华大史学论坛》编辑部

2020年5月修订